Winfried Neun
**Warum es uns so schwerfällt,
das Richtige zu tun**

Winfried Neun

Warum es uns so schwerfällt, das Richtige zu tun

Die Psychologie des Entscheidens, Veränderns und Loslassens

© tao.de in J. Kamphausen Mediengruppe GmbH, Bielefeld

1. Auflage 2017

Komplett überarbeitete Ausgabe des Buches „Warum es uns so schwerfällt, das Richtige zu tun – Die Psychologie der Entscheidungen", erschienen im Business Village Verlag 2011.

Autor: Winfried Neun
Umschlaggestaltung, Illustration: Njoschi Weber
Layout/Satz: Klei-Design
Printed in Germany

Verlag: tao.de in J. Kamphausen Mediengruppe GmbH, Bielefeld
www.tao.de, eMail: info@tao.de

Bibliografische Information der Deutschen Nationalbibliothek

Die Deutsche Nationalbibliothek verzeichnet diese Publikation in der Deutschen Nationalbibliografie; detaillierte bibliografische Daten sind im Internet über http://dnb.d-nb.de abrufbar.

ISBN Paperback: 978-3-96051-940-9
ISBN Hardcover: 978-3-96051-941-6
ISBN E-Book: 978-3-96051-942-3

Copyright-Vermerk
Das Werk einschließlich aller seiner Teile ist urheberrechtlich geschützt. Jede Verwertung außerhalb der engen Grenzen des Urheberrechtsgesetzes ist ohne Zustimmung des Autors bzw. des Verlags unzulässig und strafbar. Das gilt insbesondere für Vervielfältigung, Übersetzung, Mikroverfilmung und die Einspeicherung und Verarbeitung in elektronischen Systemen. Alle in diesem Buch enthaltenen Angaben, Ergebnisse usw. wurden von dem Autor nach bestem Wissen erstellt. Sie erfolgen ohne jegliche Verpflichtung oder Garantie des Verlages. Er übernimmt deshalb keinerlei Verantwortung und Haftung für etwa vorhandene Unrichtigkeiten. Die Wiedergabe von Gebrauchsnamen, Handelsnamen, Warenbezeichnungen usw. in diesem Werk berechtigt auch ohne besondere Kennzeichnung nicht zu der Annahme, dass solche Namen im Sinne der Warenzeichen- und Markenschutz-Gesetzgebung als frei zu betrachten wären und daher von jedermann benutzt werden dürften.

Vorwort 9

1. Das Richtige tun – schwierig und einfach zugleich 11

    1.1   Alle wissen scheinbar, was richtig ist, doch keiner tut es 12
    1.2   Die hohe Kunst des Zerredens 23
    1.3   Warum wir uns gerne von Prognosen manipulieren lassen 37
    1.4   Blackout, Kaufrausch, Selbstüberschätzung –
           unsere Psyche verhindert rationales Entscheiden 39
    1.5   Krisen sind evolutionäres Lernen aus Fehlern 45
    1.6   Schmerzvermeidungsstrategien blockieren unser Denken 58

2. Die Psychologie der Veränderung – Unser größter Feind sind wir selbst! 75

    2.1   Fehlende Veränderungsbereitschaft hat ihre Ursachen 76
    2.1.1 *Persönlichkeit und Denken* 77
    2.1.2 *Nicht nur der Wille zählt* 101
    2.1.3 *Das gesellschaftliche Umfeld als Bremse der Veränderung* 123
    2.1.4 *Politische Ursachen* 125
    2.2   Motivation von innen und außen nutzen 127
    2.3   Veränderungen im Team: Die Natur ist nicht logisch 136
    2.4   Von dickköpfigen Eseln und fleißigen Bienen 152

3. Die Wiederentdeckung der Intuition: Gute Entscheidungen kommen aus dem Bauch 161

    3.1   Jenseits der Logik 162
    3.2   Meine, deine, unsere Entscheidung: Meist keine Entscheidung? ... 166
    3.3   Unternehmensentscheidungen versus private Entscheidungen ... 169

4. Neues Denken für nachhaltige Veränderungen 177

    4.1   Paradigmenwechsel im Führungsverständnis 178
    4.2   Intelligentes Wachstum – immer nachhaltiger,
           statt nur immer mehr 181
    4.3   Glaubwürdigkeit schafft Nachhaltigkeit bei Veränderungen 187

5. Die Kunst des Loslassens – oder: Warum es uns schwerfällt, uns zu trennen 191

- 5.1 Was bedeutet eigentlich Loslassen für unsere Psyche? 192
- 5.2 Wie steuere ich einen Perspektivenwechsel richtig und habe dabei auch noch Spaß? 195
- 5.3 Wie stärke ich mein Selbst – oder: Loslassen leichter gemacht! 203
- 5.4 Auf das richtige Timing und den Ablauf kommt es an 206
- 5.5 Die Saboteure in uns – oder: Wie ich meinen inneren Schweinehund besser überwinden kann, um schneller loszulassen 211
- 5.6 Zusammenfassung 214

6. Zum Schluss 215

Literaturempfehlungen 220

Über den Autor

Winfried Neun ist einer der bekanntesten und profiliertesten Innovationsberater Deutschlands. Als Gründer und Geschäftsführer der K.O.M.® Kommunikations- und Managementberatungs GmbH verfügt Winfried Neun über die Erfahrungen aus mehr als 25 Jahren selbstständiger Beratungstätigkeit.

Er ist als Referent auf Kongressen und Symposien gefragt, als Fachautor in namhaften Printmedien sowie im Fernsehen präsent und als Beirat in diversen mittelständischen Unternehmen aktiv. Als internationaler Coach und Berater wird er von Politik, Wirtschaft und Verbänden gerne als Ratgeber für die professionelle Gestaltung von Veränderungen in Anspruch genommen.

Kontakt:
Winfried Neun
K.O.M.® Kommunikations- und Managementberatungs GmbH
Web: www.kom-neun.de
E-Mail: info@kom-neun.de
Telefon: +49 (0)7533-9359-00

Für Susanne
in Liebe und
Dankbarkeit

Vorwort

Die Idee zu diesem Buch entstand im Laufe eines Workshops bei einem mittelständischen Unternehmen. Die Teilnehmer waren so wissbegierig und deren Fragen so intensiv, dass ich gar nicht in der Lage war, diese Neugier an einem Tag zu befriedigen. Ein Buch musste her, das den Workshopteilnehmern und auch anderen Interessierten einen kleinen Einblick gibt in das, was in Entscheidungssituationen in unserem Gehirn passiert. Dabei sollte es kein Lehrbuch mit vielen Fachbegriffen und komplizierten Sachverhalten sein, sondern eine unterhaltsame Lektüre mit praxisnahen Beispielen aus meiner langjährigen Beratungstätigkeit.

So ist ein Buch entstanden, das versucht, sehr komplizierte wissenschaftliche Erkenntnisse einfach darzustellen. Durch praktische Beispiele, die selbstverständlich alle anonymisiert wurden bzw. veränderte Namen enthalten, war es mir möglich, sehr eingängig die psychologischen Aspekte einer Entscheidungsfindung und der anschließenden Umsetzung zu beschreiben. Damit hat das Buch keinen wissenschaftlichen Anspruch, sondern es soll Ihnen als Leser Denkanstöße und Impulse geben, über sich oder Ihr Umfeld einmal anders nachzudenken. Dabei kann bereits die Auseinandersetzung mit dem Thema Freude bereiten und Lust auf mehr machen.

Die 2. erweiterte Auflage erscheint unter dem Titel „Die Psychologie des Entscheidens, Veränderns und Loslassens". Der Einfachheit halber möchte ich darauf hinweisen, dass alle maskulinen Formen auch als weibliche Form zu verstehen sind. Ich danke für Ihr Verständnis.

Ich wünsche Ihnen viel Spaß beim Lesen und hoffentlich auch die eine oder andere Erkenntnis, die Ihnen das Leben leichter machen wird.

Ihr

Winfried Neun

1.
Das Richtige tun –
schwierig und einfach zugleich

1.1 Alle wissen scheinbar, was richtig ist, doch keiner tut es

Der Neandertaler ist immer noch in uns!
Die Zivilisation der westlichen Welt geht bedauerlicherweise von einem Bild des Homo sapiens aus, das nicht der Wahrheit entspricht – dem sogenannten Homo oeconomicus. Viele Grundannahmen von Studien oder ökonomische Projekte stellen das scheinbar rationale Verhalten des Menschen in den Vordergrund und unterstellen es a priori auch. Wie jedoch die neueren wissenschaftlichen Erkenntnisse der Psychologie zeigen, ist dies ein fataler Fehler. Gerade bei der Umsetzung von geplanten Veränderungen scheitert der unvermeidlich rationale Homo sapiens an seiner eigenen Geschichte und der damit verbundenen Prägung aus den Zeiten seiner Urväter – der Neandertaler steckt somit in jedem von uns. Ein typischer Beweis hierfür ist das Beharrungsvermögen des Menschen, wenn es um eine Anpassung seines Status quo geht, etwa aufgrund von Herausforderungen durch die Umwelt. Beispielsweise legt der Klimawandel dringende Veränderungen nahe, aber es fehlt an der Bereitschaft der Menschen, dies auch zu tun.

Dass sich das Klima wandelt, ist fast täglich zu beobachten. Extreme Wetterphänomene nehmen zu, es wird in unseren Breitengraden wärmer – kaum merklich, aber stetig. Doch dass die Bekämpfung der Erderwärmung durch konsequente Veränderung des eigenen Lebensstils angegangen wird, davon ist nur wenig zu spüren. Noch immer sind Fernreisen, Sprit schluckende Limousinen und ein auf Freiwilligkeit setzendes Umweltbewusstsein an der Tagesordnung. Was nicht gesetzlich bestimmt wird, bleibt in der täglichen Praxis fast ignoriert, obwohl fast alle Menschen den Klimawandel für bedrohlich halten. Dies ist nur ein Beispiel von vielen, das uns zeigt, dass wir Menschen nur sehr ungern etwas an unserem Status quo ändern wollen. Der Hang zum Bestehenden ist sehr groß und damit auch der Widerstand gegen das Neue und die damit verbundenen Entscheidungen. Denn jede Veränderung wird als Bedrohung gesehen und damit erst einmal abgelehnt. Jeder kennt die Situation, wenn sich etwas verändert am Arbeitsplatz oder eine Wohnung neu eingerichtet wird. Wir wollen die Veränderung am Anfang gar nicht wahrhaben oder akzeptieren. Irgendetwas in uns wehrt sich dagegen – aber was?

Die Psychologie hat hier einige interessante Entdeckungen gemacht, die es uns erleichtern, den eigenen „inneren Schweinehund" besser zu verstehen. Eine der wesentlichsten Ursachen liegt in unserer Evolutionsgeschichte. Über viele Millionen Jahre hat der Mensch als Homo sapiens gelernt zu überleben – hierbei garantierte Anpassungsfähigkeit und Hartnäckigkeit den Erfolg. Zur Zeit unserer Vorfahren war die Entscheidung für oder gegen eine Veränderung eine oft überlebenswichtige Angelegenheit. Eine Fehlentscheidung konnte das eigene Überleben und das der Gruppe gefährden. Auf der Basis dieser Erfahrungen und Notwendigkeiten hat unser Gehirn einen erstaunlichen Mechanismus entwickelt, um zwischen Veränderung und Beharrung zu entscheiden – die Absicht!

Jeder Handlung geht eine Absicht voraus; ist diese definierte Absicht aber nicht konkret genug, dann bleibt es beim Wunschdenken. Die Absichtserklärung, beispielsweise ein Organspender zu werden, ist die Vorstufe zu einer Entscheidung, aber aus Angst vor der Veränderung eines Status quo, etwa nicht als Spender anerkannt zu werden, verweigern wir der Absicht die Zustimmung. Das Ergebnis: Es kommt zu keiner Handlung; wir werden kein Organspender.

Dieser Mechanismus hat durchaus seine Berechtigung.

Beispiel: Routineverhalten ersetzt Entscheidung

Stellen Sie sich vor, Sie müssten jeden Morgen neu entscheiden, ob Sie sich zuerst die Zähne putzen und dann duschen gehen oder umgekehrt. Die Routine Ihrer morgendlichen Körperpflege entlastet Ihr Gehirn und ermöglicht Ihnen schon im Badezimmer, sich über wesentlichere Fragen Gedanken zu machen – z.B. darüber, was es heute zum Frühstück gibt.

Routinen sind für uns überlebenswichtig; sie sorgen für Kontinuität und Überschaubarkeit in unserem Leben. Somit wird auch jede Entscheidung, die wir treffen müssen, bei der der Status quo verändert wird, hinterfragt, um zu verhindern, dass sich unsere „heile Welt" der Routinen zu sehr verändert. Für unsere Vorfahren war dies insbesondere wichtig, da viele Rituale auch dazu dienten, den Zusammenhalt der Gruppe zu stärken und das Erlernen bzw. Weitergeben von Erfahrungswissen für den Jagderfolg sicherzustellen. Bezogen auf die heutige Gesellschaft ist der Hang zum Bestehenden eher ein Hindernis.

Beispiel: Wirtschaftskrisen

Wirtschaftskrisen sind immer auch das Ergebnis von Handlungsarmut. Die Wirtschaftskrise der Jahre 2009/2010 hat vielen Unternehmen hart zugesetzt. Für viele war sie eine schmerzliche Erfahrung; insbesondere im Bereich der Bankenwelt. Aber haben wir wirklich etwas draus gelernt bzw. etwas verändert oder beharren wir immer noch auf dem gleichen Status quo wie vor der Krise, der uns eine verlockende, aber gefährliche Scheinsicherheit vermittelt? Für viele Unternehmen und Politiker war die Krise die Folge der Spekulationswut vieler Banken. Bei einer genaueren Betrachtung lässt sich jedoch erkennen, dass viele Unternehmen durch die Krise nur die Quittung bekommen haben, die sie aufgrund ihres unternehmerischen Verhaltens verdient haben. Fehlende strategische Ausrichtung, geringe Innovationskraft, zu schlechte Kostenstruktur und teilweise überforderte Führungskräfte sind nur einige Beispiele dafür. Dies zeigt sich insbesondere auch in der noch sehr langsam wachsenden Euro-Zone.

Damit ist nach der Krise vor der Krise. Viele Unternehmen verfolgen immer noch die gleichen geografischen Wachstumsstrategien, statt intelligenter zu wachsen. Innovationsprojekte werden immer noch zurückgestellt oder Führungskräfte nicht auf Herz und Nieren geprüft. Alles eine Folge des Hangs zum Beharren? Ja und nein, denn der Wunsch, alles so zu lassen, wie es war, gilt auch für Unternehmen, aber der Wettbewerb zwingt sie zur Anpassung – und hier ist auch das eigentliche Dilemma zu finden.

Der Wunsch nach Veränderung als Folge des Wettbewerbsdrucks ist schnell ausgesprochen, aber die richtigen Maßnahmen hierzu einzuleiten, scheitert oft genug an der Duldungsstarre vieler Entscheidungsträger – ein Relikt unserer Vorfahren. Statt zu handeln, werden Absichten geäußert: eine bessere Bankenaufsicht oder weniger Abhängigkeit von einzelnen Auftraggebern oder mehr Innovationskraft. Leider werden diese Absichten nicht selten im Tagesgeschäft wieder vergessen oder angesichts zurückkehrender Erfolge als doch nicht notwendig angesehen. Absichten leben aber vom Moment der Entscheidung und damit von der positiven Motivation, jetzt – und zwar jetzt sofort – etwas zu tun. Die Zeit der Tatenlosigkeit vergräbt unsere Absichten im Sumpf der unerledigten Wünsche und damit Enttäuschungen; und auch das ist ein Schutzmechanismus unseres Verstandes. Stellen Sie sich nur einmal vor, Sie würden sich jeden Tag mit der Qual aller nicht erledigten Aufgaben und Herausforderungen beschäftigen müssen. Nur das Vergessen verschafft für uns die Chance zur Entspannung und den Freiraum für Neues.

Unser Gehirn macht es sich so leichter; es spart Energie. Der richtige Umgang mit Lebensenergie war schon zu Zeiten unserer

Vorfahren sehr wichtig. Das Gehirn selbst hat es auf der Basis der evolutionären Entwicklung nur deswegen zu der heutigen Komplexität gebracht, weil sich die Ernährung des Homo sapiens von der reinen Pflanzenkost zu einer Mischkost aus Pflanzen und Fleisch verändert hat. Somit bekam der Organismus unserer kleineren Vorfahren (die durchschnittliche Körpergröße lag bei nur 1,20 Meter) die notwendige Energie, um das Gehirn auf das heutige Volumen anwachsen zu lassen. Dies war insbesondere auch deswegen notwendig, weil das Gehirn im Vergleich zu allen anderen Organen ein Energiekiller war – und ist. Der Energieverbrauch ist in Relation von Masse zu Leistung sehr hoch; wir haben daher im Zuge der evolutionären Entwicklung gelernt, unsere Gehirnleistung auf das Wesentliche zu fokussieren und alle nicht so relevanten Inhalte im Stand-by-Modus zu bearbeiten. Stand-by heißt für uns, dass wir uns Routinen schaffen, Abläufe standardisieren und Entscheidungen, sofern diese nicht aus Routinen entstehen, als Ausnahmezustand zu verstehen. Somit ist Tatenlosigkeit in Bezug auf die Umsetzung von Absichten auch ein Schutzmechanismus aus der Zeit unserer Vorfahren.

Aber es ist nicht nur allein eine bioenergetische Ursache für den Hang zum Beharren verantwortlich, sondern auch die Wahrnehmung unserer Vergangenheit.

Beispiel: Nachher ist man immer schlauer – Rückschaufehler

Sie kennen sicherlich das Sprichwort: „Nachher ist man immer schlauer!" Das stimmt auch, denn unser Verstand unterliegt hier einer Fehleinschätzung – dem sogenannten Rückschaufehler. Ein Versuch mit Psychologiestudenten zeigt dies eindrucksvoll. Ihnen wurden zuerst unscharfe Bilder von Pop-Idolen gezeigt. Stufenweise wurden diese Bilder dann immer schärfer gestellt, bis die Studenten ihre Idole erkennen konnten. Der Schärfegrad des „Erkennens" wurde festgehalten. Im zweiten Versuchsablauf sollten dieselben

Studenten den Schärfegrad einstellen, bei dem sie glaubten, erstmalig ihr Idol erkannt zu haben. Das Ergebnis war verblüffend; die eingestellte Schärfe war in der Regel geringer als die zuvor gemessene tatsächliche Schärfe, bei der die Versuchsteilnehmer die Idole identifiziert hatten.

Die Versuchspersonen überschätzten ihre Fähigkeiten; sie machten einen Rückschaufehler. Da sie wussten, welches Idol gezeigt wurde, glaubten die Studenten, viel früher das wirkliche Bild erkennen zu können. Die Erfahrung prägt also unsere Wahrnehmung des Zurückliegenden und lässt uns somit auch viele Dinge aus der Tradition falsch einschätzen.

Gleiches gilt auch bei der Bewahrung vieler scheinbar guter Traditionen in Unternehmen oder in der Gesellschaft. Zu oft waren aber diese Traditionen nur in der Erinnerung so positiv oder gar federführend in unserem Handeln. Die Rückschau auf die Traditionen bringt ein Unternehmen schnell in eine Lage der Selbstüberschätzung. Der Impuls, das Richtige zu tun, wird überlagert von dem Fehler, aus der Erfahrung heraus die Entscheidungen der Vergangenheit als klar und eindeutig zu interpretieren. Plötzlich hatte jeder gewusst, dass die Banken mit ihren Produkten und ihrem Verhalten eine Immobilienblase und somit Billionenverluste weltweit produzieren; jeder hatte auch gewusst, dass die Unternehmen dieser Krise nicht standhalten würden usw. Heute ist jeder schlauer und jeder weiß, was eigentlich geschehen ist.

Wissen wir es aber wirklich? – und vor allem: Führt dieses Verhalten nicht zu einer Selbstüberschätzung und damit wiederum zu einer nächsten Krise?

Die aktuelle Situation in einzelnen EU-Staaten lässt dies befürchten. Eine Euphorie der Selbstüberschätzung in Politik und Gesellschaft, aber auch in Unternehmen und bei Privatpersonen, basiert nicht selten auf diesem Rückschaufehler, der uns alles so klar und nachvollziehbar erscheinen lässt, sodass wir den Weg zum Richtigen nicht mehr erkennen können. Es gibt Kräfte in uns, die im Zuge der Evolution entstanden sind und die es uns schwer machen, das Richtige zu erkennen und danach zu handeln. Dabei sind zwei Antagonisten am Werk: das Denken und das Handeln.

Denken und Handeln als Freund und Feind

Der Mensch ist, was er will – so eine uralte Weisheit. Und in der Tat bestimmt das Wollen unser Handeln, aber leider nicht ausschließlich, denn viele unserer Wünsche und Orientierungen entstehen durch eine Kombination verschiedener Aspekte (vgl. Abbildung 1).

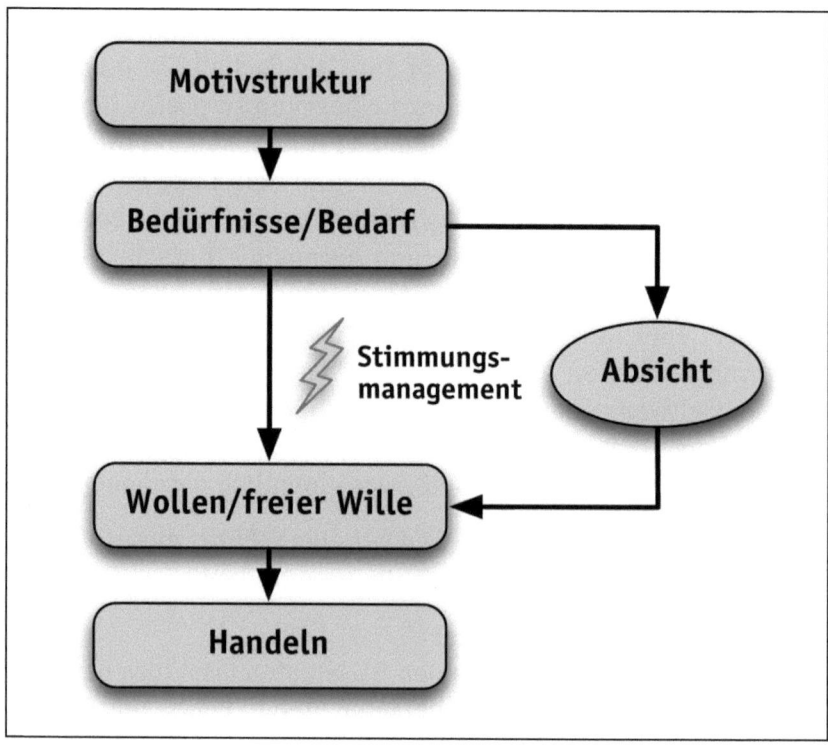

Abbildung 1: Denken und Handeln, Quelle: Change Management, K.O.M. GmbH, 2006

Orientierung prägt unsere Einstellung zu Dingen, Themen und Inhalten. Dabei entsteht die Orientierung selbst durch drei wesentliche Faktoren: das Denken, die Motive und das Fühlen.

Die sicherlich besonders ausgeprägt treibende Kraft sind unsere Motive. Motive sind Prägungen, die uns von „innen heraus" besonders stark antreiben. Drei wesentliche Motivstrukturen sind zu unterscheiden: das Beziehungsmotiv, das Leistungsmotiv und das gestalterische Machtmotiv. In jedem Menschen sind alle drei Motive angelegt, jedoch legen wir im Laufe der eigenen Persönlichkeitsentwicklung den Schwerpunkt eher auf nur eine bestimmte Motivstruktur.

Diese Motivstrukturen beeinflussen unser Denken und Handeln und prägen damit unsere Einstellung zu bestimmten Situationen bzw. Sachverhalten. Dabei entscheidet das Beziehungsmotiv über unsere Einstellung zu unseren Mitmenschen und damit über unser Verhalten gegenüber anderen. Ein Mensch mit ausgeprägtem Beziehungsmotiv – auch „Beziehungsmotivler" genannt – sieht in der Beziehung zu anderen Menschen seine treibende Kraft. Er genießt die Gemeinschaft und baut auf Harmonie und emotionale Bindung. Demgegenüber ist der „Leistungsmotivler" eher durch konkrete Aufgabenstellungen mit klaren Zielen zu motivieren. Diese erfüllt er gewissenhaft – aber auch nicht mehr. Der „Machtmotivler" sieht seine Motivationsquelle in der Gestaltung von Neuem. Er will erkennen – wie Goethes Faust –, was „des Pudels Kern" ist und was die Erde zusammenhält. Neues zu gestalten, aufzubauen und Grenzen zu sprengen, treibt ihn zur Höchstleistung.

Alle drei Motivformen sind treibende Kräfte für das Denken und Handeln und alle drei Ausprägungen sind jedem Menschen eigen. Die Bevorzugung der einen oder anderen Motivstruktur ist die Folge der Persönlichkeitsprägung, auf die ich später noch eingehen werde. Das Erkennen der eigenen Motivstruktur erleichtert die Entscheidungsfindung und deren Umsetzung.

Beispiel: Wie die Motivstruktur unsere Arbeit beeinflusst
Stellen Sie sich einen Menschen vor, für den es sehr wichtig ist, mit anderen Menschen zusammen zu sein. Er tauscht sich gerne aus, er diskutiert gerne und bringt gerne anderen Leuten etwas bei – also ein hilfsbereiter Bursche. Nun wird dieser kontaktfreudige Zeitgenosse aufgrund einer Restrukturierungsmaßnahme in seinem Unternehmen in das unternehmenseigene Archiv versetzt. Im Keller, zwischen einer Vielzahl von Unterlagen und Dokumenten, soll er allein, aber hoch motiviert seiner Tätigkeit nachgehen. Sie können sich denken, was passiert. Als Beziehungsmotivler wird unser hilfsbereiter Bursche ein sehr trauriges Dasein führen und sich stets auf die Suche nach menschlichem Kontakt begeben. Seine Arbeit leidet darunter, da er mehr Zeit auf den Gängen als an seinem Arbeitsplatz verbringt.

Seine Motivstruktur zwingt ihn dazu, seine Aktivitäten eher auf die Suche nach Nähe zu Menschen zu konzentrieren, als im einsamen Archiv die Akten zu wälzen. Wäre unsere Testperson ein Leistungsmotivler, dann wäre dies kein Problem; er lebte von der Erfüllung der gestellten Aufgabe, gleichgültig wo diese zu absolvieren ist. Wenn wir also wissen, welche Motivstruktur uns antreibt, dann können wir auch bewusst die zu treffenden Entscheidungen auf Passgenauigkeit zu unseren Motiven prüfen. Die Zufriedenheit mit der getroffenen Entscheidung wächst und die Umsetzungsquote steigt automatisch an. Es gilt also, Denken und Handeln wie eineiige Zwillinge aufeinander abzustimmen. Nur wenn es uns gelingt, das durch Motive gesteuerte Denken mit der Vielzahl von Handlungsalternativen zu koppeln, sind wir dem Wunsch, das Richtige zu tun, sehr nahe.

Hierbei wird unser Denken sehr oft auf die Probe gestellt; das Abwägen von Alternativen fällt uns gar nicht so leicht. Die Qual der Wahl bremst uns in der Entscheidungsfindung.

Beispiel: Zu viele Alternativen können die (Kauf-)Handlung blockieren

Ein Test im Supermarkt hat dies belegt: In einem Regal wurden zunächst 6 Sorten Marmelade gezeigt und ein anderes Mal 24 Sorten. In der ersten Versuchssituation blieben 40 Prozent der Kunden vor dem Regal stehen, bei der zweiten Präsentation waren es 60 Prozent, die sich das Angebot anschauten. Folglich müssten auch mehr Kunden bei der 24er-Variante gekauft haben, allerdings war das nicht so. Lediglich 2 Prozent der Kunden kauften eine Marmelade. Bei der 6er-Variante kauften hingegen 12 Prozent der Kunden. Die Qual der Wahl verhinderte bei vielen das Fällen einer Entscheidung. Das Abwägen dieser vielen Geschmacksrichtungen bei der Marmelade führte eher zu einem Nicht-Handeln als zu einer aktiven Entscheidung und Umsetzung.

Wie man sehen kann, ist ein zu großes Angebot an Handlungsspielräumen für unser Denken eher ein Problem als eine Chance. Wir mögen Dinge, deren Wahrnehmung uns leichtfällt; wir wollen gerne den Überblick behalten. Immer dort, wo wir Gefahr laufen, den Überblick zu verlieren, tun wir lieber nichts als das Falsche. Hier ist das Denken der Feind des Handelns, denn so manche impulsive Kaufentscheidung im Kaufhaus wäre bei genauem Abwägen der Alternativen nicht möglich gewesen. Woran liegt das?

Wir Menschen sind „Augentiere", d.h. wir nehmen unsere Umgebung gerne in Bildern wahr. Ein Bild sagt mehr als tausend Worte, lautet die weit verbreitete Auffassung. Bilder sind eingängiger, da sie für die rechte Gehirnhälfte gut verständlich sind. Viele Entscheidungen werden aber auf der linken Seite unseres Gehirns – im Bereich der Logik – vorbereitet, was in der rechten Hemisphäre unseres Großhirns jedoch nicht zugeordnet werden kann. Somit entstehen Unsicherheit und Unverständnis und infolgedessen zögern wir mit unseren Entscheidungen oder lassen gar das ganze Vorhaben fallen. Wir lieben es, die Dinge als Ganzes zu erfassen und mit unseren Erfahrungen, die als Bilder abgespeichert wurden, zu vergleichen. Wird jedoch die Auswahl an Handlungs-/Entscheidungsalternativen unübersichtlich, dann weigert sich unser Denken, etwas zu entscheiden oder gar zu tun – wir sind blockiert. Bei zu viel Wissen fällt es uns schwer, etwas zu entscheiden oder etwas umzusetzen. Die Qual der Wahl blockiert uns.

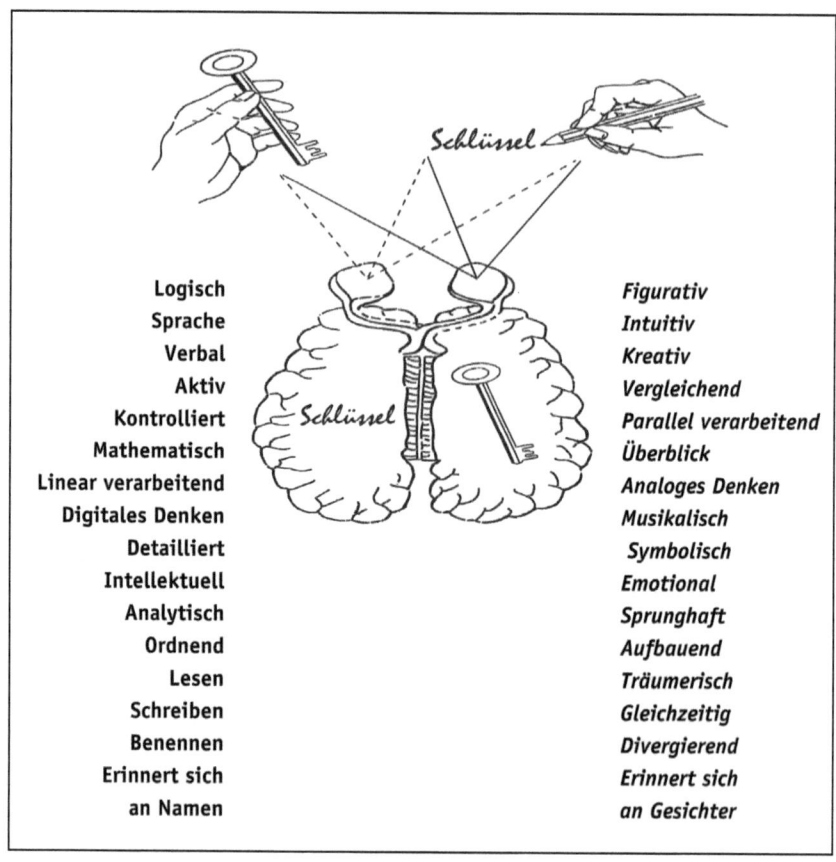

Abbildung 2: Die Unterschiede zwischen rechter und linker Gehirnhälfte
Quelle: HBDI-Ausbildung, Roland Spinola, 2002

1.2 Die hohe Kunst des Zerredens

Oftmals sehen wir notwendige Entscheidungen vor unserem inneren Auge, trauen uns aber nicht, diese zu treffen. Wir suchen Rat bei einem Kollegen, Freund oder Lebenspartner; damit ist das Schicksal der Entscheidung besiegelt. Kommunikation verhindert sehr oft zu erkennen, was das Richtige ist und wie man entscheiden sollte. Warum ist dies so?

Wie wir schon gesehen haben, ist das Finden der richtigen Entscheidung nicht nur ein rationaler, sondern auch ein emotionaler Prozess – auch wenn dies manche Logiker nicht gerne hören wollen. Dabei wird die Wahrnehmung und Beurteilung des Wahrgenommenen durch Kommunikationsfallen beeinflusst. Hier einige Beispiele:

Kommunikationsfalle 1: Der Ebenen-Konflikt

Als sehr vernunftorientierte Wesen fällt es uns schwer zu akzeptieren, dass bei der Kommunikation verschiedene Ebenen eine entscheidende Rolle spielen. Diese Ebenen können wir nur teilweise bewusst wahrnehmen.

Vor einigen Jahren hatte ich die Möglichkeit, an einer Therapeutenausbildung teilzunehmen – eine wirklich spannende und auch wichtige Erfahrung, denn gerade als Berater und Coach hat sich diese Teilnahme sehr bezahlt gemacht. Bei dieser Ausbildung hatte ich ein sehr plastisches Beispiel hinsichtlich der Fragestellung direkt vor Augen: Welche Ebenen spielen bei der Kommunikation eine Rolle?

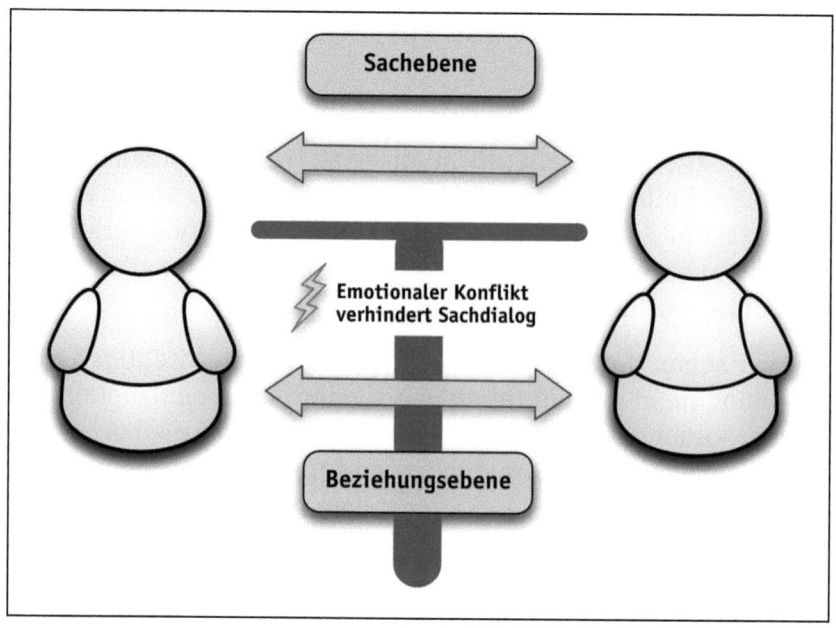

Abbildung 3: Beziehungs-/Sachebene,
Quelle: Kommunikationstraining, K.O.M. GmbH, 2002

Beispiel: Wenn Paare auf verschiedenen Ebenen kommunizieren

Die Ausgangssituation: Es handelte sich um eine Partnertherapie, bei der ein Paar – nennen wir sie Günter und Uschi (Namen geändert) – seit längerer Zeit etwas Stress in ihrer Beziehung hatte; Stress in Form von Unverständnis, Aggression und Unaufmerksamkeit, vom ausbleibenden Sexleben mal ganz abgesehen. Also saßen die beiden Probanden, so werden Teilnehmer eines derartigen Programms offiziell genannt, vor mir und begannen nach jeweiliger Aufforderung über ihre Situation zu berichten. Anfänglich verlief die Kommunikation relativ harmlos und ohne jegliches Konfliktpotenzial. Als jedoch Uschi begann, über den vergangenen Tagesablauf zu sprechen, wurde es interessant.

Hier der Dialog: Uschi antwortete auf die Frage ihres Mannes, was sie heute unternommen hätte, wie folgt: „Nun, ich ging heute bei diesem schönen Wetter mit unseren Kindern an den Badesee und kam erst spät zurück." Dies ist eine doch sehr sachliche Darstellung der vergangenen Aktivität. Die Antwort von Günter in einem auch sehr ruhigen und sachlichen Tonfall: „Das hätte ich heute auch lieber gemacht, als in diesem heißen Büro zu sitzen." In diesem Augenblick bekam Uschi einen roten Kopf und schrie ihren Mann plötzlich mit einer gewaltigen Ladung Aggression an: „Ich habe es so satt, mir ständig von dir sagen zu lassen, dass ich nicht arbeite und du mich versorgen musst, bloß weil ich unsere gemeinsamen Kinder erziehe." Günter war perplex und total irritiert – ich anfänglich auch.

Aber nach einer kurzen Pause analysierten wir diesen kleinen Dialog und es wurde beiden klar, dass hier etwas mitgewirkt hatte, was eigentlich nicht sein musste. Was war geschehen?

Uschi litt in der Beziehung mit Günter schon seit Längerem darunter, dass sie selbst keine berufliche Anerkennung bekam und er sie sehr oft spüren ließ, wie abhängig sie von ihm war. Dieses Gefühl der Abhängigkeit belastete Uschi so sehr, dass sie alle Aussagen ihres Mannes unter diesem Eindruck bewertete und beurteilte. Die emotionale Ebene überlappte die reine Sachebene, auf der der Dialog begonnen hatte. Die Folge war eine Fehlinterpretation des Gesagten und das wurde zum Auslöser für die Konflikteskalation.

So, wie unserem Pärchen, ergeht es uns allen. Wir wollen bestimmte Punkte nicht wahrhaben oder wahrnehmen, weil die emotionale Anspannung oder Betroffenheit eine sachliche Wahrnehmung unmöglich macht. Gerade dann, wenn es um Entscheidungen geht, spielt dies eine wichtige Rolle. Wir stellen uns innerlich Fragen, wie beispielsweise: Will er mich jetzt manipulieren?; Was versteht sie schon davon?; Wie kann er so etwas nur sagen? usw. Alle diese Fragen verunsichern und verwirren uns und helfen uns nicht bei der Suche nach dem Richtigen. Die bewusste Wahrnehmung und Akzeptanz dieser emotionalen Ebene bei der Kommunikation ist der erste Schritt, um diese Falle zu beseitigen – aber nicht der einzige, wie Sie später noch sehen werden.

**Kommunikationsfalle 2:
Der Wahrheitsgehalt**

Wahr ist nicht, was A sagt, sondern was B versteht. Diese Weisheit zeigt uns sehr deutlich, wie schwer gute und eingängige Kommunikation sein kann. Wie oft erleben wir es, dass wir mit einem Kollegen oder einer Kollegin, unserer Frau oder Freundin, unserem Mann oder Freund im persönlichen Gespräch das Gefühl haben, nicht verstanden zu werden oder den anderen nicht zu verstehen. Woran liegt das?

Kommunikation hat immer etwas mit persönlichen Eindrücken und Stimmungen zu tun. Kommunikation ist nie nur objektiv und sachlich, sondern stets auch unterschwellig mit Interpretationen versehen. Da berichtet der Ehemann seiner Frau von aktuellen Ereignissen im Büro, aber leider versteht sie ihn nicht richtig, da sie in Gedanken mit sich selbst und der eignen Lebenssituation beschäftigt ist. Was sie letztendlich wahrnimmt, ist etwas anderes als das, was er ihr erzählen will. Sie selektiert die Informationen aus dem Bericht ihres Lebenspartners, welche zu ihrer aktuellen Situation passen. Die Folge sind Missverständnisse und Fehlinterpretationen. Somit wird der eigentliche Gehalt des Berichts des Ehemannes abgeschwächt und eventuell falsch interpretiert. Unser Gehirn hat es gelernt, seine eigene Wahrheit zu entwickeln und schert sich einen Teufel um die Wahrheit derer, die uns etwas erzählen oder berichten.

Ein anderes Beispiel soll dies nochmals verdeutlichen:

Die aktuelle Berichterstattung in den TV-Medien beschreibt die immer häufiger auftretenden Naturkatastrophen in einer sehr drastischen und eindrucksvollen Weise. Einige Zuschauer – und das sind leider nicht wenige – nehmen die dramatischen Informationen eher abgeschwächt wahr, wenn sie nicht sogar gelangweilt sind. Die Ursache liegt vor allem darin, dass wir uns nur dann mit kritischen Themen auseinandersetzen wollen, wenn wir selbst betroffen sind. Erst wenn eine kritische Hürde des Leidensdruckes bei uns selbst überschritten wird, nehmen wir die präsentierte Wahrheit auch bewusst wahr. Vor dieser imaginären Hürde stehend suchen wir uns die Punkte heraus, welche uns interessieren oder unterhaltenden Charakter haben. Somit ist die verbreitete Wahrheit nicht die des Senders (was A sagt), sondern die, welche der Empfänger verstehen will (was B versteht).

Es ist sicher sehr leicht einzusehen, dass gerade durch diese Kommunikationsfalle sehr viel an Überzeugungskraft für unsere Entscheidungsfindung verloren gehen kann. Wir treffen somit Entscheidungen, die auf Wahrheiten basieren, welche wir uns selbst ausgewählt haben, die aber oftmals im Widerspruch zu denen des Senders stehen. Fehlentscheidungen sind die Folge und das Richtige wird nicht mehr erkannt; wir sind ein Opfer der eigenen Wahrnehmung geworden.

Kommunikationsfalle 3:
Die Kommunikationsspirale

Als ob das nicht genug wäre, gibt es in unserer Kommunikation eine Vielzahl weiterer Gefahren, die es uns fast unmöglich machen, das Richtige aus dem großen Angebot an Informationen auszuwählen. Nur die bewusste Bearbeitung der Kommunikationsspirale hilft uns hier das Schlimmste zu verhindern.

Kommunikation ist nach Ansicht vieler Menschen scheinbar das Einfachste der Welt. Weit gefehlt – viele wissenschaftliche Untersuchungen belegen, dass gerade in der zwischenmenschlichen Kommunikation die tatsächliche Herausforderung liegt. Immer mehr Informationen, Reize und Informationsquellen führen zu einer Überflutung unserer Sinnesorgane, und zwar bis zu dem

Punkt, wo das Gehirn die weitere Informationsverarbeitung ablehnt und auf „stur" stellt. Man will nichts mehr hören oder sehen bzw. lehnt das Gehörte vorschnell ab. Ein Blackout ist die Folge. Durch zu viele Informationen wird das Gehirn in eine besondere Stresssituation versetzt, was dazu führt, dass eine der wichtigsten Hirnregionen, der Hippocampus, verkümmert. Als Schaltzentrale des Gedächtnisses – und als quasi Jungbrunnen des Gehirns – hilft uns dieses Gehirnzentrum, Veränderungen und Anregungen, die uns antreiben könnten, zu übersehen. Damit wird der Antrieb reduziert und es kommt z. B. zu Erinnerungs-Blackouts. Kommunikation ist also ab einer bestimmten Intensität schädlich. Aber wie schaffen wir es dann, dieses Hindernis zu überwinden? Wie gelingt es uns, mit weniger Aussagen noch mehr Informationen in das Bewusstsein unserer Gesprächspartner zu bringen? Die Lösung beschreibt ein einfaches, aber sehr eingängiges Modell: die Kommunikationsspirale.

Diese Spirale der Wahrnehmung von Informationen basiert auf fünf Stufen:

1. Gesagt heißt noch lange nicht gehört.
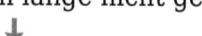
2. Gehört heißt noch lange nicht verstanden.

3. Verstanden heißt noch lange nicht, einverstanden zu sein.

4. Einverständnis heißt noch lange nicht Handlung.

5. Getan heißt noch lange nicht, auch immer wieder getan.

Wer möchte, dass die eigenen Entscheidungen verstanden und auch umgesetzt werden, sollte akribisch diese Stufen beachten und immer wieder überprüfen, ob beim Gegenüber die eigene Botschaft auch wirklich angekommen ist.

1. Gesagt heißt noch lange nicht gehört.

Diese erste Stufe scheint im Grundsatz für jeden sehr verständlich zu sein; mein Gesprächspartner muss mich ja auch hören können, um mich dann zu verstehen. In der alltäglichen Praxis wird diese einfache Weisheit aber auch genauso schnell wieder vergessen. Gleichgültig ob es der surrende Drucker am Arbeitsplatz, die tosende Kaffeemaschine in der Kaffeeküche, der Straßenlärm bei geöffnetem Fenster ist oder ob es die Schreie der zankenden Kinder sind: Wir nehmen mit einer oftmals beängstigenden Selbstverständlichkeit an, dass wir gehört werden oder dass derjenige, der uns nicht hört, schon nachfragen wird. Studien haben gezeigt, dass nur jeder Vierte nachfragt, wenn er in einem Gespräch etwas nicht gehört hat. Die Angst, als „taube Nuss" dargestellt zu werden, ist größer als der Wissensdrang, das Nichtgehörte zu erfragen.

Escape: Haben Sie keine Angst nachzufragen und bitten Sie Ihren Gesprächspartner, bei potenziellen Lärm- oder Störquellen offen Bescheid zu sagen, falls er Sie nicht hören kann. Insbesondere beim Telefonieren im Auto kann diese Absprache eine große Hilfe sein.

2. Gehört heißt noch lange nicht verstanden.

Nun hat unser Gesprächspartner die Botschaft zwar gehört – aber hat er sie auch verstanden? Testen Sie sich doch einmal selbst: Wie oft fragen Sie Ihr Gegenüber, ob er das Gesagte auch wirklich verstanden hat oder ob er dies nur vorgibt? Eine peinliche Vorstellung für den einen oder anderen, aber in der Kommunikation ein wichtiger Aspekt. Etwas verstanden zu haben, heißt in der Kommunikation, das Gehörte auch schon bewusst zu speichern. Etwas verstanden zu haben, heißt in der Psychologie, dass verschiedene Gehirnzentren miteinander interaktiv kommunizieren – Bilder entstehen auf der rechten Seite des Gehirns, nachdem sie zuvor auf der linken Seite durch das Sprachzentrum erfasst wurden; wir denken nach.

Es ist daher sehr wichtig, dass wir uns ständig darauf verlassen können, dass unser Gesprächspartner die Inhalte unserer Aussagen verstanden hat.

Escape: Sprechen Sie mit Ihrem Gesprächspartner offen ab, dass Rückfragen keine Schande sind, sondern gewünscht und fordern Sie bei längeren Gesprächen oder Telefonaten Ihr Gegenüber auf, Teile Ihrer Aussagen kurz zu wiederholen.

3. Verstanden heißt noch lange nicht, einverstanden zu sein.

Nun hat unser Gesprächspartner unsere Informationen zwar verstanden, aber ist er auch mit dem Verstandenen einverstanden? Kann er sich mit dem Gesagten auch identifizieren? Identifikation mit Aussagen ist für unser Handeln sehr wichtig, denn der Mensch tut das, was er will. Das Wollen bestimmt bewusst oder unbewusst unser Handeln. Zugegeben, es gibt manchmal Aufgaben, die man nicht besonders gerne macht: Müll nach unten bringen oder abwaschen. Aber auch hier bestimmt das Wollen das Handeln. Wenn wir uns schon von unserem Partner damit beauftragen lassen, den Müll nach unten zu bringen, dann noch lieber mit einem kleinen Motivationsschub, sei es das anschließende gemeinsame Genießen des Fernsehprogramms oder ein kleiner Kuss als Dankeschön. Egal was uns als Fremd- oder Eigenbelohnung einfällt, es stärkt unser Wollen, eine unangenehme Tätigkeit schnell hinter uns zu bringen.

Dies gelingt natürlich nur dann, wenn wir das Gewünschte auch akzeptieren. Nicht selten entstehen gerade in Partnerschaften durch solche „Kleinigkeiten" wie das Beseitigen des Hausmülls heftige Diskussionen oder Streitigkeiten. Dabei ist das tatsächliche Einverständnis gar nicht das Problem, sondern vielmehr die Selbstverständlichkeit, mit der wir so oft das Einverständnis des anderen voraussetzen. Bei vielen Führungskräften – so meine

Erfahrungen aus verschiedenen Coachingsitzungen – ist gerade dieses subtile Voraussetzen des Einverständnisses der Mitarbeiter, Anweisungen zu befolgen, eine der großen Schwachstellen in der Umsetzung von Veränderungen.

Escape: Fragen Sie Ihr Gegenüber offen und ehrlich, ob er mit Ihren Ausführungen einverstanden ist. Ermutigen Sie Ihren Gesprächspartner zum direkten Widerspruch, wenn er mit den Inhalten Ihrer Aussagen nicht einverstanden ist. Fassen Sie gemeinsam zusammen, um was es wirklich geht und überlegen Sie auch gemeinsam, was als Nächstes getan werden sollte.

4. Einverständnis heißt noch lange nicht Handlung.
Nun hat unser Gesprächspartner unsere Botschaften nicht nur gehört und verstanden, sondern ist damit auch einverstanden. Eine sehr schwere Hürde ist damit genommen. Aber eine Herausforderung bleibt: aus der beschriebenen Absicht auch eine Handlung zu machen. Das „Tun" ist für unser Gehirn ein echter Spagat. Zum einen wollen wir etwas realisieren, also in die Tat umsetzen oder etwas einleiten, und zum anderen ist unser Organismus immer darauf aus, so wenig Energie wie möglich zu verbrauchen – ein Relikt aus der Zeit unserer Urväter, als Nahrung echte Mangelware war.

Das Zauberwort für die Auflösung dieses Spagats heißt: Fokussierung. Fokussierung auf ein oder zwei Ziele – aber auch nicht mehr. Denn so verhält sich unser Gehirn: Wir werden erst dann aktiv, handeln also, wenn wir klare, konkrete und einfache Ziele vor Augen haben. Dabei ist weniger mehr und gerade hier liegt der große Fehler bei so manchen Meetings oder Diskussionen. Man bespricht nicht einen oder maximal zwei zentrale Punkte und bekommt daraus ein oder zwei konkrete Handlungsziele, nein, man verläuft sich im Wald der Für- und Widerbetrachtungen, baut weitere Komplexität auf, anstatt ab und letztendlich passiert nichts. Die Kunst der Reduktion auf das Wesentliche, die Kunst der verständlichen Zielformulierung und die Kunst des Nein-Sagens wird nur halbherzig oder gar nicht ausgeübt. Eine selbst programmierte Überforderung ist die Folge und der Umsetzungsgrad der besprochenen Absichten sinkt drastisch.

Escape: Weniger ist mehr! Der bewusste Umgang mit der beschränkten Handlungsbereitschaft unseres Organismus verhindert Enttäuschungen. Wir dürfen nicht darauf bauen, dass alle unsere ausgesprochenen Inhalte auch wirklich umgesetzt werden, sondern sollten stattdessen dafür sorgen, dass wir Ziele so einfach und klar wie nur irgendwie möglich formulieren. Woran können wir dies erkennen?

Ganz einfach, an der Qualität der ersten Maßnahmen zur Zielerreichung. Sind die besprochenen Aktivitäten zur Umsetzung eher allgemein, unverbindlich, nicht messbar oder zu abstrakt, dann ist das Ziel nicht begreifbar, sondern nur „linkshirnig" fixiert. Für die schnelle Umsetzung brauchen wir aber einfache Bilder und ein Gefühl der Erreichbarkeit, wenn wir uns in die Arbeit stürzen.

5. Getan heißt noch lange nicht, auch immer wieder getan.

Nun hat unser Gegenüber fast alle Stufen der Kommunikationsspirale erfolgreich durchlaufen. Entscheidend ist jedoch, dass bestimmte Inhalte nicht nur einmalig, sondern immer wieder realisiert werden. Wir kennen alle die quälenden Situationen, wenn wir unseren Kindern, Partnern oder Mitarbeitern immer wieder sagen müssen, dass sie z. B. ihr Zimmer, ihr Büro oder das Badezimmer aufräumen sollen. Eine lästige und anstrengende Prozedur, die jedoch vermieden werden kann. Hierfür ist es wichtig zu wissen, dass unser Gehirn gerne schnell vergisst, insbesondere Dinge, von denen wir zwar überzeugt sind, die aber nur wenig Lust auf mehr machen. Und hier liegt auch die Lösung: Nachhaltige Veränderung im menschlichen Verhalten setzt voraus, dass wir Lust haben auf diese Veränderungen. Lust heißt in diesem

Kontext, eine positive Motivation zu bekommen aus dem eigenen Umfeld und den Nutzen des eigenen Handelns zu erkennen.

Ein Beispiel: Unordnung auf dem Schreibtisch ist für viele Menschen nichts Ungewöhnliches und meistens auch keine Belastung. Die Belastung entsteht meistens erst dann, wenn zu den Routinetätigkeiten einige Sonderaufgaben hinzukommen. Plötzlich scheint man den Überblick zu verlieren und wird nervös oder baut sogar eine Panik-Blockade (hierzu mehr in einem späteren Kapitel) auf. Die bisherige Arbeitsorganisation – Chaos auf dem Schreibtisch – wird zur Belastung, da der Überblick und schnelle Reaktionen erschwert werden. Wenn jetzt eine Veränderung eingeleitet wird – beispielsweise den Arbeitsplatz aufzuräumen und neu zu organisieren –, kommt es unmittelbar zu einer positiven Motivation, denn wir werden besser arbeiten können und vielleicht sogar ein Lob von unserem Chef bekommen. Der Nutzen dieser Veränderung wird erkannt und ist direkt spürbar; eine positive Motivationsspirale beginnt.

Escape: Wir können nachhaltige Veränderungen im Rahmen von Gesprächen insbesondere dadurch fördern, dass wir gemeinsam mit unserem Gesprächspartner seinen eigenen Nutzen in der Vorschau definieren und somit Lust auf die Umsetzung machen. Das Versprechen einer Erleichterung der Arbeit, mehr Anerkennung oder mehr Sicherheit und Erfolg sind beispielsweise einige starke Motivationstreiber.

Kommunikationsfalle 4:
Wir setzen zu viel voraus

Kennen Sie nicht auch die Situation: Im Rahmen eines Gesprächs glauben Sie schon zu wissen, was Ihr Gegenüber sagen will oder was er nicht sagen will? Diese Intuition ist eine wichtige Fähigkeit für unser soziales Verhalten. Schon als Kinder lernen wir ganz automatisch, uns in die Gedankenwelt eines anderen Kindes zu versetzen. Im Alter von ca. zwei bis drei Jahren wird dieser „siebte

Sinn" entwickelt. Als Jugendliche bzw. Erwachsene können wir unter dieser Fähigkeit aber auch besonders leiden; wir setzen zu oft voraus, den anderen wirklich verstanden zu haben bzw. zu wissen, was er warum und wieso sagt. Diese Unterstellungen sind aber gefährlich, wie folgendes Beispiel zeigt:

Beispiel: „Die müssen schon wissen, was ich will!"

Eine sehr erfahrene Führungskraft erteilt einem Mitarbeiter einen nicht ganz einfachen Auftrag: Er soll eine Analyse der aktuellen Einkaufskonditionen für die beschafften Produkte der gesamten Unternehmung erstellen. Der Mitarbeiter macht sich an die Arbeit und nach ca. drei Tagen präsentiert er voller Stolz seine Auflistung in einer eigens hierfür entwickelten Excel-Tabelle. Als die Präsentation vor der Führungskraft beendet ist, schaut der Mitarbeiter erwartungsvoll seinen Vorgesetzten an, um ein entsprechendes Lob zu bekommen – Fehlanzeige. Im Gegenteil, der Chef holt zu einer umfassenden Kritik aus, in der er insbesondere immer wieder betont, dass er mehr erwartet hätte als die Auflistung der Einkaufskonditionen.

Sie denken jetzt sicherlich, der Chef hätte dies auch sagen müssen und vielleicht noch Vorschläge zur Optimierung beauftragen sollen, damit der Mitarbeiter seinen Erwartungen hätte gerecht werden können. Was ist passiert?

Im täglichen Eifer übersehen wir sehr schnell, dass Erwartungen zwischen Menschen oftmals voneinander abweichen und wenn Erwartungen nicht klar kommuniziert werden, kommt es zu Missverständnissen. In unserem Fall – ein reales Beispiel – hat die Führungskraft von Anfang an dem Mitarbeiter unterstellt, dieser wüsste, dass der Vorgesetzte auch einen Optimierungsvorschlag unterbreitet bekommen möchte. Diese Unterstellung – vorauszusetzen, der andere wüsste schon, was gewollt wird – ist zugleich ein großer Fehler und eine Gefahr. Gerade bei Aufgabenstellungen, die nur im Team gelöst werden können, ist es entscheidend, dass nur klare Kommandos und Anweisungen erfolgen und nichts vorausgesetzt wird.

Stellen Sie sich nur einmal die Zusammenarbeit zwischen einem Piloten und einem Fluglotsen vor. Wenn der Fluglotse dem Piloten – oder umgekehrt, der Pilot dem Fluglotsen – unterstellt, er wüsste schon, auf welcher Höhe sich das Flugzeug befindet oder welche die optimale Anfluglinie ist, dann ist das Unglück vorprogrammiert. Aus diesem Grund wird gerade in dieser sehr gefahrenreichen Teamarbeit größter Wert auf präzise Kommandos und eindeutige Kommunikation gelegt; nichts darf interpretierbar sein oder gar vorausgesetzt werden. Etwas mehr Präzision bei der Beschreibung unserer Erwartungshaltungen könnte dafür sorgen, dass die Umsetzung unserer Entscheidungen eine wesentlich bessere Basis hätte und die eingeleiteten Veränderungen auch tatsächlich wirksam werden.

Bezogen auf unser Beispiel aus der Arbeitswelt wäre die Führungskraft gut beraten, in Zukunft ihre Erwartungen nicht als bekannt vorauszusetzen, sondern zu artikulieren. So könnten Missverständnisse und Demotivation bei den Mitarbeitern vermieden werden – vom Zeitverlust ganz abgesehen.

Kommunikationsfalle 5:
Vorurteile prägen Entscheidungen

Die letzte, sehr effiziente Falle in der Kommunikation ist die Beeinflussung unserer Wahrnehmung und der eigenen Kommunikation durch Vorurteile. Vorurteile sind Urteile, die wir auf der Basis unserer Erfahrungen – unreflektiert – treffen. Sie entstehen auf sehr subtile Weise und können nur bewusst verändert werden. Sehr oft basieren Vorurteile auf Erfahrungen aus der Kindheit oder auf einschneidenden Erlebnissen.

Beispiel aus dem Verkauf: Kunden mit Bart sind böse

Ein sehr erfolgreicher Mitarbeiter soll vom Innendienst im Vertrieb in den Außendienst wechseln. Eine Veränderung, auf die er sich freut und die er auch gerne annimmt. Nach einigen Monaten im Außendienst zeigt sich jedoch, dass der Mitarbeiter bei einigen Kunden gar nicht gut ankommt. Sein Vorgesetzter bittet ihn zu sich, um die Situation zu besprechen und eventuelle Veränderungen einzuleiten. Im Verlauf dieses Gesprächs wird bald klar, dass der Mitarbeiter immer nur bei einem bestimmten Typ der männlichen Kundschaft Probleme hat, der folgende äußere Merkmale aufweist: sehr groß, dunkelhaarig und Bartträger. Bei genauerem Nachfragen stellt sich heraus, dass der Außendienstmitarbeiter bei diesem Profil grundsätzlich Ängste und Aggressionen entwickelt. Was war passiert?

Durch Therapiegespräche stellte sich weiter heraus, dass dieser Mitarbeiter in der Kindheit sehr einschneidende Erlebnisse mit Erwachsenen hatte, die genau diesem beschriebenen Profil entsprachen. Er entwickelte das Vorurteil, dass alle Männer mit diesen Merkmalen sehr gefährlich und aggressiv seien. Er machte aus seinen Einzelerfahrungen einen Grundsatz und dieser wurde zu seinem Vorurteil. Aufgrund dessen führt er heute in Verkaufsgesprächen mit diesen scheinbar „gefährlichen" Personen ein verkrampftes und zeitweise aggressives Gespräch – ein Verhalten, das alles andere als verkaufsfördernd ist und zur Ablehnung eines jeden derartigen Kunden führt.

Ein weiteres Problem bei Vorurteilen ist, dass wir in Gesprächen nur bedingt zuhören. Und wenn wir zuhören, dann suchen wir ständig nach Informationen, die unsere Vorurteile bestätigen, was wiederum zu selektiver Wahrnehmung führt. Wenn wir beispielsweise nicht an den Klimawandel glauben, weil wir sowieso das Vorurteil haben, die Welt werde sich schon selbst helfen oder das sei ohnehin nur Panikmache, dann „suchen" wir jeden Tag in der Presse nur nach den Argumenten, die unser getroffenes Urteil bestätigen. Es findet somit keine Veränderung statt und wir tun nicht nur nicht das Richtige, sondern fördern indirekt auch das „Nicht-Richtige". Die schrecklichen Beispiele in der deutschen Geschichte des Nationalsozialismus haben uns das sehr dramatisch gelehrt – Schweigen ist Silber, aber Reden ist Gold. Nur wenn es gelingt, die Vorurteile durch einen offenen, angstfreien Dialog zu beseitigen, dann werden wir häufiger das Richtige tun und das Falsche verhindern können.

1.3 Warum wir uns gerne von Prognosen manipulieren lassen

Jede Woche eine neue Prognose; jeden Tag eine neue Meldung über so wichtige Kennzahlen unserer Ökonomie – und was hat es gebracht? Wo waren wirklich substanzielle Erkenntnisse für die Verhaltensänderung zu erkennen? Leider viel zu wenig. Nun soll es an dieser Stelle nicht heißen, dass Prognosen unwichtig seien – nein, Prognosen haben ihre Bedeutung. Die Frage ist vielmehr, wie wir mit diesem Werkzeug umgehen. Wie setzen wir Erkenntnisse aus den Prognosen in unser aktuelles, wirtschaftliches und persönliches Verhalten um? Genau hier sehe ich einen zentralen Veränderungsansatz für die Zukunft. Dieser Ansatz basiert nicht nur auf den Erfahrungen aus der Wirtschaftskrise und persönlichen Krisen, sondern auch auf Grundmodellen der Psychologie und menschlichem Verhalten.

Beispiel: Prognosen für partnerschaftliche Trennungsfragen

Stellen Sie sich einfach mal vor, Sie befinden sich in einer Phase der Entscheidung mit zentraler Auswirkung auf Ihr zukünftiges Leben; Sie wollen sich von Ihrem Partner trennen. Die Schuldfrage – sofern diese überhaupt relevant ist – bleibt hier unberücksichtigt. Wesentlich interessanter ist die Frage, welchen Einfluss die vielen negativen und positiven Beschwörungen Ihrer Freunde – die Zeit nach einer Trennung beschreibend – auf Ihre Entscheidung haben werden. Hierzu macht die Psychologie eine klare Aussage: Der fremde Einfluss hat eine hohe Bedeutung.

Warum? Ganz einfach: In Situationen höchster Verunsicherung und Orientierungslosigkeit – was sicherlich bei der Trennungsentscheidung der Fall ist – suchen wir automatisch nach Menschen, die scheinbar mehr wissen oder mehr Erfahrung haben als wir. Wir orientieren uns an anderen Personen und deren Zukunftswissen bzw. Prognosen. Prognosen nehmen uns die Angst vor dem Ungewissen und dienen der Orientierung. Umso höher der Leidensdruck wird, desto mehr glauben wir den Prognosen oder Erfahrungen unserer Mitmenschen. Die Suche nach vermeintlicher Sicherheit – also einer Sicherheit, die es nicht gibt – verführt uns. Prognosen oder Erfahrungsberichte werden zum Alibi für unser Verhalten. Aus Angst vor den Konsequenzen einer Scheidung – die uns ja so plastisch erläutert werden – quälen wir uns lieber weitere Jahre in einer Beziehung.

Sicherlich ist die Situation einer zerrütteten Beziehung vielschichtiger als hier beschrieben, dennoch lassen wir uns bei dieser Entscheidung von Prognosen und Erfahrungen leiten. Das ist bei ökonomischen Entscheidungen nicht anders. Und genau hier bekommen die Mächtigen dieser Republik (Politik, Wirtschaft, Gewerkschaften sowie Vorstände) eine besondere Verantwortung zugesprochen. Besonnenheit und Gelassenheit sind zentrale Signale, die selbst düsterste Prognosen ertragbar und bewältigbar erscheinen lassen. Die Nutzung von Prognosen für subjektive Machtspiele oder Einflussnahme ist aus psychologischer Sicht verwerflich, wenn nicht sogar strafbar.

Wenn nicht die Mächtigen, wer dann soll uns helfen, düstere Prognosen so zu verarbeiten, dass sie uns nicht jeden Mut zur Handlung rauben und uns nicht in die Irre führen, sondern den Raum lassen für die Entwicklung von Lösungen? Ein guter Freund kann uns bei der Trennungsfrage beruhigen und Klarheit verschaffen, weil wir ihm vertrauen. Vertrauen wir aber den Mächtigen in unserer Republik? Ich denke ja, wenn auch nur eingeschränkt. Genau hier liegt das Problem wechselnder Prognosen. Durch ein eingeschränktes Vertrauen in die Mächtigen in unserem Land bekommen Prognosen plötzlich eine derartige Schlagkraft, dass wir wie gelähmt in die Schockstarre verfallen. Die Prognosen werden somit zu Verführern, denen wir fast willenlos Glauben schenken wollen. Sie helfen uns dann nicht, sondern erschweren es, das wirklich Richtige und Wichtige zu erkennen.

1.4 Blackout, Kaufrausch, Selbstüberschätzung – unsere Psyche verhindert rationales Entscheiden

Das Richtige und das Wichtige immer genau zu erkennen, Entscheidungen danach zu fällen und Ziele umzusetzen, ist schon eine Herausforderung. Doch unser Gehirn erschwert den ohnehin schwierigen Umsetzungsprozess. Unser Gehirn ist ein sehr komplexer und hoch entwickelter Prozessor, leider aber auch sehr anfällig im Hinblick auf Störungen. Diese Störungen erschweren uns sehr oft das Treffen von richtigen Entscheidungen oder das Umsetzen von Zielen. Wir sind Gefangene eines Systems, das oftmals anderen Gesetzen gehorcht, als für unser Handeln wünschenswert ist. Hier einige Beispiele:

Das Blackout-Syndrom

Sehr oft erleben wir in Gesprächen oder bei Prüfungen das berühmte Blackout; wir können uns trotz intensiver Bemühungen nicht mehr an bestimmte Dinge erinnern und alles scheint gelöscht oder vergessen zu sein. Die Ursache sind Stresshormone. Durch starke Belastungen, insbesondere durch soziale Stressoren, Ausgrenzungen, Mobbing oder schlechte familiäre bzw. partnerschaftliche Konstellationen, wird eine Serie von Stresshormonen freigesetzt, welche dann Teile unseres Gehirns lahmlegen. Der Hippocampus als eines der wichtigsten Zentren für Gedächtnis und Erinnerung läuft Gefahr zu verkümmern; die Folge sind wenig überzeugende Präsentationen oder Diskussionen. Wir tun uns schwer, die Zusammenhänge aus unserer Erfahrungswelt zu ordnen und neu zu sortieren, da wir plötzlich Erinnerungslücken haben. Unsere Fähigkeit, ganzheitliche und ausgewogene Entscheidungen zu treffen, wird immer schwächer; wir werden ungerecht, oftmals aggressiv und angriffslustig.

Das Kaufrausch-Syndrom

Dieses Syndrom hat eine besonders aktuelle Brisanz durch weltweite Verunsicherung, Nationalismus und steigendem Narzissmus bekommen. Die Rede ist von der unstillbaren Gier. Wenn unser Gehirn Gier mit Selbstbelohnung verwechselt, dann entsteht das Bedürfnis, immer noch mehr zu besitzen, egal was es kostet. Eine Überschuldung oder – wie im Bereich der Finanzmärkte – eine Risikobereitschaft entsteht, die teilweise keine Grenzen kennt. Die Verantwortlichen bzw. die betroffenen Menschen (es handelt sich ja um ein Krankheitsbild) empfinden ihr Handeln als eine Art Selbstbelohnung, was rationale und gesellschaftliche Grenzen verwischen lässt, ganz nach dem Motto: Ich tue nur das, was mir guttut, auch wenn es zulasten anderer geht oder das Risiko nicht mehr vertretbar ist.

Die natürliche Stopp-Schaltung unseres Gehirns, wenn die Jagd nach einer Beute in Relation zum Einsatz, Budget oder Risiko keinen Sinn mehr macht, ist bei Menschen mit diesem Syndrom deaktiviert. Neurowissenschaftler führen diese Gier auf einen unbewusst wahrgenommenen Belohnungsreiz zurück, der alle vernünftigen und abwägenden Verhaltensmuster dominiert; die Selbstregulation – sagen die Psychologen – ist ausgeschaltet oder reduziert. Somit werden unsere Entscheidungen nicht von einem vernünftigen Abwägen der Alternativen gesteuert, sondern von einer unstillbaren Gier nach Selbstbelohnung, die weder Grenzen noch Risiko kennt. Die Folgen dieses Syndroms haben wir leidig in der Finanzkrise der Jahre 2008/2009 erleben müssen. Die Psyche hat uns wieder einmal ausgetrickst.

Das Lügen-Syndrom
Neue wissenschaftliche Untersuchungen haben gezeigt, dass wir Menschen dazu neigen, eine Lüge zur Wahrheit zu erklären. Unser Gehirn setzt die abgerufenen Erinnerungen, z. B. bei Zeugenaussagen, auch wenn diese nur bruchstückhaft sind, zu einem plausiblen und nachvollziehbaren Ganzen zusammen. 70 Prozent der Justizirrtümer basieren auf dieser Art von Zeugenaussagen, in denen neben den tatsächlichen Erinnerungsstücken auch subjektive Erfahrungen und aktuelle Gefühlswelten eingebaut werden. Wissenschaftler haben entdeckt, dass die zentrale Kontrolle des Lügens im vorderen Gehirnteil sitzt, dem präfrontalen Kortex. Wenn Menschen lügen, wird dieses Zentrum aktiviert und der Mensch kämpft so gegen seine eigenen Lügen an. Bei Menschen, die die Wahrheit sagen, bleibt dieser Bereich inaktiv. Somit hat sich gezeigt, dass Lügen zum einen zwar durch unseren Verstand bekämpft werden, aber auf der anderen Seite oft unbewusst in einen plausiblen Zusammenhang gebracht werden. Das Treffen

von Entscheidungen wird somit erschwert und deren Umsetzung oftmals blockiert, da wir sehr schnell bei der Realisierung der erlangten Absicht feststellen müssen, hier einem Lügengerüst aufgesessen zu sein.

Das Besserwisser-Syndrom

Fehleinschätzungen unserer Umwelt können viele Ursachen haben: falsche oder unzureichende Informationen über die tatsächliche Situation, Fehlinterpretationen von Fakten oder auch Selbstüberschätzung. Letztere wird von Forschern „Overconfidence-Effekt" genannt. Ein Effekt, der beschreibt, dass wir Menschen uns selbst überschätzen. Beispielsweise treffen namhafte Manager falsche Diagnosen bei Krisen oder Politiker stolpern über Affären. Das Gehirn dieser Personen hat „gelernt", dass es sich scheinbar mehr erlauben kann als andere. Bedenken werden mühelos zur Seite geschoben, Warnungen ignoriert und Gesetze außer Kraft gesetzt. Insgesamt ist damit die Selbsteinschätzung wesentlich positiver, als es der Realität angemessen wäre. Unser Extensionsgedächtnis (Erinnerungsgedächtnis im Hippocampus) hat so viel Wissen gespeichert, dass es davon ausgeht, mehr zu können, mehr zu wissen und mehr zu dürfen als tatsächlich realistisch ist. Der Mensch überschätzt seine Kompetenzen und Fähigkeiten in allen Lebenssituationen.

Die meisten Professoren halten sich für die besten Pädagogen und viele Manager behaupten von sich, besser zu sein als jeder Fachmann und die Konkurrenz. Gerade im letzteren Fall führt dieses Syndrom dazu, dass gute Ratschläge und notwendige Veränderungen a priori abgelehnt werden; man weiß ja sowieso alles besser, obwohl Experten das Gegenteil behaupten. Dies ist keine Art von Verdrängung, sondern das Ergebnis eines Realitätsverlustes, der bittere Folgen nach sich ziehen kann. Eine Arbeit im Team und eine Auseinandersetzung auch mit besonders negativen Szenarien könnte hier behilflich sein, vorausgesetzt man will überhaupt zuhören.

Gerade die letzten Wirtschaftsjahre haben gezeigt, dass viele Manager trotz langjähriger Berufserfahrung Krisen in ihrer Wirkung und Dauer falsch eingeschätzt bzw. zu spät erkannt haben.

Der Realitätsverlust war in der Menschheit sehr oft der Beginn einer tragischen Epoche. Alle Diktaturen der Welt basieren auf Fehleinschätzungen einzelner Mächtiger, die die Grenzen ihres Handelns nicht mehr erkennen können und damit das Volk in Krisen und Chaos stürzen. Ein Beispiel ist der ägyptische Diktator Mubarak, der trotz lauter Proteste der Bevölkerung seit dem 25. Dezember 2010 erst nach massivem Drängen ausländischer Regierungen am 10. Februar 2011 zurücktrat. Er wollte die Realität nicht akzeptieren und erlaubte sich, die demokratischen Rechte zu überschreiten und mit Gewalt und Terror seine Macht zu stützen. Er überschätzte seine Popularität und seinen Einfluss; nur ein Beispiel von vielen, wo die Mächtigen aus Politik oder Wirtschaft übersehen, dass ihre Welt eine Scheinwelt ist und nichts mehr mit der Realität zu tun hat.

Das Besserwisser-Syndrom betrifft aber nicht nur einzelne Personen, sondern kann ebenso bei Nationen oder Gesellschaften als Ganzes auftreten. Wie viel Umweltverschmutzung dürfen wir uns erlauben oder wie weit dürfen Technologien unsere Welt beherrschen? Viele Völker glauben, selbst alles tun zu dürfen und zu können. Sie überschätzen damit ihre Möglichkeiten und vor allem unterschätzen sie die durch ihr Handeln entstehenden Risiken. Ein individuelles Syndrom wird zur Massenbewegung.

Hier entstehen in Zukunft neue Aufgaben und Herausforderungen für unsere Politik und Wirtschaft. Dass in China der Wirtschaftsboom eindeutig zulasten der Umwelt geht, ist längst kein Geheimnis mehr. Dass die Diktatur in Nordkorea nur mithilfe eines immensen Armee-Apparates aufrechterhalten werden kann und dass in Wüstenstaaten gegen jede Vernunft Eishallen und Skipisten unter Glas gebaut werden, sind nur einige Beispiele dafür.

Das Gerüchte-Syndrom

Allzu oft werden Entscheidungen auf der Basis von Gerüchten getroffen, die für viele zwar eindeutig als solche erkennbar sind, aber für manch andere echte Wahrheiten darstellen. Wenn das Gehirn Informationen oder Aussagen glauben will, deren Interessantheitsgrad höher ist als der Wahrheitsgehalt, dann werden wir wieder einmal von unserer Psyche überlistet. Interessenlagen steuern unsere Wahrnehmung. Was uns interessiert, ist spannend und wird bewusst verfolgt. Verantwortlich hierfür sind die Spiegelneuronen. Sie sorgen nicht nur dafür, dass wir Mitgefühl und Freude empfinden, sondern sie sind auch dafür verantwortlich, dass wir Hass oder paranoide Gedanken nachempfinden können. Somit sorgen die Neuronen für die Verbreitung von Gerüchten in unserem Gehirn. Sobald wir jemanden mit ängstlichem Gesichtsausdruck sehen und dieser uns schlechte Nachrichten übermittelt, sorgen die Spiegelneuronen dafür, dass wir diese negativen Botschaften – oft unreflektiert – weitergeben. Die Folge kann Panik sein, sinkende Aktienkurse oder die sich selbst erfüllende Prophezeiung wird zur Realität.

Gerade im Wirtschaftsleben, und hier insbesondere im Börsengeschäft, spielt das Gerüchte-Syndrom eine große Rolle. 80 Prozent des Börsengeschäftes ist Psychologie – das wusste schon André Kostolany –, und dies insbesondere, wenn es um Gerüchte geht, die sich wie ein Lauffeuer ausbreiten. Wir hören ein Gerücht über den Aufkauf einer Unternehmung und schon steigt die Aktie des kaufenden Unternehmens, sofern der Kauf als sinnvoll erachtet wird. Ökonomisch nicht erklärbar, aber wirtschaftlich wirksam zeigt sich hier die hohe Bedeutung der Psychologie in unserem Wirtschaftsleben.

1.5 Krisen sind evolutionäres Lernen aus Fehlern

Wer kennt nicht die alltäglichen Erfahrungen mit den kleinen und großen Krisen des Lebens. Aber warum haben wir so große Angst vor Krisen? Warum erschweren uns Krisen, das zu tun, was wichtig ist? Oder helfen uns Krisen vielleicht sogar dabei, die richtigen Entscheidungen zu treffen? Warum fällt es uns so schwer, aus Krisen zu lernen? Was bedeutet eine Krise wirklich für uns Menschen und für die Wirtschaft?

Persönliche Krisen stärken uns!
„Die Krise ist ein produktiver Zustand. Man muss ihr nur den Beigeschmack der Katastrophe nehmen", lautet ein Zitat von Max Frisch. Demnach ist jede Krise auch zu bewältigen; eine Weisheit, die heute durch die Psychologie eindeutig bestätigt wird. Jede Krise ist eine Chance, sofern es uns gelingt, diese Chance auch zu erkennen. Zu oft werden wir jedoch von persönlichen und ökonomischen Krisen unvorbereitet überrollt oder getroffen. Dennoch zeigt uns die Persönlichkeitspsychologie Wege, wie wir mit kritischen Situationen etwas besser umgehen und wie wir aus unseren Krisen ein Feld des Lernens machen können. Das Zauberwort heißt: Stimmungsmanagement. Die Psychologie hat in einer Vielzahl von Studien und Untersuchungen nachgewiesen, dass unsere eigene Stimmungslage ganz entscheidend für die eigene Wahrnehmung und für die Verarbeitung von Informationen ist, wie z.B. für das Finden einer Problemlösung in einer Krisensituation.

Die eigene Stimmungslage wird sehr stark, wenn nicht sogar ausschließlich durch sogenannte Affekte gesteuert. Affekte sind dabei Emotionen, Gefühle und atmosphärische Schwingungen, die auf uns einwirken – z.B. Existenzängste, Gemeinschaftsgefühle, Motivation, Nervosität, Unsicherheit usw. Diese Affekte sorgen in unserem Gehirn für die Aktivierung oder Deaktivierung bestimmter Gehirnzonen.

Beispiel: Das Fahrverbot als existenzielle Bedrohung

Stellen Sie sich einmal vor, dass Sie einen Strafzettel für zu schnelles Fahren bekommen haben. Eigentlich sind Sie ja ein sicherer und „ordentlicher" Verkehrsteilnehmer; und jetzt bekommen Sie plötzlich diese Anzeige. Sie sind entsetzt, außer sich, wie Ihnen so etwas passieren konnte und sind reichlich nervös angesichts der Konsequenz, die da vor Ihnen steht: ein Fahrverbot. In dieser Anspannung negativer Affekte fällt es Ihnen sehr schwer, einen klaren Gedanken zu fassen. Sie müssen ständig an das Fahrverbot denken und sind völlig verunsichert – die Psychologen sagen: Sie sind in der Objekterkennung. Ihre gesamte Wahrnehmung und Denkstruktur konzentriert sich auf das analytische Denken und dort nur auf den einzelnen Tatbestand: Fahrverbot. Ihre Kreativität, Gelassenheit und Weitsicht sind ausgeschaltet. Sie kümmern sich nur um die unvermeidliche „Bedrohung" durch dieses Fahrverbot. Ihr Herz schlägt schneller und Sie bekommen einen trockenen Mund. Typische physiologische Anzeichen für Stress.

In einer solchen Situation ist unser Gehirn auf einen einzigen Auftrag reduziert: diese „Bedrohung" zu beseitigen oder nach Lösungen zu suchen, um die Angelegenheit etwas weniger schädlich abzuwickeln. Dieses Verhalten basiert auf dem Urinstinkt unserer Vorfahren, für die eine Bedrohung oftmals das Leben selbst betraf, was man ja von einem Fahrverbot nicht unbedingt behaupten kann. Dennoch bedeutet das Fahrverbot für unser Gehirn eine Bedrohung der individuellen Freiheit oder eines existenziellen Wertes – beispielsweise die Ausübung des Berufs – und wird insofern als „lebensgefährlich" eingestuft. Wir reagieren damit heute genauso wie unsere Vorfahren, bei denen es aber um mehr als nur um ein „triviales" Fahrverbot ging.

Diesen natürlichen Mechanismus kann man nur durch ein professionelles Stimmungsmanagement bei sich selbst verändern. Die Psychologen sprechen dabei von Selbstberuhigung, was einen Selbstzugang voraussetzt. Selbstberuhigung heißt, die Fähigkeit zu besitzen, sich schnell mit neuen Situationen auseinanderzusetzen und sich dabei in der Weise selbst zu beruhigen, dass sich ein Stück Gelassenheit entwickeln kann. Denn nur durch Gelassenheit erkennen wir neue Perspektiven und neue Chancen zum Handeln. In unserem Beispiel des Fahrverbotes können wir uns durch eine Darstellung der Gesamtsituation selbst beruhigen. Einerseits wird bei der Festsetzung der „Strafe" vielleicht berücksichtigt, dass wir zum ersten Mal die Geschwindigkeit überschritten haben. Andererseits ermitteln wir bei der Recherche im Internet vorab das Ausmaß der „Bestrafung". Gerade das Verschaffen von Überblick hilft uns in Stresssituationen, einen kühlen Kopf zu bewahren oder, wie die Psychologen eben sagen, Gelassenheit zu entwickeln und sich damit selbst zu beruhigen. Wenn wir uns selbst beruhigt haben, „schaltet" das Gehirn wieder in den Modus des umfassenden und weitsichtigen Denkens, was uns erlaubt, kreativ zu sein und Situationen objektiver einzuschätzen. Wir sind mehr handlungsorientiert und weniger nachdenklich, grübelnd und lageorientiert.

Die Lageorientierung ist eine Verhaltenssituation, in der wir Menschen nur die Probleme und Hindernisse – also das „Ja, aber ..." – sehen und weniger die Lösungsmöglichkeit. Negative Affekte, also Stimmungen, treiben uns unweigerlich in diese Situation. Daher sind wir in Krisensituationen oftmals wie gelähmt und wissen erst einmal nicht, was wir tun sollen. Dieser Zustand hält bei verschiedenen Menschen unterschiedlich lange an. Da gibt es die „Stehaufmännchen", welche mit Niederlagen und Krisen schnell und sehr effizient umgehen. Dieses Persönlichkeitsmerkmal wird in der Psychologie als „Handlungsorientierung nach Misserfolgen" bezeichnet – eine Fähigkeit, die eigentlich jeder Manager haben sollte. Denn nur wer in Krisen schnell und konsequent entscheidet und dann auch handelt, hat die Chancen der Krise genutzt. Es gibt aber auch die Zauderer und Negativdenker mit problemorientierten Verhaltensmustern, welche in der Psychologie als „Lageorientierung" bezeichnet werden. Diese erschweren es, an einer Krise das Positive zu sehen, daher wird bei dieser Persönlichkeitsprägung die Krise eher zur Katastrophe als zur Chance.

Wie Krisen richtig genutzt werden können

Immer regelmäßig auftretende Wirtschaftskrisen haben gezeigt, dass nicht die Problemorientierung und das „Ja, aber ..." bei der Krisenbewältigung im Vordergrund stehen darf, sondern der Mut, durchdachte und zügige Entscheidungen zu treffen. Manche Manager und Unternehmer haben das intuitiv beachtet und siehe da, diese Unternehmen stehen nach der Krise besser da als zuvor. Dies gilt außerdem auch für unsere Volkswirtschaft im Ganzen. Das ausgefeilte und zu Unrecht kritisierte Konjunkturprogramm unserer Bundesregierung hat unserer Wirtschaft sehr schnell und tatkräftig aus der Krise geholfen. Eine Handlungsorientierung, die leider nicht bei allen Themenstellungen durch unsere Regierung verfolgt wird.

Wer nun als Individuum mehrfach Krisenerfahrungen gemacht hat und sich immer wieder selbst beruhigen musste, entwickelt für sich eine Vorgehensweise, die ihn stärkt und selbstbewusster macht. Somit sind Krisen für uns Menschen nicht nur wegen der neuen Erfahrungen wichtig, sondern sie lassen auch unsere Persönlichkeit reifen. Diese Reife ist für ein zufriedenes und ausgeglichenes Leben sehr förderlich. Wer also Krisen zulässt und sich bewusst damit auseinandersetzt, steigert auch seine Lebenszufriedenheit. Wer hingegen vor Krisen davonläuft und sich den Herausforderungen nicht stellt, der wird es schwer haben zu entscheiden, was richtig und was falsch ist. Krisen sind somit wichtige Lernfelder für unsere Entscheidungskompetenz.

Lernen aus Krisen und Fehlern hilft, das Richtige zu tun!
Entscheidend ist hierbei, wie gut wir mit Fehlern und Fehleinschätzungen umgehen können. Fehler zu machen, heißt auch Lernen, aber dieses Lernen findet zu selten statt. Warum ist das so?

Ein wesentlicher Grund hierfür ist, dass es uns sehr schwerfällt, die gemachten Fehler auch wirklich einzugestehen. Denn nur, wenn wir uns bewusst machen, dass wir einen Fehler begangen haben, können wir auch daraus lernen. Aber warum fällt es uns eigentlich so schwer, Fehler einzugestehen?

Es gibt vier zentrale Ursachen:

1. Recht zu haben, tut gut - Unrecht zu haben, schmerzt!
Die amerikanische Psychologin Kathryn Schulz schrieb in einem ihrer Aufsätze: „Von allen Fehlern, die wir machen, ist unsere Vorstellung von Fehlern wohl unser größter Fehler überhaupt, unser Metafehler." Was sie damit meint, ist die irrläufige Annahme, dass Fehler zu machen ein Zeichen von Schwäche, Ignoranz, Unwissenheit oder gar mangelnder Intelligenz sei. Denn diese Vorstellung ist falsch: Nur wer irrt, kann seine kognitiven Erkenntnisfähigkeiten, also seine Erfahrungen ausbauen. Zwar verschafft uns das Rechthaben ein Gefühl der Souveränität und Gelassenheit, es führt aber auch dazu, dass wir übermäßiges Selbstvertrauen entwickeln und damit unsere Umwelt nicht mehr richtig wahrnehmen. Es fällt uns immer schwerer, zwischen „Richtig" und „Falsch" zu unterscheiden, da wir Fehler nicht zulassen und damit ein ausgewogenes Bewusstsein von „Richtig" und „Falsch" kippen kann. Das schmerzhafte Gefühl, einen Fehler gemacht zu haben, bringt uns aber auf den Boden der Realität zurück und lässt uns unsere eigene Lebenssituation und die von anderen Personen viel realistischer und ehrlicher erkennen. Begangene Fehler helfen uns, Dinge zu objektivieren und besser zu beurteilen, vorausgesetzt wir sehen die positive, statt nur die schmerzliche Seite des Fehlers.

2. Fehler zu machen, ist kostspielig und unangenehm!

In der Tat kann so mancher Fehler teuer werden – aber eben nicht jeder Fehler. Unser Körper reagiert jedoch sehr unangenehm auf Fehler. Neurowissenschaftler haben festgestellt, dass unser Gehirn auf Fehler mit ganz speziellen Signalen reagiert: Frustration, Demütigung, Schuldgefühl und Entmutigung sind nur einige Auswirkungen dieser Signale. Die dabei entstehende Scham, sich eventuell blamiert zu haben, verstärkt noch diesen Rückzugseffekt und die damit einhergehende Ablehnung der Wahrheit. Beispielsweise tat sich der frühere BP-Chef im Juni 2010 so schwer, vor den US-Abgeordneten zuzugeben, einen Fehler begangen zu haben. Er hat keine Frage richtig beantworten wollen und die Ursache für die Ölkatastrophe blieb vorerst ungeklärt. Die Scham war größer als die Verpflichtung zur objektiven Aufklärung des Sachverhaltes. Ein typisches Verhalten in Situationen, wo dem Betroffenen klar wird, dass er einen Fehler gemacht hat. Die Belastung für unser Erfahrungsgedächtnis ist so groß, dass wir lieber leugnen oder dementieren. Ein positiverer Umgang mit Fehlern würde jedoch allen Beteiligten helfen. Die Aufklärung wäre schneller möglich und der Schaden bei den Betroffenen könnte in Grenzen gehalten werden. Voraussetzung hierfür ist jedoch eine veränderte Einstellung unser Gesellschaft gegenüber Fehlern. Fehler zuzugeben, darf nicht in Scham und am Pranger enden, sondern muss positiv gewürdigt werden und zeigen, dass Fehler zwar unangenehm und belastend sein können, aber auch ein Weg, um zukünftig das Richtige zu tun.

3. Negatives Wissen ist nicht gewünscht!

Ironischerweise spielt beim Lernen negatives Wissen eine zentrale Rolle. Das Wissen über Dinge, die nicht zielführend sind oder nicht den Erfolg bringen, den man sich eigentlich wünscht, ist genauso wichtig wie das Wissen über die Vorgehensweisen, die funktionieren. Irgendein Lernforscher begründet dies damit, dass wir bei der Bewusstwerdung von negativem Wissen – also

Fehlern – gleichzeitig auch ein Bedürfnis oder einen automatischen Impuls für das Richtige auslösen. Das Richtige wird also dadurch mit initiiert, dass wir bewusst und frei von Blockaden unser negatives Wissen verarbeiten. Damit bilden Fehler einen existenziellen Beitrag für die Entwicklung unserer Willensstärke. Erst durch die Erfahrung beider Seiten gelingt es uns, einen freien Willen zu entwickeln und damit eine gute Entscheidung zu treffen. Oftmals liegen wir jedoch gerade deswegen mit unserem Urteil falsch, weil wir die negativen Erfahrungen nicht bewusst zulassen. Komplexe Zusammenhänge werden erst durch die Kombination von positivem und negativem Wissen verstanden und damit lösbar. Somit ist Erfahrungswissen, das durch Fehler gewonnen wird, ein wesentlicher Erfolgstreiber in unserer Entscheidungsfindung. Diesen Motor sollten wir deshalb wesentlich intensiver nutzen und vor allem zulassen.

4. Eine falsche Fehlerkultur blockiert!

Wer aus Fehlern lernen will, braucht ein Umfeld, das dies auch zulässt. Wenn wir uns in einer Fehlerkultur bewegen, die Fehler immer als existenzielles Versagen oder als Misserfolg darstellt, dann werden wir die Chance des Lernens durch negatives Wissen nur eingeschränkt zulassen. Die Suche nach Schuldigen ist auch die Suche nach Vollkommenheit und diese anzustreben, ist legitim. Sie aber vorauszusetzen, ist strafbar. „Wer glaubt, er sei perfekt, hört auf, es zu werden", lautet ein altes Sprichwort. Die grundsätzliche Akzeptanz des Unvollkommenen in uns erzeugt eine positive Fehlerkultur in Gesellschaft und Unternehmen. Die freie Kommunikation und der kontinuierliche Austausch über potenzielle oder begangene Fehler in Unternehmen schafft die Basis für einen angstfreien Dialog. Unternehmen, die es gelernt haben, diesen angstfreien Dialog aufzubauen, sind nachweislich erfolgreicher als andere Unternehmen, die eine bestrafende Fehlerkultur bevorzugen.

Somit ist erkennbar, dass die Art und Weise des Umgangs mit Fehlern einen hohen Beitrag für das Lernen darstellt. Evolution geschieht durch Lernen aus Fehlern, aber Entwicklung ist auch abhängig von den Umfeldeinflüssen und den Normen unserer Gesellschaft – Normen, die es zu überdenken und zu diskutieren gilt.

Das Gefühl, besser sein zu müssen, macht uns blind!

Wie wir gesehen haben, ist das Lernen aus Fehlern eine Chance, als Persönlichkeit zu reifen und sein Unternehmen erfolgreicher zu machen. Krisen erzeugen dabei Situationen, in denen Fehler erst entdeckt werden und dennoch werden diese Situationen falsch interpretiert oder bewertet. Diese Fehleinschätzung basiert nicht nur auf einer eventuell falschen Einschätzung der Realität, sondern auch auf dem sogenannten Herausforderungs-Syndrom, das den modernen Menschen ständig verfolgt.

Wir Menschen definieren uns immer im Vergleich zu anderen. Als soziale Wesen ist uns dies quasi angeboren und prägt unser Verhalten. Wir schöpfen Kraft aus den Vergleichen mit anderen und entwickeln eine klare Zielvorstellung von dem, was wir wollen. Dies funktioniert jedoch nur dann, wenn der Vergleich mit anderen nicht zu negativ wird. Stellen wir fest, dass alle um uns herum ein Buch geschrieben haben oder einen Doktortitel besitzen oder vermögend sind, dann wird aus dieser positiven Motivationskraft schnell ein Tal der Tränen. Selbstzweifel entstehen und Unsicherheit macht sich breit.

Wenn wir ständig das Gefühl haben, aus uns etwas Besseres machen zu müssen, dann leiden wir unter dem „Contender-Syndrom" oder Herausforderungs-Syndrom. Hierbei beherrscht uns die Sorge, nicht alles Erdenkliche erreicht zu haben und wir wollen immer mehr, auch wenn es unsere Möglichkeiten überschreitet. Durch einen ständigen Soll-Ist-Vergleich vergessen wir uns selbst und verlieren unsere Ich-Bezogenheit. Unsere Risikobereitschaft steigt sogar so weit, dass wir körperliche oder psychische Schäden in Kauf nehmen. Wir sind nicht mehr in unserer Mitte, sondern Getriebene der Wünsche aller anderen. Wir nehmen die Umwelt nur noch im Blickwinkel dieses Soll-Ist-Vergleiches wahr und erkennen damit nur unsere scheinbare Unzulänglichkeit, aber nicht die Chance der Krise. Krisen werden dann zur Bestätigung der Diskrepanz zwischen dem aktuellen Stand (so bin ich), dem idealen Zustand (so möchte ich sein) und dem Soll-Zustand (das erwarten andere von mir). Ein Lernen ist dabei nicht möglich, denn diese Zweifel und Abwägungen verbrauchen Kraft und positive Stimmungen.

Im Zeitalter der sozialen Netzwerke breitet sich das Herausforderungs-Syndrom virusartig aus. Jeder kann bei jedem erkennen, wo er dem Soll-Zustand scheinbar nicht gerecht wird. Der Wunsch nach mehr wächst, was eine Castingshow nach der anderen entstehen lässt. Jeder glaubt, alles schaffen zu können, gleichgültig zu welchem Preis – ganz nach dem Motto: Ich muss nur auf mich vertrauen und hartnäckig sein! Niederlagen werden nicht als Lernplattform akzeptiert, sondern schöngeredet oder verharmlost. Und genau hier liegt das Problem: Wer sich nicht bewusst mit seinen Niederlagen beschäftigt, wird auch nicht erfolgreich sein können. Die Jagd nach dem Unmöglichen und den unbegrenzten Möglichkeiten versperrt den Blick auf das Machbare und damit auch auf das Erfolg Versprechende. Der Erfolg wird zur blinden Sucht und damit zur Behinderung. Dabei ist es so einfach: Wir sind nicht nur erfolgreich, wenn wir siegen, sondern auch, wenn wir aufgeben. Gerade im Aufgeben erkennen wir unsere Grenzen und schärfen den Blick auf unsere Potenziale. Man verliert keine Energie durch das unbedachte Nacheifern von Vorbildern oder das Verfolgen von unerreichbaren Zielen. Man wird weniger neidisch und mehr zufrieden. Und ganz ehrlich, wie oft eröffnet sich uns erst dann ein neuer Weg, wenn wir erkannt haben, dass der alte Weg nicht erfolgreich sein wird?

Daher ist ein ehrliches „Nein" oftmals besser als ein verlogenes „Ja", um Energie zu sparen und nicht den falschen Idealen nachzurennen. Den wirklich befriedigenden Erfolg definieren wir sowieso selbst und da sind es oftmals gerade die kleinen Erfolge, die uns zeigen, dass wir auf dem richtigen Weg sind.

Unternehmenskrisen sorgen für Wachstum!
Wenn wir die Evolution durch Lernen aus Fehlern einmal im Unternehmensalltag betrachten, dann können wir hierbei ganz hilfreiche Erkenntnisse ableiten.

Beispiel: Mut hilft in Zeiten des Untergangs

Ein mittelständisches Unternehmen im Maschinenbau – traditionelle Struktur, wie in Deutschland üblich – rutscht in eine tief greifende Krise. Rückläufige Umsätze und Erträge verbrauchen die Liquiditätsreserven und treiben das Unternehmen an den Rand des Abgrunds. Eine leider alltägliche Beschreibung zur Zeit der Wirtschaftskrise 2009/2010. Nur handelt es sich bei diesem Unternehmen mit seinen 400 Mitarbeitern um eine Ausnahmeerscheinung. Warum?

Viele Unternehmen fallen in Krisenzeiten typischerweise in eine Duldungsstarre. Sie entwickeln keine Dynamik oder Veränderungsbereitschaft – frei nach dem Motto: Auch diese Krise wird an mir straflos vorbeigehen. Unser Beispielunternehmen hier reagiert jedoch anders: Voller Mut und Tatkraft feuert der Geschäftsführer seine Mitarbeiter zur Höchstleistung an. Der Glaube an den Erfolg siegt über die Angst vor dem Untergang. Was ist passiert?

Die Stimmungslage des Unternehmens basiert auf der Tatsache, dass positive Affekte – z.B. die Aussicht auf Erfolg oder die Sicherheit des Arbeitsplatzes – die Mitarbeiter offen macht für Veränderungen. Genau diesen Wirkmechanismus macht sich das Unternehmen zunutze und sagt den Mitarbeitern Arbeitsplatzsicherheit und Aussicht auf erfolgreiche Überwindung der Krise zu. Ein nicht unriskantes Vorgehen, aber aus wirtschaftspsychologischer Sicht ein intelligentes und Erfolg versprechendes Handeln. Die Mitarbeiter werden durch dieses Vorgehen in einen Stimmungsmodus versetzt, der es erlaubt, sehr offen und frei über Handlungs- alternativen für den Weg aus der Krise zu diskutieren. Tabuthemen werden abgeschafft und der angstfreie Dialog wird gefördert. So ist es möglich, in sehr kurzer Zeit Markt- und Produktalternativen zu entwickeln, die dem Unternehmen das Überleben sichern. Die Kombination von Kreativität, Geschwindigkeit und angstfreier Diskussion über Unternehmensschwachstellen sorgen für eine Trendwende, die sich ein Jahr nach der Krise zum Kassenschlager entwickeln soll.

Dies ist kein Einzelfall, sondern es gibt eine Vielzahl von Unternehmen, die auf diese Weise aus der damaligen Krise mit beträchtlicher Wachstumszahl herauskamen. Leider sind diese Unternehmen immer noch in der Minderheit. Wer es als Unternehmer oder Manager versteht, in seinem Unternehmen einer Krise mit der richtigen Stimmung zu begegnen, der hat sehr gute Chancen, hierbei erfolgreich zu sein.

Die reinigende Wirkung einer Krise ist für ein Unternehmen von unschätzbarem Wert. Natürlich fürchten wir alle den Krisenzustand, aber auch nur deswegen, weil er von allen Beteiligten ein neues Denken verlangt. Dieses neue Denken hat immer wieder seinen Ursprung in dem zentralen Ansatz der Unternehmen: dessen Kernkompetenz. Krisen zwingen Unternehmen dazu, sich wieder über ihre eigenen Fähigkeiten und Kernkompetenzen Gedanken zu machen. Die durch viele Jahre erreichte Diversifikation hat die Kernkompetenz vieler Unternehmen verwässert oder gar geschwächt. Krisen zwingen nun zur Rückbesinnung und zur Festlegung von nachvollziehbaren Kernkompetenzen. Somit kann das Unternehmen sich „neu" definieren und den Weg für ein gezieltes Wachstum ebnen.

Führungskrisen stärken!

Im Januar 2011 legte Bundestagspräsident Weber seine Bewerbung für die EZB-Bank offiziell nieder. Die Rede war von einer Führungskrise für unsere Kanzlerin, Frau Merkel. War das wirklich eine Krise? Oder wurde, durch die politischen Gegner ausgelöst, überzogen reagiert? Und falls es sich doch um eine Führungskrise handelte, stellt sich unmittelbar die Frage: Warum war das eine Niederlage?

Zu oft wird in Gesellschaft und Unternehmen eine außergewöhnliche Situation im Zusammenspiel von Menschen als Führungskrise oder gar Niederlage abgeurteilt. Und dabei ist gerade diese Art von „Krisen" für eine Führungskraft wichtig. Immer dann, wenn ich als Führungskraft eines Staates – der Deutschland AG – oder einer Unternehmung den Kontakt und die Bindung zu meinen Mitarbeitern verliere, ist das eine Chance zur Analyse meines Führungsstils und meines Stimmungsmanagements. Reagiere ich in kritischen Situationen angemessen? Erkenne ich die wahren Motive der Mitarbeiter rechtzeitig? Kann ich die Stimmungslage im Team rechtzeitig und richtig deuten? Diese und weitere Fragestellungen sind die adäquate Reaktion auf derartige Führungssituationen.

In vielen Coachingsitzungen hatte ich die Chance zur Feldstudie bezüglich der Einstellung deutscher Führungskräfte zu sogenannten Führungskrisen. Das Ergebnis war erstaunlich: In 20 Prozent der Fälle handelte es sich in Wirklichkeit um einen Autoritätsverlust und damit um eine Führungskrise. In den restlichen 80 Prozent war die Ursache jedoch nicht der Verlust an Akzeptanz oder Führungsstärke, sondern lag in der Erfolgssucht oder dem Realitätsverlust der Führungskraft begründet! Die Krise war also gar keine Krise in der Führungsqualität, sondern der Ausdruck persönlicher Unzufriedenheit, nicht das erreicht zu haben, was man wollte. Oder die Wirklichkeit um einen herum wurde so fremd, dass eine Fehleinschätzung die nächste nach sich zog. Somit lernte die Mehrheit der gecoachten Personen, dass die Führungskrise eigentlich nur eine Fiktion war und dass die Ursache woanders gesucht werden musste. Bei den 20 Prozent hingegen ging es um echte Führungskrisen – also Situationen, in denen die Führungskraft mit ihren Mitarbeitern nicht mehr sprechen oder Aufgaben an sie delegieren konnte, da diese den Vorgesetzten gänzlich ablehnten. Hier war ein grundlegender Vertrauensbruch entstanden, der zur echten Führungskrise wurde.

Aber ist ein solcher Fall nicht auch gleichzeitige eine Chance? Sicherlich, und zwar eine sehr positive Chance zur Veränderung. Denn jetzt kann die Führungskraft sehr genau analysieren, woher der Vertrauensverlust kommt. Wurden beispielsweise zu viele Versprechungen gemacht oder Gehaltserhöhungen in Aussicht gestellt, aber nie verwirklicht? Oder wurde ein gezieltes Mobbing unterstützt? Oder wurden ständig Ungerechtigkeiten geäußert, die letztendlich die Mitarbeiter beleidigten? Alles dies sind mögliche Ursachen für einen Vertrauensverlust.

Die Führungskraft erhält durch die Beantwortung dieser Fragen gleichzeitig eine Chance, die eigene Persönlichkeit genauer kennenzulernen und zu verbessern. Zum Beispiel könnten die zu oft erwogenen und zugesagten Versprechungen, die nie eingehalten wurden, eine Persönlichkeitsstörung als Ursache haben. Die Angst, nicht geliebt oder akzeptiert zu werden, zwingt womöglich die Führungskraft zum ständigen Ja-Sagen und verleitet sie zu Versprechungen, die sie nicht einhalten kann. Hier gilt es zu ermitteln, woher die Angst vor der Nichtakzeptanz kommt. Im Falle des unterstützten Mobbings könnte die Ursache in einem zu ausgeprägten Machtmotiv liegen, was dazu führt, dass jedes Mittel recht ist, um eigene Ziele zu erreichen. Wer zu oft seinen Mitarbeitern gegenüber ungerecht ist, der könnte ein falsches Bild von „Gut" und „Böse" haben und zu häufig das Negative im Menschen sehen, anstatt dessen Vorzüge hervorzuheben. Auch

– und gerade – hier stellt sich die Frage nach der Ursache für diese Fehleinschätzung im Hinblick auf alltägliche Erlebnisse oder Erfahrungen aus der Kindheit, die auf Mitarbeiter projiziert werden.

Die Beispiele zeigen, dass eine echte Führungskrise eine gute Gelegenheit ist, über sein Innerstes nachzudenken und zu erforschen, ob es nicht Erfahrungen, Erlebnisse oder Situationen gegeben hat, die die eigene Person so geprägt haben, dass sie (bis) heute eine Belastung sind. Nur wer sich dieser Situation stellt, kann an Führungskrisen wachsen und kehrt gestärkt auf die Bühne der Mächtigen zurück – gleichgültig ob als Manager oder als Kanzlerin. Nur wer sich selbst kennt, weiß, wie er mit anderen umgehen kann.

1.6 Schmerzvermeidungsstrategien blockieren unser Denken

Politische und unternehmerische Durchsetzungskraft braucht Mut

Nur wer mutig seine Position vertritt – auch auf die Gefahr hin, dafür abgestraft zu werden –, besitzt auch die Durchsetzungskraft, etwas zu bewegen und damit zu verändern. Veränderung ist nur dann möglich, wenn es uns gelingt, erkennbare oder erahnte Ängste zu überwinden. Dies ist nicht besonders einfach; das Phänomen „Angst" verfolgt uns seit der Zeit unserer Vorfahren. Die Evolutionspsychologie hat inzwischen sehr genaue Vorstellungen davon, woher unsere Angst kommt bzw. was der wahre Sinn von Angst für uns Menschen ist.

Beispiel: Willi und der Säbelzahntiger

Nehmen wir einmal das Beispiel von Willi. Willi ist ein ganz normaler Mensch, sofern dies von Menschen grundsätzlich behauptet werden kann, der zu Zeiten der Säbelzahntiger und Mammuts gelebt hat – also einer unserer Ur-Ur-Ur-...Urvorfahren.

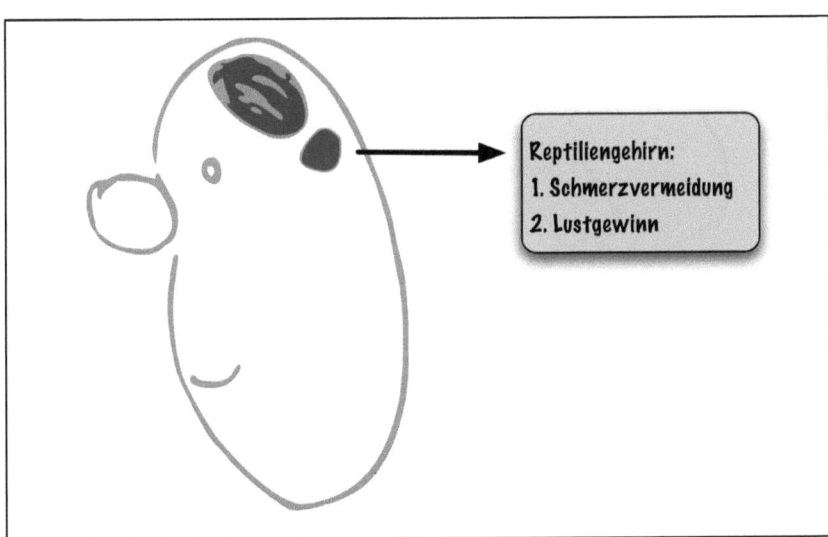

Abbildung 4: Willi und das Reptiliengehirn, Quelle: K.O.M. GmbH

Etwas einfach dargestellt wird das Verhalten unseres urzeitlichen Freundes durch das Großhirn und das Reptiliengehirn mit gesteuert; wie man später entdeckt hat, ist der Wirkmechanismus doch wesentlich komplizierter als angenommen. Willis Reptiliengehirn hat eine sehr dominante Funktion, was das Verhalten und insbesondere das Lernen von neuem Verhalten anbelangt. Stellen wir uns einmal vor, dass unsere Testperson ein sehr erfolgreicher Jäger ist und stets mit fetter Beute in seine Höhle zurückkommt. Dieses sehr erfolgreiche Verhalten (auch Manager jagen gerne) hat ihm die Anerkennung und Führung der Herde beschert. Willi ist also ein Alphatierchen, das durch gelerntes und perfektioniertes

Verhalten erfolgreich wurde (Ähnlichkeiten mit heutigen Managern sind gewollt und gewünscht). Seine Erfahrungen und sein Wissen hat er in seinem Großhirn, jederzeit abrufbar, abgespeichert (vgl. Abbildung 5).

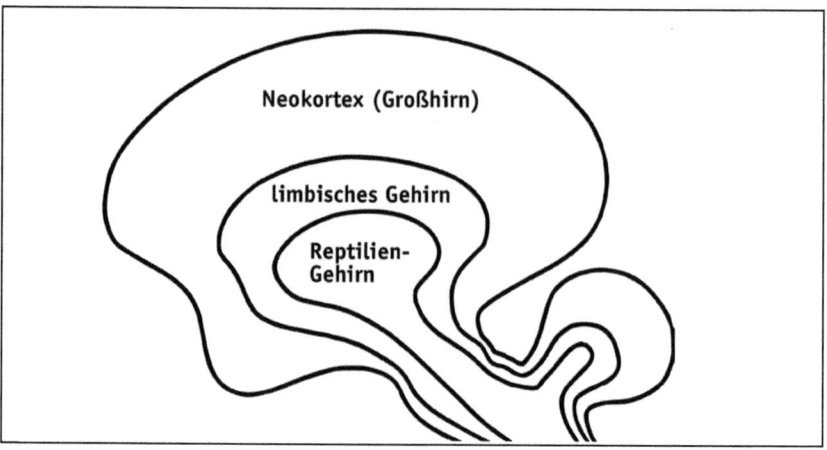

Abbildung 5: Das dreieinige Gehirn (nach Paul McLean),
Quelle: „Das Ganzhirnkonzept für Führungskräfte", Ned Herrmann, 1996

Eines Tages geht er wieder einmal auf die Jagd und wird leider etwas unvorsichtig, denn damals wie heute lauern viele Gefahren für erfolgreiche Menschen allerorts. Dieser Mangel an Vorsicht ist einer der bedauernswerten Fehlleistungen unseres Gehirns – denn Erfolg macht süchtig und überheblich (gefühlte Sicherheit durch Erfolg ist eine Sinnestäuschung). So begegnet unserem Willi in der Steppe Südafrikas plötzlich eines der meist gefürchteten Raubtiere der damaligen Zeit: der Säbelzahntiger. Blitzschnell nehmen seine Augen die Gefahr wahr und melden dies seinem Gehirn. Jetzt ist die Zeit unseres Reptiliengehirns gekommen; seine Aufgabe besteht nur in zwei Dingen: Lust zu erzeugen und Schmerz zu vermeiden (vgl. Abbildung 4).

In dem Augenblick, in dem die Gefahr durch den Säbelzahntiger lokalisiert wird, in dieser Sekunde erkennt das Reptiliengehirn eine potenzielle Gefahr und baut seine Schmerzvermeidungsstrategie auf, indem es der Nebennierenrinde über Hormonströme meldet, dass Flucht notwendig ist und somit das Aggressionshormon Adrenalin produziert werden soll. Dieses Hormon überströmt den ganzen Körper unseres Steppenbewohners und sorgt dafür, dass alle Kraft in die für die Flucht notwendigen Organe geleitet wird. Somit werden Herz, Lunge und Laufmuskulatur mit Sauerstoff und Energie versorgt. Die restlichen Organe, wie z. B. der Magen oder Darm, die Leber und das Gehirn, werden unterversorgt. Unsere Testperson kann nicht mehr denken, sondern nur noch rennen – was ja in dieser Situation auch wirklich Sinn macht, denn durch intellektuelle Diskussionen lässt sich ein Säbelzahntiger sicherlich nicht von seinem Frühstück abhalten.

Die Schmerzvermeidungsstrategie blockiert also unser Denken und damit die Entwicklung von freien Willensentscheidungen. Und dies ist leider heute immer noch der Fall. Sobald wir unsere Existenz bedroht sehen, sei es über Arbeitsplatz- oder über Machtverlust, ergreift das Reptiliengehirn die Initiative und blockiert unsere Denkprozesse. Haben Sie sich schon einmal gefragt, warum Sie bei manchen Prüfungen versagt haben oder kein Wort (keinen Satz) sprechen konnten? Auch hier hat das Reptiliengehirn seine Finger im Spiel. Trockener Mund, Atemnot und Denkblockaden sind die typischen Anzeichen einer Schmerzvermeidungsstrategie.

Sicherlich sind die Situationen (meistens) nicht mehr so lebensbedrohlich wie bei unserem Willi, für unser Gehirn spielt dies jedoch keine Rolle. Bedrohung bleibt Bedrohung, ob als gelernte Erfahrung oder als reale Lebensbedrohung in Form eines „Säbelzahntigers". Und was bedeutet dies nun für unser Verhalten im wirtschaftlichen Umfeld? Sehr viel, denn freie Willensentscheidungen sind die Basis für optimiertes ökonomisches Verhalten. Sind wir aber wirklich so frei in unserem Wollen und unseren Verhaltensänderungen? Die bisherigen Erkenntnisse aus der Psychologie zeigen, dass wir hier sehr schnell beeinträchtigt werden.

Beispiel: Bankenkrise 2008 als Reaktionsmuster des Reptiliengehirns

Nehmen wir einmal das Beispiel der Verhaltensänderungen bei den Bankern während und kurz nach der Finanzkrise. Wenn wir von einem Menschen oder einer gesellschaftlichen Gruppe eine Verhaltensänderung wünschen – im Beispiel der Banker wäre dies weniger Gier, weniger Orientierung an Boni und dafür mehr Orientierung an Nachhaltigkeit und Langfristigkeit –, dann ändern sich deren Verhaltensweisen nur über zwei Strategien: durch Schmerzvermeidung oder Lusterzeugung. Eine Verhaltensänderung mit nachhaltiger Wirkung durch Einsicht ist zwar eine wünschenswerte Alternative, aber psychologisch gesehen reine Theorie. Reine Sachargumente, die wir durch logisches Denken entwickelt oder verifiziert haben, führen nicht zu einer gefühlten und damit echten, ehrlichen Verhaltensänderung. Der Weg von der logischen Einsicht zur Verhaltensänderung geht nur über unser Selbst, also unsere eigene Persönlichkeit. Nur wer wirklich an die Notwendigkeit einer Veränderung glaubt und die Einsicht dafür verinnerlicht hat, wird handeln und sich ändern. Wie dies psychologisch vonstattengeht, werde ich zu einem späteren Zeitpunkt erläutern.

Da unsere Banker durch Sachargumente nicht zu beeindrucken sind, was die jüngste Vergangenheit auch bewiesen hat, verbleiben nur noch die beiden oben genannten Alternativen. Welche ist wohl nachhaltiger in der Wirkung und warum? Schauen wir uns dazu nochmals unseren Urzeitbewohner Willi an. Die Angst, dem Säbelzahntiger als Frühstück zum Opfer zu fallen, lässt unseren kleinen Freund das Weite suchen. Außer Atem und total verängstigt ruht sich unser Willi auf einem Felsvorsprung aus. Was er sich wohl dabei gedacht haben mag? „Zum Glück noch einmal entkommen!" oder „Das war knapp!" Wird er zukünftig vorsichtiger sein? Hat er etwas aus diesem schrecklichen Erlebnis gelernt? Für die nächste Jagd bestimmt und vielleicht noch für die übernächste, aber dann kehrt die Routine des Erfolges zurück und damit ein über viele Jahre einstudiertes und antrainiertes Verhalten – fast wie bei unseren Bankern.

Die Finanzkrise hat für viele extreme Verluste gesorgt und damit Schmerzen verursacht; zum Zeitpunkt des Schmerzes (vergleichbar nach der Jagd bei unserem Willi) beschworen alle einen neuen Geist. Der Ruf nach Regelwerken, neuen Gesetzen usw. wurde laut und lauter. Eine Schmerzvermeidungsstrategie setzte ein: So etwas darf uns nicht wieder passieren! Und schon nach einem Jahr zeigten die gleichen Personen, die während der Krise nach einer Verhaltensänderung geschrien hatten, fast das gleiche Verhalten wie vor der Finanzkrise – von Nachhaltigkeit keine Spur. Deswegen sind diese Menschen jedoch keine schlechten Menschen, sondern nur Gefangene ihres eigenen Geistes und der Mechanismen, die eine nachhaltige Verhaltensänderung verhindern.

Angst – dein schlechter Ratgeber

Die Schmerzvermeidungsstrategie ist der falsche Mechanismus, die falsche Strategie, um eine wirklich langfristige und ehrliche Einstellungsänderung zu erreichen. „Angst ist ein schlechter Ratgeber", sagt eine Volksweisheit. Und das gilt auch bei Veränderungsprozessen in unserem Verhalten und unseren Einstellungen. Durch Drohungen, Ängste und Angriffe verändern wir uns nur kurzfristig oder einmalig, aber nicht – wie es beispielsweise die Bankenkrise erfordert hätte – langfristig und grundlegend.

Wie steht es nun mit der zweiten Alternative – dem Lustgewinn? Ist dies eine Strategie, sich zu verändern und zu lernen? Auch hier schauen wir nochmals auf unseren Urvorfahren Willi. Nachdem er seinen Schock überwunden hat, kehrt er ohne Beute zu seiner Familie (Herde) zurück. Voller Erwartungen wird er empfangen; der Erfolgsdruck ist sehr hoch, denn als erfolgreicher Jäger kommt er nie ohne Beute nach Hause. Umso größer ist die Enttäuschung, als er nun mit leeren Händen die Höhle betritt. Seine Position in der Familie (Herde) ist gefährdet und sein Selbstwertgefühl am Nullpunkt angekommen. Frustriert und in sich zusammengebrochen setzt sich unser kleiner Freund in eine Ecke seiner Höhle. So erging es sicherlich auch einigen Bankern und Managern in der damaligen Krise.

Was soll er – unser Willi – jetzt tun? Traut er sich überhaupt noch auf die Jagd? Kann er nicht erfolgreich sein? Viele Fragen, die sich stellen, aber Antworten hat er nicht. Die schrecklichen Erfahrungen der vergangenen Jagd sind zu tief in seinem Gedächtnis eingebrannt, als dass er sich davon so schnell befreien könnte. Der Spaß an der Jagd ist ihm vergangen und die Motivation auf dem Nullpunkt. In diesem Zustand derartig negativer Eindrücke ist an eine Verhaltensänderung nicht zu denken. Motivation muss her – der Spaß an der Jagd muss zurückkehren. Unser Willi benötigt eine Lustgewinnungsstrategie. Hierzu muss man wissen, dass unser Reptiliengehirn nicht nur den Ausstoß von Adrenalin über die Nebennierenrinde bewirken kann, sondern auch den Ausstoß von Glückshormonen. Aber wie kann dies im Fall von Willi und der Banker geschehen, damit eine echte und langfristige Verhaltensänderung realisiert wird?

Lustgewinnung heißt, Spaß zu haben an den Dingen, die man anpackt. Dies kann sich zeigen in Erfolg, Anerkennung oder persönlicher Achtung, um nur ein paar Punkte zu nennen. Jeder Mensch hat dabei seine eigene Definition von Spaß bzw. „Lust". Jedem von uns – also auch unserem Willi und den Bankern – ist dabei eines gemeinsam: Es muss einen persönlichen Nutzen haben, wenn ich mich verändere, denn persönlicher Nutzen schafft Lust auf mehr. Nun könnte man den voreiligen Schluss ziehen, dass für den Banker die Gewinnmaximierung und für Willi die Gefährdung seiner Mitjäger als persönlicher Nutzen im Vordergrund stände. Dies ist jedoch falsch, denn der persönliche Nutzen wird immer im Kontext der Werte und Regeln einer Gemeinschaft bzw. Gesellschaft definiert. Für unseren Willi würde die Gefährdung seiner Artgenossen zum Ausschluss aus der Familie (Herde) führen, denn der Schutz der Gemeinschaft ist ein hoher Wert, den es zu bewahren gilt. Bei unseren Bankern sieht es schon etwas anders aus. Je mehr unsere Gesellschaft die egoistische Maximierung von Gewinnen in den Vordergrund ihres Werteverständnisses stellt, desto weniger werden die Mitglieder dieser Gemeinschaft ihren persönlichen Nutzen neu definieren.

Wollen wir also ein modernes und auf Stabilität ausgerichtetes Wachstum, müssen wir unser Werteverständnis überdenken, damit wir uns über eine Lustgewinnungsstrategie nachhaltig verändern können. Freude an der Veränderung zu haben, heißt, öffentlich anerkannt zu werden, wenn man vorbildlich ist und alte sowie neue Werte vorlebt. Stolz sein zu können auf das eigene Verhalten und nicht nur auf das Ergebnis, schafft ein neues Verständnis für Veränderungen und damit auch für das Lernen aus Fehlern. Statt Schuldzuweisungen entsteht eine konstruktive Wertediskussion, bei der alle beteiligt werden und nicht eine Gruppierung über eine andere urteilt. Die Notwendigkeit einer Verhaltens- und Einstellungsänderung geht einher mit der Schaffung notwendiger Rahmenbedingungen für eine Lustgewinnungsstrategie; das Neue muss erstrebenswerter und anerkannter sein als das Vergangene. Somit wird das Lernen aus der Krise auch zu einer Aufgabe einer jeden Gesellschaft auf der Basis humanistischer Grundwerte.

Zusammenfassend kann man sagen, dass die Konsequenzen, die aus der Bankenkrise 2008 gezogen werden sollten, nicht nur aus einem verschärften Gesetz für den Finanzsektor bestehen sollten, sondern wesentlich weitreichender gefasst werden müssten:

- Veränderungen bewusster gestalten und Zukunftsängste vermeiden
- Neue Werte für unser ökonomisches Verhalten und Grundverständnis definieren
- Neues Bewusstsein über psychologische Verhaltensmuster in der Ökonomie schaffen
- Intelligentes Wachstum realisieren und Innovationen fördern
- Stimmungsmanagement als Erfolgsfaktor viel bewusster und konsequenter umsetzen

Kurz gesagt sollten wir zukünftig keine Angst mehr vor der eigenen Courage haben, wenn es darum geht, rechtzeitig in den Wirtschaftskreislauf einzugreifen. Denn wie schon Gordon Gekko in dem Filmklassiker „Wall Street" sagt: „Das Geld schläft nie!" Und wir sollten es auch nicht.

Angst frisst die Seele auf, aber beschützt sie auch

In seinem Comeback als Börsenguru beschreibt Gordon Gekko alias Michael Douglas sehr treffend die Abgründe der Angst, der Gier und der Rache als Motivation für wirtschaftliches Handeln. Bedauerlicherweise nicht nur eine Filmfiktion, sondern in vielen Bereichen der Wirtschaft real an der Tagesordnung. Das beste Beispiel hierfür ist und bleibt die Börse. Mit 80 Prozent Psychologieanteil zeigt uns die Börse jeden Tag, wie wirtschaftspsychologische Aspekte unser ökonomisches Handeln beeinflussen. Die Psychofallen der Börse beschäftigen seit der Finanzkrise nicht nur die Börsianer, sondern auch Politiker und Vertreter aus der Realwirtschaft.

Falle 1: Angst vor der Zukunft

Ist die Börse verhandelte Zukunft oder Psychologie? Sicherlich kann man nicht davon ausgehen, dass die Börse nur Psychologie

Abbildung 6: Michael Douglas als Gordon Gekko in dem Film „Wall Street",
Quelle: www.gettyimages.de

ist, aber die Angst vor der zukünftigen Entwicklung von Aktien oder Fonds ist schon sehr prägend. Andererseits findet das Verhandeln der zukünftigen Kursentwicklung an der Börse statt und dieses Verhandeln ist die Folge von Wahrnehmung, Beurteilung und Einschätzung von Situationen oder Aussagen. Latente oder bewusste Ängste und Befürchtungen sind hierbei ebenso prägend wie der Mut und das Risiko, etwas zu wagen. Nur wer die Ängste wirklich annimmt, kann diese auch bekämpfen – dies wusste nicht nur Gordon Gekko mit seinen Aktivitäten zur Steigerung des Börsenerfolges, sondern das weiß auch jeder Mensch, der schon mehrfach vor schwierigen und einschneidenden Entscheidungen gestanden hat.

Die Angst vor dem Ungewissen ist uns allen angeboren und schützt unsere Seele vor zu starken Enttäuschungen. Eine Vorsicht im Handeln basiert immer auf der Notwendigkeit, Energie niemals zu vergeuden. Nur wer richtig mit seinen Kräften haushält, kann selbst schwierige Zeiten überleben. Leider zwingen wir uns oftmals selbst zu einem übertriebenen Einsatz mit oftmals schwerwiegender Folge, wie z. B. einem Burn-out-Syndrom.

Falle 2: Emotionalität, statt rationale Charttechniken

Selbst die erfahrensten und intelligentesten Charttechniken helfen nicht darüber hinweg, dass die emotionale Entscheidung für oder gegen eine Zukunft alles dominiert. Nicht, dass Charttechniken keinen Sinn machen würden, aber wir dürfen deren Wirkung auch nicht überbewerten. Sie geben uns Orientierung und sorgen für den nötigen Überblick, bleiben aber eine Projektion der Vergangenheit in die Zukunft und sind manchmal so unsicher wie die Wettervorhersagen für die nächste Woche. Sicherlich führen die Charts zu einem Herdentrieb, einer Art von „Beschwörung" des Kursverlaufes, da wir uns gerne an anderen Menschen orientieren, wenn wir selbst nicht genau wissen, was passieren könnte. Dies tun wir insbesondere deswegen, weil wir der Ansicht sind, dass es vielleicht andere Menschen gibt, die mehr wissen als wir selbst, und dass daher eine Nachahmung für uns positiv ausgehen könnte. Das Prinzip „Hoffnung" siegt auch hier und basiert auf

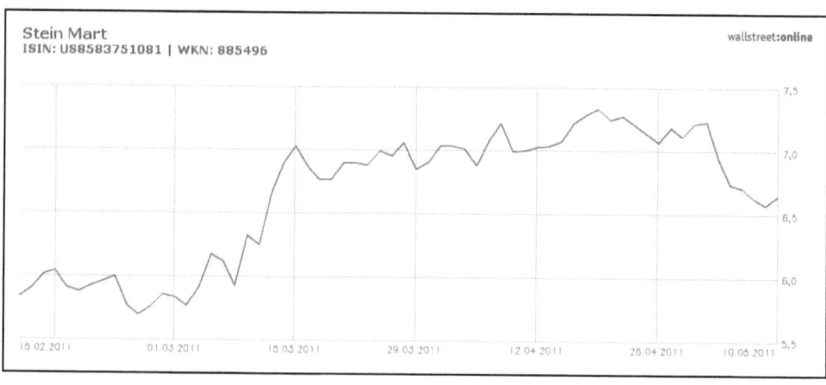

Abbildung 7: Charttechnik nach Stein, Quelle: Wall Street Online AG, 2011

unseren innersten Trieben, das eigene Überleben zu sichern. Wir suchen nach rationalen Erklärungen für unsere Entscheidungsangst und nach dem Ausweg aus dem Dilemma zwischen Entscheidungszwang und Unsicherheit in Bezug auf das, was kommen könnte. Die Börse lebt von diesem Spannungsfeld und bleibt damit so unkalkulierbar wie das Wetter.

Falle 3: Nein-Sagen fällt so schwer

Die unstillbare Gier nach mehr und noch mehr ist aus Sicht der Evolutionspsychologie ein sinnvoller Akt. Wer viele Vorräte für die kalte Jahreszeit anhäuft, der hat auch gute Chancen zu überleben. Der Trieb des Sammelns und Hortens ist immer noch in uns. Wir denken immer noch an die existenziellen Bedrohungen der Zukunft und können daher nicht genug an Vorsorge schaffen. Diese Gier zur Zukunftssicherung – oder im negativen Fall zur Machtausweitung – ist ein Verhaltensmuster, das von dem limbischen System unseres Gehirnes gesteuert wird. Dadurch werden zu oft Fehleinschätzungen verdrängt oder Risiken übersehen. Man sagt nicht „Nein", obwohl die Situation aussichtslos oder hoffnungslos ist. Die Psychologen begründen das mit dem „Rubikon-Modell". Es basiert auf der Überlieferung, dass sich Julius Cäsar im Klaren darüber war, dass, wenn er den Fluss Rubikon überschreitet, er sich für den Bürgerkrieg entschieden hat. In der Psychologie zeigt dieses Modell, dass sich unser Verhalten nach der Beendigung des Abwägens und Nachdenkens einseitig auf die Umsetzung konzentriert und dass wir alles tun wollen, um unser definiertes Ziel zu erreichen; oftmals ist es uns gleichgültig was es kosten mag. Wir sind fixiert auf das Ergebnis und werden blind für neue Erkenntnisse. Die Selbstverpflichtung dominiert, das Ziel zu erreichen und ein „Nein" gibt es nicht mehr, selbst wenn wir plötzlich vor veränderten Rahmenbedingungen stehen.

Dieses Verhalten erleben wir zu oft in Politik und Wirtschaft. Man hat ein politisches oder berufliches Karriereziel angestrebt und soll plötzlich nach einem Skandal oder Misserfolg abtreten bzw. kündigen. Wir wollen dies nicht glauben oder wahrhaben und kämpfen weiter, obwohl alle um uns herum die Notwendigkeit der Aufgabe und damit des „Nein-Sagens" schon erkannt haben. Oftmals steigt unsere Motivation zur Zielbindung sogar noch an, wenn wir von Fremden kritisiert werden; eine Selbstzerstörung ist dann nicht mehr ausgeschlossen, wie wir am Selbstmord des Wirtschaftsmagnaten Adolf Merckle am 5. Januar 2009 gesehen haben. Auch der für viele zu spät vollzogene Rücktritt des ehemaligen Bundesverteidigungsministers zu Guttenberg ist ein Beispiel dafür.

Angst hat einen Gegenpol

Die Psychologie hat entdeckt, dass bestimmte Grundängste dadurch erkennbar werden, dass wir den Gegenpol zu dieser Angst in unserem Verhalten oder unserer Sprache besonders stark hervorheben. Wir betonen dabei diesen Gegenpol so stark, dass keiner unsere Ängste entdecken kann. Gerade dieses übertriebene Verhalten aber gibt uns Hinweise auf die dahinterstehende Angst als die eigentlich treibende Kraft. Es sei jedoch an dieser Stelle schon darauf hingewiesen: Jeder Mensch trägt einige dieser Ängste in sich, aber nicht jeder kompensiert diese Grundängste so intensiv, dass ein Gegenpol erkennbar ist.

Gerade bei der Entscheidungsfindung und noch mehr bei der Realisierung einer Veränderung spielen Ängste in jedem Menschen eine große Rolle. Vergleichbar mit einem umgedrehten U-Verlauf beeinflussen die Ängste unsere Veränderungsbereitschaft. Ist die Angst zu schwach ausgeprägt, dann kompensieren wir diese relativ leicht. Steigt jedoch das Angstpotenzial an, dann werden wir in unseren Handlungen bestärkt und zur Gestaltung der Veränderung motiviert. Hat das Angstpotenzial jedoch einen Schwellenwert überschritten, dann verdrängen wir diese Angst und eine Veränderung wird nicht mehr vorangetrieben oder umgesetzt.

Daher ist es für Veränderungen bei sich selbst oder im beruflichen Umfeld sehr wichtig, die „richtige" Dosis von Angst als Veränderungstreiber zu entwickeln. Hierfür zeigt uns der Gegenpol der Angst den Grad der inneren Erregung an (Angst ist nur ein Erregungszustand) und ermöglicht es uns, korrigierend einzugreifen oder motiviert uns, eine Veränderung anzugehen.

Leider werden jedoch Ängste stets als unschön oder unmännlich angesehen. Das heute gültige Managerbild verbietet es immer noch, Ängste zu haben und zu zeigen. Aber alle Menschen – ob als Privatperson oder in Führungspositionen – haben Ängste, die bis zu einem gewissen Maß auch nicht schlecht sind, denn sie sind ein wichtiges Regulativ in unserem Leben. Oftmals verbieten uns zu einseitige Rollenerwartungen im beruflichen und privaten Umfeld, unsere „ängstliche" Seite zu zeigen; sie wird verdrängt und weggeschoben ins Unterbewusstsein. Als Ausgleich hierfür wird dann ein starker Gegenpol aktiviert, der verhindert, dass wir die Angst nach außen tragen. Konkret heißt dies, dass wir uns von der einen Seite, die niemand gerne zeigen will, abwenden und unsere ganze Energie auf die andere Seite lenken. Umso stärker diese Seite als Gegenpol der Angst gezeigt wird, umso besser können wir durch diese Übertreibung auf die eigentliche Angst Rückschlüsse ziehen. Diese Schlussfolgerungen können uns helfen, uns in schwierigen Situationen zu beruhigen und damit angstfrei die richtige Entscheidung zu treffen.

Die nachfolgenden Beispiele werden dies erläutern:

Die Anima-Angst
Eine der Ängste, welche uns gerade im Berufsleben sehr zu schaffen macht bzw. nicht genutzt wird, ist die Anima-Angst. Anima (lat: Seele) ist das „Weibliche" in uns. Jeder Mensch ist dann ausgeglichen, wenn er sowohl eine männliche als auch eine weibliche Seite in sich akzeptiert. Die männliche Seite als durchsetzungsstark und behauptend und die weibliche Seite als nachgiebig und

vermittelnd definiert, führen im Einklang zu einer ausgewogenen Persönlichkeit. Leider wird jedoch im Berufsleben die weibliche Seite gerne unterdrückt, da die Rollenerwartung gerade in den Führungsetagen dies so verlangt.

Die Folgen sind oftmals unsensible, wenig weitsichtige und machtorientierte Entscheidungen. Denn gerade bei männlichen Führungskräften wird diese Anima-Angst durch einen starken Gegenpol kompensiert. Dieser Gegenpol zeigt sich durch übertriebene Härte, große Distanz zu den Mitarbeitern, eine Vielzahl von Regularien und Vorschriften. Die bewusste Nähe zum Tagesgeschäft und damit die Sensibilität für das Notwendige und das Machbare geht damit verloren. Dies ist sicherlich ein Grund dafür, warum in Chefetagen zu oft falsche Entscheidungen getroffen werden, die an der Basis nur auf Missachtung und Ablehnung stoßen. Nur wer Nähe zulässt, kann zwischen Alternativen abwägen und aus einer Vielzahl von Handlungsmöglichkeiten wählen. Diese Nähe setzt jedoch ein hohes Maß an Vertrauen in sich selbst und in seine Mitarbeiter voraus. Nur durch Vertrauen kann die Anima-Angst überwunden werden und als positiv treibende Veränderungskraft eingesetzt werden.

Die Angst, zu verlieren (Verlustangst)

Die Angst, zu verlieren, ist für viele Menschen eine treibende Kraft. Eine Kraft, die bei Sportlern Höchstleistungen abrufen lässt und im Berufsleben oder in der Ausbildung unsere Fähigkeit, Wissen aufzunehmen und zu verarbeiten, beflügelt. Eine Angst, die sehr positiv wirkt, sofern nicht ein Angstpotenzial überschritten wird.

Diese Schwelle zeigt sich insbesondere dadurch, dass wir an nichts anderes mehr denken als nur noch an den Erfolg oder Misserfolg. Unser Leben wird damit nur noch durch Anerkennung gesteuert. Diese Angst schafft notorische Gewinner. Die Rendite des Unternehmens wird zum alleinigen Ziel erhoben, die kleinsten Vorteile gegenüber dem Wettbewerb werden hochgelobt und aus einfachen Produktmodifikationen werden Top-Innovationen gemacht.

Der notorische Gewinner schafft um sich herum ein Umfeld von Personen, die ständig seine Gewinnerposition bestätigen. Ein zielführender und offener Dialog zur Findung der richtigen Entscheidung kann nicht mehr stattfinden. Damit isoliert sich der notorische Gewinner selbst und beschwert sich dabei zu oft, dass er alles allein entscheiden muss. Er betont seine Erfolge als Gegenpol so intensiv, dass er keinen Raum mehr für den Erfolg anderer lässt – und wer möchte schon gerne in einer Fußballmannschaft spielen, bei der es nur einen oder zwei Superstars gibt, die sich selbst glorifizieren? Im Berufsleben ist dies das Ende von Innovationen und Fortschritt und damit ist die Insolvenz des Unternehmens vorprogrammiert.

Die Angst vor Fehlern

Die Angst vor Fehlern ist die am häufigsten verbreitete Grundangst. Nicht nur, weil wir das unschöne Gefühl des Verlierens nicht ertragen wollen, sondern weil wir in Wirklichkeit Angst vor jeder Veränderung haben. Der Gegenpol ist dabei oft übertrieben: Null-Fehler-Programme in den Unternehmen oder aber die persönliche Lebensmaxime: „Vertrauen ist gut, Kontrolle ist besser." Somit wird aus der Chance zur Veränderung ein nicht zu befriedigender Kontrollwahn, der letztendlich in einer psychischen Katastrophe endet. Wir verlieren ständig noch mehr Vertrauen in unsere eigenen Fähigkeiten und die unserer Mitmenschen.

Das Prinzip „Kontrolle" ersetzt den Grundsatz, dass das Leben an sich Veränderung ist. Alles zu steuern, zu kontrollieren und zu beherrschen, führt unweigerlich zum Stillstand, denn nur der angstfreie Versuch des Neuen entwickelt unseren Verstand und unsere Fähigkeiten. Wer also zu sehr auf Kontrolle setzt, bleibt in seiner persönlichen und intellektuellen Entwicklung stehen. Sicherlich kann man Kontrolle an sich nicht verteufeln, aber auch hier ist das Maß entscheidend. Wer zu viel selbst steuern oder überwachen will, hat in Wirklichkeit Angst vor Veränderung und damit Angst vor dem Leben an sich. Die unterschiedlichen Persönlichkeitsmerkmale spielen dabei eine wesentliche Rolle, wie Sie im nachfolgenden Kapitel sehen werden.

2.
Die Psychologie der Veränderung – Unser größter Feind sind wir selbst!

2.1 Fehlende Veränderungsbereitschaft hat ihre Ursachen

Veränderungen bestimmen unser Leben, denn wie sagt schon ein altes Sprichwort: „Nichts ist so beständig wie die Veränderung." Aber warum tun wir uns so schwer, einmal getroffene Entscheidungen auch konsequent umzusetzen und warum gelingt es manchen Menschen leichter, sich zu verändern als anderen? Antworten liefert hierauf die Wissenschaft der Psychologie und immer mehr die der Neurobiologie. Das Spannende für mich ist dabei, dass wir gerade einen fundamentalen Wandel in der Psychologie beobachten können. Während die klassische Psychologie immer in der Kritik stand, dass sie nur auf der Basis theoretischer Modelle das menschliche Verhalten erklären kann, sind wir heute einen Schritt weiter. Die Neurowissenschaften sind inzwischen so weit, dass sie aufgrund eines neuen Verständnisses der Funktionsweise unseres Gehirns tatsächlich erklären können, warum wir so denken, wie wir eben denken. Dadurch erscheinen Erfolg und Misserfolg in einem neuen Licht und es entstehen ganz neue Ansatzpunkte, mit Veränderungen umzugehen.

In diesem Kapitel werden Sie daher auf manches Bekannte stoßen, vor allem aber auf die Ergebnisse neuer Studien. Der Fokus liegt dabei auf der Betrachtung von Veränderungsprozessen in Unternehmen, denn dieses ist die tägliche Praxis meiner Arbeit. Ob es nun die Einführung einer neuen Software im Rechenwesen ist oder die Ausrichtung eines Unternehmens auf neue Absatzmärkte; täglich erlebe ich in meiner Arbeit mit Unternehmen, wie Menschen an Veränderungen scheitern. Die Ursachen sind vielfältig, doch eines habe ich in meiner Praxis als Unternehmensberater in unzähligen Projekten gelernt: Die Ursachen der meisten Probleme in Veränderungsprozessen liegen in den beteiligten

Personen begründet. Daher beginnen wir an der Keimzelle des Scheiterns von Veränderungen: dem einzelnen Menschen. Im ersten Ansatz gehe ich daher mit Ihnen den Fragen nach, warum die Veränderungsbereitschaft bei Menschen so unterschiedlich ausgeprägt ist und wie jeder sich darauf einstellen kann.

2.1.1 Persönlichkeit und Denken

Eine wesentliche Ursache für unterschiedliche Verhaltensweisen und Einstellungen bei Veränderungen liegt in unserer Persönlichkeit verankert. Wenn man sich die Evolution des Gehirns genau anschaut, dann lässt sich feststellen, dass seine Entwicklung über Tausende von Jahren stets in Scheiben bzw. Schüben erfolgte; vergleichbar mit einer Zwiebel ist unser Gehirn von innen nach außen entstanden (vgl. Abbildung 8).

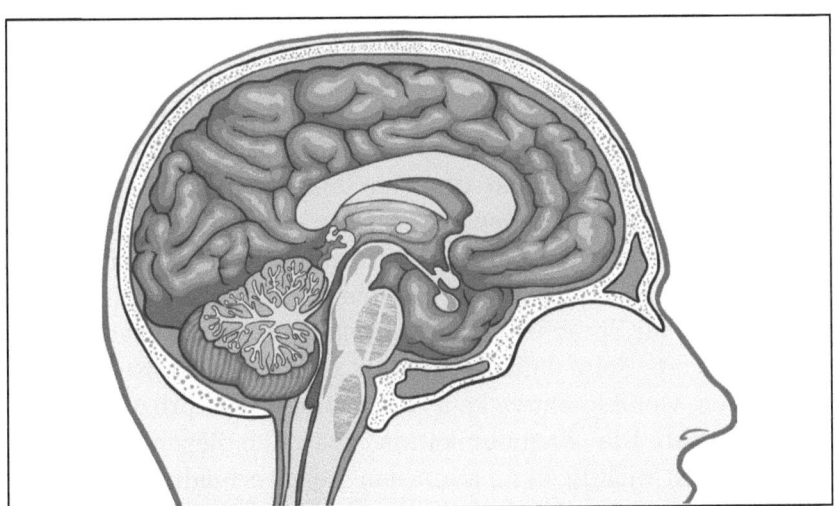

Abbildung 8: Der Aufbau unseres Gehirns, Quelle: www.fotolia.de

Dabei begann vor fünf Millionen Jahren das Wunder des heutigen Homo sapiens. Mit dem aufrechten Gang unterschied er sich von seinen bisherigen Artgenossen und durch das zügige Wachstum des Gehirns wurde er schnell seinen bisherigen Verwandten überlegen. Das Wachstum des Gehirns war dabei nur durch die Umstellung der pflanzlichen Nahrung auf Mischkost (Pflanzen und Fleisch) möglich geworden; nur Fleisch hat die Proteine und die Energiemenge, die ein schnelles Gehirnwachstum ermöglicht. Das Wachstum erfolgte eher sprunghaft und nicht – wie einst Darwin angenommen hat – in einem langsamen Selektionsprozess. Vor ca. 200.000 Jahren begann die Zeit der Primaten und damit auch die Zeit des Australopithecus. Aus diesem Urvorfahren entstammte dann die Linie des Homo, beginnend mit dem Homo habilis, was so viel bedeutet wie „der geschickte Mensch", gefolgt vom Homo erectus, der erste aufgerichtete Mensch und schließlich wir selbst, der Homo sapiens sapiens, der erstmals vor ca. 100.000 Jahren in Asien und Nordafrika und vor ca. 40.000 Jahren in Europa auftrat. Diese Entwicklungsschübe führten zu der heutigen Gehirnmasse, die beim ausgewachsenen Menschen im Durchschnitt ca. 1.200 bis 1.400 Gramm beträgt.

Ausgehend vom Gehirnstamm hat sich stufenweise das Gehirn bis zur heutigen Größe weiterentwickelt. Dabei ist besonders die axiale Aufteilung in eine rechte und eine linke Gehirnhälfte auffällig. Die Gehirnhälften sind jedoch über einen sogenannten Mittelsteg miteinander verbunden. Über diese Verbindung „kommunizieren" die beiden Hälften miteinander. Dabei ist die linke Gehirnhälfte das Zentrum für Sprache, digitales Denken und Mathematik, während die rechte Seite dafür sorgt, dass wir Bilder in unseren Kopf bekommen, Gefühle entwickeln und analoge Denkprozesse realisieren können. Die „Kommunikation" zwischen diesen Hälften ist dabei äußerst wichtig, denn nur, wenn diese Verbindung intakt ist, können wir denken, fühlen und uns mitteilen.

Beispiel: Wie sieht „Operationalisierung" aus?

Im Rahmen eines Trainings bitte ich hin und wieder die Teilnehmer, den Begriff „Operationalisierung" zu zeichnen, d. h. auf einem Flipchart grafisch darzustellen – mit dem Erfolg, dass dies bis heute, nach 20 Jahren, kein Teilnehmer je geschafft hat. Anders sieht es bei dem Begriff „Baum" aus. Hier zeichnen die Teilnehmer sehr schnell ein mehr oder weniger anschauliches Bild auf dem Flipchart.

Was ist der Unterschied zwischen diesen beiden Begriffen? Der Begriff „Baum" wird auf der linken Seite unseres Gehirns über das Sprachzentrum aufgenommen und direkt an die rechte Gehirnhälfte über den besagten Mittelsteg gesendet. Dort findet die rechte Gehirnhälfte sehr schnell ein „Erfahrungsbild" in seinem Erfahrungsspeicher – auch Extensionsspeicher genannt, weil er so überdimensional groß ist. Im Fall des Begriffes „Operationalisierung" läuft der Vorgang zwar gleich ab, aber die rechte Gehirnhälfte kann diesen Begriff nicht visualisieren. Es fehlt ein einfaches, klares Bild im Kopf, da es sich um einen abstrakten Begriff handelt. Wie Sie sehen, muss unser Gehirn stets die gehörten Worte in Bilder umsetzen, denn Bilder sagen bekanntlich mehr als tausend Worte. Wir sind „Augentiere", d. h. wir speichern fast alles in Form von Bildern ab. Werden uns diese Bilder nicht geliefert, weil z. B. ein Redner zu viele Fremdworte oder abstrakte Begriffe verwendet, dann fühlen wir uns gelangweilt oder gar überfordert.

Diese Zweiteilung unseres Gehirns wurde 1978 von Roger Sperry in den USA entdeckt (vgl. Abbildung 2 auf Seite 22), und das war der erste Schritt in Richtung einer Zuordnung von Funktionen in unserem Gehirn. Darüber hinaus wurde auch festgestellt, dass bei einer Trennung des Mittelstegs bei einigen Epilepsiekranken eine spürbare Milderung der Symptome eintrat.

Auf Basis dieser ersten Entdeckung hat sich ein anderer Forscher, Ned Herrmann, darangemacht, herauszufinden, warum manche Menschen kreativer sind als andere und kam dabei zu erstaunlichen Erkenntnissen. Er stellte nämlich fest, dass unser Gehirn nicht nur zwei Hälften hat, sondern **vier Bereiche (vier Ichs),** welche sich im Laufe der persönlichen Entwicklung individuell ausprägen – die Theorie des „einmaligen Gehirns" wurde geboren. „Jeder Mensch hat Denk- und Verhaltensweisen, die für ihn typisch sind und die er bevorzugt. Sie sind Ausdruck seiner Einmaligkeit und Voraussetzung für Autonomie und persönliche Kompetenz", so Ned Herrmann.

Wir Menschen bilden also im Verlauf unserer Entwicklung einzelne Fähigkeiten aus, die nur uns zu eigen und ein Ausdruck unserer Individualität sind. Hierbei haben sich einige Fähigkeiten als besonders nützlich erwiesen, andere wiederum haben wir verworfen, weil sie uns nicht den Erfolg gebracht haben, den wir uns erhofft hatten. So kommt es, dass manche Menschen sehr gerne neue Ideen entwickeln und kreativ sind und andere wiederum sich lieber mit schönen Bildern oder Dingen im Leben beschäftigen. Die vier Ichs in uns sind hierfür verantwortlich, wie Ned Hermann in seinen weltweiten Studien gezeigt hat. Dabei werden diese vier Ichs, wie in Abbildung 9 dargestellt, unterschieden.

Es sei dabei darauf hingewiesen, dass kein Ich besser oder schlechter ist als das andere, sondern dass die Ichs in ihrer Kombination unsere Persönlichkeit ausmachen. Experten unter den Lesern werden jetzt sicherlich anmerken, dass die neurobiologische Forschung Typologien, wie die Ich-Typen von Ned Hermann, als empirisch nicht beweisbare Modelle unseres Gehirns ablehnt. Dies ist für die Forschung auch richtig, aber für den praktischen Einsatz in Wirtschaft oder im Privatleben werden einfache Vorstellungsbilder unseres Erfolgsorgans benötigt. Sie sind unverzichtbar, um aus der forschenden Psychologie eine „begreifbare" Wissenschaft mit realem Nutzen für jeden zu machen.

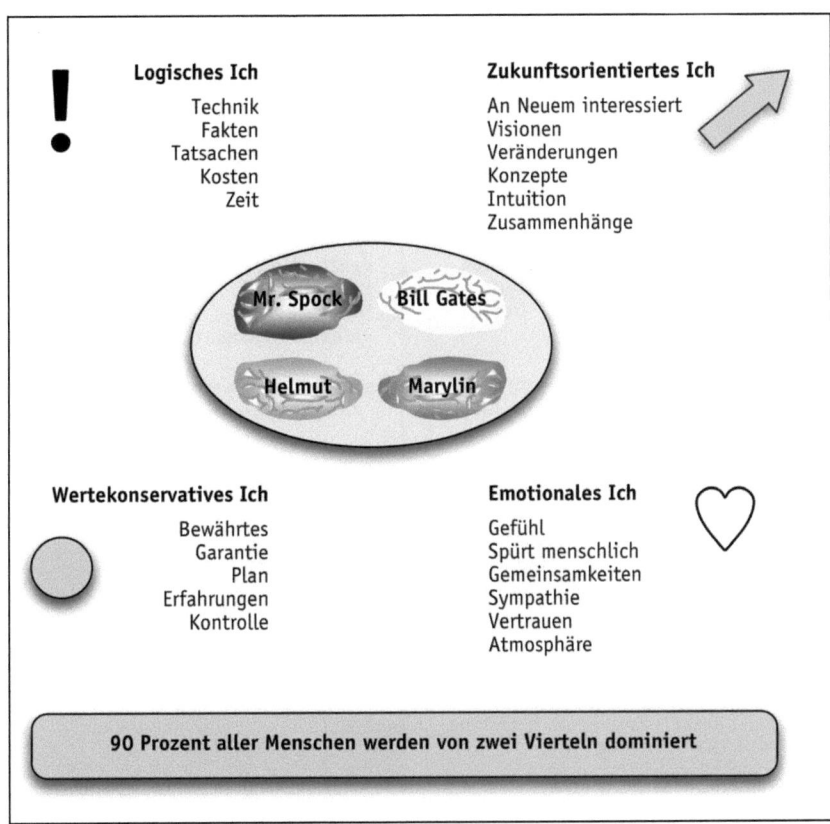

Abbildung 9: **Typologie des Denkens,** Quelle: K.O.M.-MET®, K.O.M. GmbH, 2002, basierend auf dem Ganzhirnmodell nach Ned Herrmann, 1991

Lassen Sie uns nun einen Blick auf diese vier Ich-Ausprägungen werfen und dabei der Frage nachgehen, welchen Einfluss unsere individuelle Persönlichkeitsprägung auf unseren Umgang mit Veränderungen hat.

Tipp: Überlegen Sie beim Lesen der nächsten Zeilen, welcher Ich-Typ bei Ihnen besonders stark ausgeprägt ist. In welchem Ich-Typ erkennen Sie Kollegen und Mitarbeiter wieder? Erkennen Sie Verhaltensmuster beim Umgang mit Neuem?

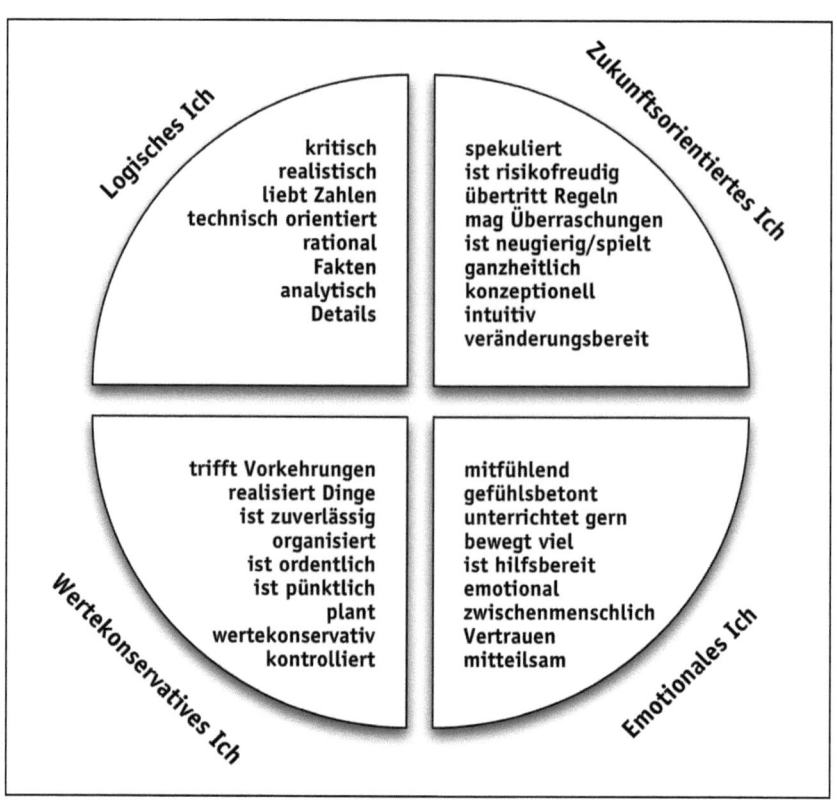

Abbildung 10: Die 4 Ichs des Menschen, Quelle: K.O.M.-MET®, K.O.M. GmbH, 2002, basierend auf dem Ganzhirnmodell nach Ned Herrmann 1991

Das erste Ich: Der Zukunftsorientierte

Der sehr stark zukunftsorientiert geprägte Mensch hat im Laufe seiner Entwicklung gelernt, dass er vor allem mit schnellen und ganzheitlichen Entscheidungen am besten fährt. Er liebt es, Dinge zu gestalten und hasst Regeln. Er sieht im Geld nur ein Mittel zum Zweck und weniger das Risiko. Überhaupt zeichnet diese Prägung einen Menschen aus, der auch einmal gerne ein Risiko eingeht oder Grenzen überschreitet. Details sind ihm zuwider und nur das große Ganze als Vision begeistert ihn. Alles, was neu ist, muss er kennenlernen und er möchte es ausprobieren. Zu erkennen ist diese Prägung, wie übrigens alle anderen auch, an Sprachsignalen sowie bestimmten Bevorzugungen im privaten Umfeld. So sind typische Aussagen dieser Dominanz im Gehirn: *Was gibt es Neues? Ist das wirklich innovativ? Bitte keine Details! Wie lautet Ihre Vision? Packen wir es an! Lass uns mal zur Tat schreiten! Schaue nicht zurück, sondern nach vorne! usw.* Daraus ergeben sich natürlich auch motivierende Tätigkeiten, denn wer diese Prägung hat, bevorzugt bestimmte Aufgaben oder Tätigkeiten, da sie ihm sehr leicht von der Hand gehen.

Hier ein paar Beispiele aus der Vielzahl von Untersuchungsergebnissen:

Im Grundsatz wird alles bevorzugt, was in irgendeiner Art und Weise zu Veränderungen führt oder Veränderungen beinhaltet. Neue Dinge zu entwickeln oder zu gestalten, sorgt dabei für ein hohes Motivationsmaß und schafft ausreichend Energie, um selbst die höchsten Hürden zu nehmen. Hier steht die Handlung im Vordergrund und damit auch die Veränderung. Menschen mit dieser Prägung zeichnen sich durch schnelle Entscheidungen und Tatkraft in der Umsetzung aus – man könnte sagen, sie sind die Macher. Dabei werden die Veränderungen sehr oft kreativ und innovativ angegangen und weniger planerisch. Die Konzeption steht im Vordergrund, die detaillierte Umsetzung langweilt eher. Somit will der Zukunftsorientierte den Wandel gerne anstoßen, ist aber weniger interessiert an einer konkreten Umsetzung; das überlässt er gerne anderen. Somit ist die zukunftsorientierte Prägung zwar ein Impuls für einen Wandel, aber kein Garant für eine erfolgreiche Umsetzung.

Gerade in Führungspositionen ist es wichtig, dass diesem Impuls eine Heerschar von Umsetzern folgt, da ansonsten außer einer Idee oder einem Konzept nichts passieren wird. Die zukunftsorientierte Dominanz hat schon in manchem Unternehmen zu Chaos oder gar Verlusten geführt, denn zu viele Ideen sind schädlich und nicht jede schnelle Entscheidung ist eine gute Entscheidung. Daher hat die Evolution dafür gesorgt, dass 90 Prozent der Menschen mit zwei Dominanzen entscheiden und handeln; somit ist immer auch ein Stück Ausgewogenheit sichergestellt. Natürlich trägt jeder Mensch alle Prägungen bzw. Dominanzen in sich, aber im Laufe seiner Lebensgeschichte haben sich meistens zwei davon als besonders sinnvoll und dominierend herausgestellt – quasi Best Practices bei der Bewältigung von Lebensaufgaben. Ned Herrmann bezeichnet dies als „Ausdruck der Individualität" bei jedem Einzelnen.

Das zweite Ich: Der Emotionale

Das emotionale Ich bezeichnet ein Persönlichkeitsmerkmal, das vor allem die schönen Dinge des Lebens bevorzugt. Menschen, die von dieser Dominanz geprägt sind, sind sehr stark auf soziale Kontakte fixiert. Für sie ist es wichtig, mit ihren Mitmenschen gut auszukommen, harmonisch zu leben und die schönen Dinge des Lebens zu genießen. Überhaupt spielt Genuss eine große Rolle. Gleichgültig ob das leibliche Wohl oder der romantische Sonnenuntergang – alles, was zu einem positiven Lebensgefühl beitragen kann, wird bevorzugt. Auch hier lassen typische Sprachsignale einen Rückschluss auf diese Prägung zu, beispielsweise: *Zusammen werden wir es schaffen! Es gefällt mir einfach. Ich fühle mich wohl dabei. Ich kann dich gut verstehen. Ich vertraue darauf, dass ... usw.* Diese Signale zeigen sehr deutlich, dass für den emotional Geprägten ein harmonisches, gefühlsbetontes, vertrauensvolles und mitfühlendes Lebensgefühl sehr wichtig ist. Immer wieder sind Menschen, bei denen eine der zwei dominanten Prägungen das emotionale Ich ist, besonders vermittelnd und schlichtend unterwegs, wenn es zu Spannungen in Teams oder in Beziehungen kommt.

Auch in der Berufswahl bleiben so geprägte Menschen oftmals ihrer Dominanz treu; sie sind oftmals in sozialen Berufen, wie

Krankenschwester/-pfleger oder Lehrer bzw. Lehrerin zu finden. Der soziale Kontakt und das Miteinander dominiert das Verhalten dieser Menschen. Das Helfen-Wollen spornt sie an und befriedigt sie zugleich, sorgt aber auch für eine gewisse Unstetigkeit und Spontaneität in unterschiedlichen Situationen. Die besonderen Fähigkeiten liegen dabei in der Art und Weise, wie zwischenmenschliche Situationen geklärt und gemanagt werden. Gerade der Umgang in lehrenden Berufen wird von dieser Prägung als besonders erfüllend empfunden. Bei der Suche nach dem Richtigen verlaufen sich jedoch so dominierte Menschen sehr gern, da sie zu oft ihren Gefühlen und Wünschen nachgeben. Sie lassen sich sehr schnell ablenken und sind nicht unbedingt konsequent in der Umsetzung.

Gerade in Veränderungsprozessen ist es für diese Prägung sehr wichtig, dass die Veränderung sich gut „anfühlt". Alles ist möglich, aber es muss einen positiven, emotional begeisternden Ansatz haben, denn nur dann setzt der emotional dominierte Mensch seine Ideen, Vorsätze oder Veränderungen auch konsequent um. Als Führungskraft zeichnet den Emotionalen eine hohe emotionale Intelligenz und Teambildungsfähigkeit aus. Gerade in schwierigen Zeiten bewahrt er Ruhe und wirkt ausgeglichen.

Das dritte Ich: Der Wertkonservative
Es sei zu Beginn schon darauf hingewiesen, dass „Wertkonservativer" hier nicht als negativer Begriff zu verstehen ist, sondern als planerische, strukturierte und systematische Kompetenz. Der wertkonservativ geprägte Mensch liebt es, in festen Strukturen und definierten Abläufen zu handeln. Er hasst Spontaneität und schnelle Entscheidungen. Alles, was er macht, ist bedacht und mit Sorgfalt geplant; plötzliche Sonderaufgaben oder unvorhergesehene Dinge bringen ihn aus dem Konzept oder verwirren ihn sogar ganz. Er arbeitet sehr gerne sequenziell, kontrolliert und sehr detailorientiert. Dabei liegt seine Stärke insbesondere in

der Planung, Koordination und Kontrolle von Aufgaben, Prozessen oder Vorgängen. Daher sind seine typischen Sprachsignale: *..., Kontrolle ist besser! Die Vergangenheit hat bewiesen, ... Aus meiner Erfahrung heraus ... Sicher ist sicher! Bitte keine übereilten Entscheidungen! Können Sie mir dies garantieren?* usw. Wie man erkennt, ist Sicherheit und Erfahrung für den wertkonservativ geprägten Menschen sehr wichtig; alles ist erlaubt außer dem Risiko.

Dieses ausgeprägte Sicherheitsbedürfnis zeigt sich auch in der bevorzugten Berufswahl bzw. motivierenden Tätigkeit. Hier stehen administrative Arbeiten, Projektplanungen oder Rechnungswesen sehr hoch im Kurs. Alle Tätigkeiten, die sich Details widmen, Planungen benötigen oder eine geordnete Umsetzung darstellen, motivieren so dominierte Menschen sehr. Damit ist der Wertkonservative ein wichtiger Garant für eine konsequente und erfolgreiche Umsetzung von geplanten Veränderungen. Da er aber sehr strukturiert und oft hinterfragend tätig ist, wird er gerade von zukunftsorientierten Vorgesetzten oder politischen Freunden eher als Bremse empfunden – das ist ein Fehler.

Nur wenn es gelingt, gerade den Wertkonservativen von einer Idee oder Veränderung zu begeistern, dann zeigt sich, dass diese Dominanz sicherstellt, dass wir wirklich das Richtige tun und nicht nur darüber reden. Als Teammitglied oder als Mitglied von Ausschüssen hat somit diese prägende Dominanz eine wichtige Steuerungs- und Umsetzungsfunktion. In Führungsfunktionen neigt der Wertkonservative zum Aussitzen von Entscheidungen. Das Zögern und Zaudern führt oft dazu, dass Entscheidungen gar nicht oder zu spät getroffen werden. Somit ist es wichtig, dass diese Dominanz in Projekten oder im politischen sowie unternehmerischen Alltag mit Menschen anderer Dominanzen kombiniert wird. Die Teamarbeit schafft hier den nötigen Ausgleich und sorgt dafür, dass notwendige Entscheidungen an anderer Stelle getroffen werden und die Umsetzung dann sicher und kontinuierlich erfolgt. Dabei sind jedoch logische Aspekte ebenfalls zu berücksichtigen.

Das vierte Ich: Der Logiker

Unter logischem Denken lässt sich sehr viel verstehen. IQ-Tests sind hierbei jedoch kein Maßstab für die Ausprägung; vielmehr zählt die Art und Weise, wie Fragestellungen und Aufgaben gelöst werden. Hier zeigt die logische Dominanz einige signifikante Eigenheiten. Zahlen, Daten und Fakten haben eine große Bedeutung für diese Prägung. Dabei werden alle gestellten Aufgaben, Anfragen oder Problemstellungen erst nach präziser Prüfung der Akten-/Sachlage bearbeitet oder entschieden. Unreflektierte oder gar emotionale Entscheidungen sind dieser Dominanz eher fremd. Dies zeigt sich auch im Sprachgebrauch: *Bleiben Sie doch bitte realistisch! Fakt ist, ... Kommen wir auf den Punkt/auf den Boden der Tatsachen! Bitte geben Sie mir technische Details oder Fakten!* usw. Die Präzision des Denkens zeigt sich auch in der Präzision der Sprache. Oberflächlichkeit, Ungenauigkeiten oder gar Vermutungen werden nicht akzeptiert.

Der Logiker will alles genau wissen, analysiert alles exakt und durchdenkt alles bis ins Detail. So sind auch Tätigkeiten, die sich mit Analysen, Formeln oder logischen Fragestellungen beschäftigen, besonders motivierend. Dabei können die Probleme oder Fragestellungen nicht kompliziert genug und die Herausforderung der Datenanalyse besonders hoch sein. Wissenschaftliches Arbeiten oder Rechtskunde sind daher zwei Beispiele für die bevorzugten Berufsgruppen. Gerade in Führungspositionen garantiert diese Prägung, dass die notwendigen Fakten detailliert analysiert und bewertet werden. Fehlentscheidungen sind dabei bezüglich der Faktenlage eher unwahrscheinlich. Zu oft werden jedoch zu viele Zahlen, Daten und Fakten angehäuft, sodass die zu treffende Entscheidung eher in den Hintergrund rückt und der Logiker sich in seiner Faktenwelt zu verlieren droht. Auch hier gilt – wie bei den vorherigen Dominanzen –, dass ein intelligentes Einbetten in ein Team Abhilfe schaffen kann. Wenn nicht die zweite Dominanz selbst bei diesem Menschen für eine Regulierung sorgt, dann sollte in der Besetzung von Gremien, Ausschüssen oder Führungsetagen für einen entsprechenden Ausgleich gesorgt werden.

Denkstil-Kombinationen: So ticken wir Menschen!
Worauf dabei zu achten ist, zeigt eine nähere Betrachtung der Zweierkombinationen der Prägungen, wie sie bei 90 Prozent aller Menschen vorliegt. Hier einige Beispiele (vgl. Abbildung 11):

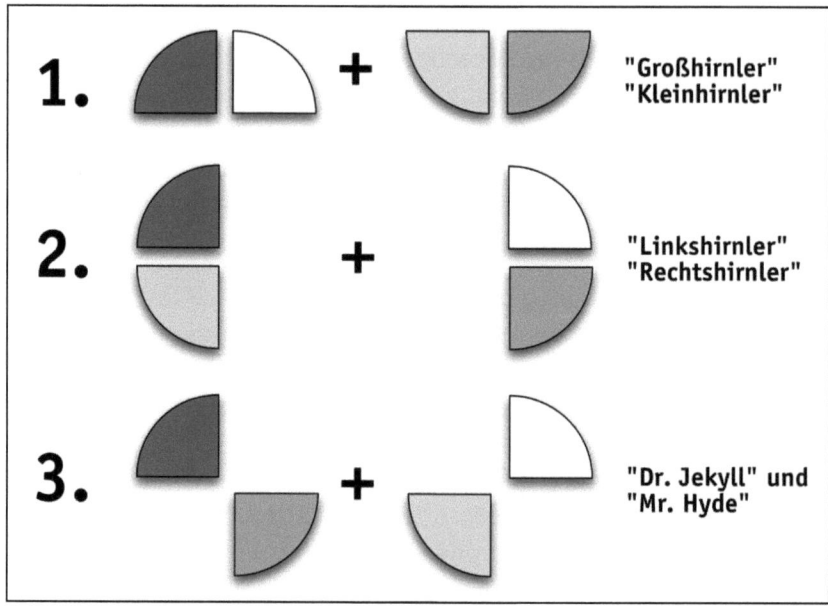

Abbildung 11: K.O.M.-MET® – Kombination der Prägungen,
Quelle: K.O.M.-MET®, K.O.M. GmbH, 2002, basierend auf dem Ganzhirnmodell nach Ned Herrmann 1991

1. Der Großhirnler

Sicherlich verführt die Bezeichnung „Großhirnler" den einen oder anderen zum Lachen, aber diese Kombination der Prägungen wird deswegen so bezeichnet, weil sich die beiden Dominanzen im Neokortex – also Großhirn, genauer im vorderen Gehirnlappen – lokalisieren lassen. Das logische Ich und das zukunftsorientierte Ich zeigen dabei in der Kombination eine Dominanz, die sich als „rationale Macher" umschreiben lässt. Es sei hier noch erwähnt, dass trotz dieser Kombination natürlich alle anderen Prägungen vorhanden sind, aber in ihrer Wirkung eher nachrangig bleiben. Schauen wir uns einmal diese Kombination von logischem Ich und zukunftsorientiertem Ich genauer an.

Wie schon bei den Ich-Formen beschrieben, neigen Menschen mit einer derartigen Kombination in Veränderungsprozessen zu einer sehr starken Handlungsorientierung, also zur Gestaltung von Neuem, aber dies stets unter dem Gesichtspunkt der logischen Analyse von Situationen, Zuständen, Fragestellungen oder Problemen. Zahlen, Daten und Fakten spielen dabei eine entscheidende Rolle. Spontane emotionale Entscheidungen kommen nicht infrage und auch die guten Erfahrungen aus der Vergangenheit werden eher nicht wiederholt, da sie dem Drang nach dem Neuen widersprechen würden. Somit haben Großhirnler ein Veränderungsverhalten, das sich sehr stark um das Faktische kümmert und Neues wagt, wenn es nach logischer Betrachtung lohnenswert erscheint.

Bei Führungskräften führt dies zu einem sehr analytischen und strukturierten, teilweise auch sehr emotionslosen Führungsstil, mit dem Drang zum Risiko und zu neuen Ansätzen. Diese Art der Individualität verlangt sehr viel von ihren Mitmenschen und geht oftmals einen Schritt zu weit. In der Politik hingegen ziehen Großhirnler dabei typischerweise Fakten zur Argumentation heran, die nur dem eigenen neuen Stil gerecht werden, aber inhaltlich nicht substanziell neu sind. Für den Fortschritt und die Gestaltung innovativer Ideen oder Konzepte sind Großhirnler geradezu prädestiniert, denn ihre Denkstil-Kombination ermöglicht ein Stück kreativer Freiheit bei der Lösung von Aufgaben oder Fragestellungen, ohne jedoch die Grundlagen der rationalen Betrachtung zu verlieren. Bei allen technischen Fragestellungen liegt hier die Stärke dieser Kombination. Sobald jedoch ein Stück emotionale Intelligenz benötigt wird, scheint sich diese Art der Kombination von Prägungen doch etwas schwerer zu tun. Selbstverständlich können derartige Situationen auch von einem Großhirnler bewältigt werden, aber sehr wahrscheinlich mit etwas mehr Aufwand und Anstrengung als bei einer anderen Kombination. Daher sind die Prägungen immer als Bevorzugungen zu verstehen, mit denen es gelingt, Herausforderungen leichter und motivierter zu bewältigen. Schauen wir uns einmal ein konkretes Beispiel aus dem Coaching von Führungskräften an.

Beispiel aus der Unternehmenspraxis: Alles muss ich als Chef selber machen!

Eine Führungskraft beschwert sich über zu wenig Eigeninitiative der Mitarbeiter. Der Betreffende sagt: „Es kann doch nicht sein, dass ich als Geschäftsführer ständig alles entwickeln und vorgeben muss!" Sicherlich ein Stück Wahrheit, aber wie immer steckt hinter dieser Wahrheit auch eine Ursache. Diese Ursache ist vor allem die Prägung als Großhirnler, die es seinen Mitarbeitern schwer oder gar unmöglich macht, Eigeninitiative zu entwickeln. Warum?

Ganz einfach: Wenn Mitarbeiter selbst aktiv werden sollen, dann sind manche Ideen oder Entscheidungen nicht immer faktisch belegbar oder gar beweisbar. Ein Zustand, der für einen Logiker nur schwer ertragbar ist. Seine Dominanz fordert immer eine exakte Begründung für Handlungen oder Entscheidungen. Wenn die Mitarbeiter ständig nur nach derartigen Beweisen gefragt werden und diese nicht vorbringen können, dann werden sie sehr schnell sehr vorsichtig agieren und jeden Schritt vorab absegnen lassen bzw. Dinge einfach unterlassen. Die fehlende Gelassenheit erschwert hier den Aufbau eines angstfreien Raumes auch für riskante Entscheidungen und Handlungen durch die Mitarbeiter. Erschwerend kommt noch hinzu, dass die Führungskraft selbst sehr viele Ideen hat und so die Mitarbeiter mit vielen neuen Ansätzen überfrachtet oder überfordert. Die Mitarbeiter können gar nicht Luft holen, um selbst zu denken oder gar zu handeln. Ich habe bedauerlicherweise oft zusehen müssen, wie eine Führungskraft mit zu vielen Ideen ihr Unternehmen an den Rand der Existenz getrieben hat. Hier hilft nur ein Stück Selbstdisziplin, Gelassenheit und der Mut, auch einmal loszulassen, um Chancen entstehen zu lassen.

2. Der Kleinhirnler

Diese Kombination der Prägung erhält ihren Namen dadurch, dass das emotionale und das wertkonservative Ich besonders dominant ausgebildet sind. Lokalisiert im limbischen Gehirn, sind diese beiden Prägungen aus Sicht der Evolutionspsychologie älter als die zuvor genannte Kombination. Man könnte diese Verbindung als „planerischesewissen" bezeichnen. Der Kleinhirnler wird dabei besonders von einer sehr sicherheitsorientierten und auf Gemeinschaft ausgerichteten Lebensweise gekennzeichnet. Seine Art, die Dinge umzusetzen, basiert auf Risikominimierung und Integration der Betroffenen. Er macht gerne aus Betroffenen Beteiligte und sorgt für eine sehr offene und partnerschaftliche Stimmung. Alle Vorhaben oder Veränderungen müssen dabei geplant und sehr strukturiert ablaufen. Aus diesem Grund ist eine derartige Kombination von Prägungen für die konsequente Umsetzung von Veränderungen von großer Bedeutung.

In vielen Change-Projekten während meiner Beraterlaufbahn haben gerade so geprägte Mitarbeiter den Erfolg von Veränderungen oft eher sichergestellt als die typischen risikobereiten Großhirnler. Ideen gibt es viele, Zahlen, Daten und Fakten auch, aber wer macht daraus eine Veränderung, die wirklich greift und konsequent umgesetzt wird? Der Kleinhirnler! Mit seinen Dominanzen sorgt er für die notwendige Planung, erkennt frühzeitig Hindernisse und schafft eine Atmosphäre der Motivation und der Befürwortung von Aktivitäten. Für dynamische und zukunftsorientiert agierende Unternehmen bedeutet dies, dass ein grundsätzlich anderes Verständnis von den tatsächlichen Treibern von Veränderungen im Unternehmen benötigt wird. Gerne denken wir: Ach, gäbe es doch mehr kreative Köpfe mit Ideen! Oder: Ach, gäbe es doch mehr mutige Macher, wo könnten wir dann stehen? Vermutlich würde man im Chaos der Ideen untergehen. Wer erfolgreich Veränderungen in Organisationen umsetzen möchte, der kümmert sich auch um seine Kleinhirnler.

Es ist daher sowohl den Führungskräften als auch der Politik zu empfehlen, in ihren Veränderungsprojekten auch und gerade solche Dominanzen aktiv zu beteiligen. Zu oft werden diese Verhaltensweisen als langweilig, ideenlos oder zu sozial abgetan, ohne zu wissen, welchen Wert diese Prägungen für den Umsetzungserfolg haben. Daher ist auch die Bezeichnung „wertkonservativ" für eine Dominanz zwar inhaltlich richtig, aber fälschlicherweise zu negativ belegt. Viele Veränderungsprojekte oder Vorhaben der Politik versanden oft deswegen, weil es keine strukturierte und geplante Vorgehensweise für die Umsetzung gibt. Hektischer Aktionismus ersetzt dann geistige Windstille und das führt letztendlich zu einem ständigen Kurswechsel in der Unternehmensführung oder zu einer Wendehals-Politik bei den Mächtigen in unserem Staat. Die ergebnisorientierte Umsetzung geht verloren und es bleibt der Stillstand mit hohem Energie-/Ressourcenverlust. (Aber selbst hierfür haben die alternativen Prägungen ihre Argumente und Entschuldigungen.)

3. Der Rechtshirnler

Wie Sie sich sicherlich vorstellen können, ist diese Kombination der Dominanzen auf die rechte, oder wie wir später sehen werden, auf die Lokalisierung in der linken Gehirnhälfte zurückzuführen. Beim Rechtshirnler besteht die Kombination aus dem zukunftsorientierten Ich und dem emotionalen Ich. Man könnte diese Verbindung auch als „emotionaler Macher" bezeichnen. Die Kraft der Ideen sorgt bei dieser Individualität dafür, dass immer nach vorne geschaut und die Veränderung als Lebensmaxime gesehen wird. Dabei werden jedoch die Mitmenschen stets integriert und emotional begeistert. Rechtshirnler sind die Treiber der Veränderung; sie sind Botschafter und integrative Persönlichkeiten zugleich. Damit helfen sie aktiv mit bei der Gestaltung von Veränderungsprozessen und bei der Motivation von anderen für die Umsetzung. Der Begeisterungsgrad ist so hoch, dass aus einer Idee schnell eine Bewegung werden kann, die auf breiten Zuspruch trifft. Es entsteht ein positives Klima „pro Veränderung" und eine Identifikation mit dem Neuen.

Bedauerlicherweise kann es aber auch zu einem Umschwung kommen, wenn der „emotionale Macher" zu euphorisch ist. Denn dann wird seine Glaubwürdigkeit darunter leiden und als egoistisches Motiv interpretiert. Daher ist es sehr wichtig, dass selbst bei den tollsten Ideen und der größten Begabung, die Menschen mitzunehmen, darauf geachtet wird, dass der Bogen nicht überspannt wird.

Beispiel aus der Praxis: Die Begeisterungsfähigen werden oft ausgenutzt.
In vielen unserer Change-Projekte stellten wir fest, dass es für den Start der Veränderung von großem Wert ist, wenn ein „emotionaler Macher" das Projekt promotet. Sehr oft handelt es sich dabei um Führungskräfte, die den Bezug zur Basis nicht verloren haben oder um informelle Führungskräfte mit hoher Glaubwürdigkeit bei ihren Kollegen. Sie sorgen für ein gutes Klima und eine Dynamik bei der

Ideenfindung sowie den notwendigen Konzepten für das Neue. Zu oft werden aber dann diese Promotoren durch übergeordnete Führungskräfte instrumentalisiert und damit in eine übertriebene Rolle der Befürwortung der Veränderung gedrängt.

Es ist die natürliche Schwäche aller begeisterungsfähigen Menschen, dass – ist der Funke der Begeisterung erst einmal gezündet – eine teilweise unreflektierte Umsetzung des Gewollten durch ihre mächtigen Vorgesetzten droht. Es dauert daher nicht lange, bis dieses Verhalten als unecht entlarvt wird, was zu einem hohen Glaubwürdigkeitsverlust führt. Der Promotor ist somit verbrannt. Eine Entwicklung, die wir auch in der Politik wiederfinden: Da werden Minister zu Aussagen „gedrängt", die nur teilweise deren eigener Überzeugung entsprechen, nur um eine politische Meinungsbildung einzuleiten. Die „emotionalen Macher" sind dabei besonders gefragt, denn mit ihrer Überzeugungskraft und Bürgernähe sind sie ein gutes Instrument zur übertriebenen Motivation der Bevölkerung – oftmals koste es, was es wolle.

4. Der Linkshirnler

Beim Linkshirnler sind die Prägungen im Bereich des logischen Ichs und des wertkonservativen Ichs sehr stark ausgebildet. Man könnte diese Zweierdominanz „logischer Planer" nennen. Damit zeichnet diese Individualität die Fähigkeit aus, Aufgabenstellungen oder Problemlösungen logisch zu strukturieren und zu planen. Dabei ist diese Prägung auf den Ideenreichtum oder die konzeptionelle Kompetenz anderer angewiesen. Der Linkshirnler ist der operative Umsetzer und weniger der Visionär. Das Neue zu entwickeln, ist nicht sein Ding; es zu planen und umzusetzen, hingegen schon. Er liebt es, zu recherchieren, zu planen und Zahlen, Daten sowie Fakten zusammenzutragen. Er liebt das Detail und weniger den Überblick. Dabei ist jede unvorhergesehene Veränderung ein hoher Unsicherheitsfaktor mit starkem Frustrationspotenzial.

Für die Realisierung von Veränderungsvorhaben ist der Linkshirnler ein detailorientierter Controller, der oftmals unangenehme und kritische Fragen stellt. Somit kann er den Change-Prozess mit seiner planerischen Kompetenz aktiv fördern, aber auch sehr stark verunsichern bzw. verhindern. Seine Kombination von Logik und wertkonservativem Denken macht ihn gerne zum Kritiker und Kontrolleur der Veränderung. Alles, was nicht verifiziert oder überprüfbar ist, fällt seinem kritischen Blick zum Opfer.

Natürlich sorgt der „logische Planer" dabei für ein hohes Maß an Sicherheit, aber eben auch für Unsicherheit. Zu oft und zu schnell wird kritisiert und bemängelt, aber ohne Angabe von Alternativen. Das Entwickeln von Handlungs-/Entscheidungsalternativen ist nicht seine Aufgabe. Eine Korruption des Veränderungsprozesses in Heckenschützenmanier ist die große Gefahr, wenn diese Individualität in Projekten oder politischen Gremien zu häufig vertreten ist.

Ein Beispiel aus der Politik: Die verhängnisvolle Psychologie des Atomausstiegs

Die Notwendigkeit für den Ausstieg aus der Kernkraftenergie war schon vor 15 Jahren erkennbar. Öffentliche Diskussionen und Demonstrationen gegen die Kernenergie waren und sind auf der Tagesordnung. Die Veränderung war erkennbar notwendig, aber die „logischen Planer" bauten ständig neue Argumentationen auf, die den Ausstieg unmöglich erscheinen ließen. Gleichgültig ob es die Versorgung der Bevölkerung mit Energie war, die Stromkosten oder die Energielobby, überall gab es logische und auf Sicherheit ausgerichtete Argumente. Nur die Sicherheit der Bevölkerung war scheinbar kein Argument – bis zu dem schrecklichen Unglück in Japan 2011. Plötzlich verstummten die „logischen Planer" und wendeten sich zu Befürwortern des Ausstieges, obwohl die Gefahr oder „Nicht-Gefahr" der Kernkraftwerke in Deutschland immer noch die gleiche ist.

Die Heckenschützen haben keine Schützengräben der angeblichen logischen Argumente mehr, was dazu führt, dass plötzlich neue Fakten geschaffen werden, die eine Umkehr in der Atompolitik ermöglichen. Wäre schon vor 15 Jahren die Gemeinschaft der „logischen Planer" mit ihren Argumenten gegen die Kernkraft vorgegangen, dann wären wir heute mit alternativen Energien schon weiter. Da aber diese Prägung sehr stark von den Visionen anderer abhängig ist, wird auch deren Weg gerne verfolgt und umgesetzt, sofern dies nur politisch einigermaßen begründbar ist.

Wie zu erkennen ist, spielt gerade in der Politik die psychologische Dominanz der Mächtigen eine große Rolle dabei, ob eine Partei in einen Land- oder Bundestag einzieht. Die Parteiprogramme werden dabei sekundär und immer vergleichbarer, was zu einer stärkeren Personalisierung führt. Der „logische Planer" ist für meinen Geschmack zu häufig in der Politik vertreten. Überlegen Sie daher beim nächsten Gang zur Wahlurne, welchen Kandidaten Sie Ihre Stimme geben und stellen Sie sich die Frage, ob Ihr Kandidat die passende Persönlichkeitsstruktur hat, um ihre Wünsche an die Politik real werden zu lassen.

5. „Dr. Jekyll & Mr. Hyde"

Diese Kombination der Dominanz verdankt ihre Namensgebung der Tatsache, dass ihre Prägungen über Kreuz, d. h. in der Verbindung von Großhirn (Neokortex) und dem limbischen System entsteht. Man könnte diese Individualität als „rivalisierende Antagonisten" bezeichnen, da es sich immer um zwei sich häufig widersprechende Dominanzen handelt, die gerne unterschiedliche Wege gehen wollen. Besonders deutlich wird dies am Beispiel des zukunftsorientierten Ichs mit dem wertkonservativen Ich (Antagonist).

Das zukunftsorientierte Ich sucht nach neuen Lösungen und Visionen und fordert stets den Überblick bei Problemstellungen oder Herausforderungen. Das wertkonservative Ich hingegen liebt das

Detail, will klare Vorgaben und hasst das Oberflächliche bzw. das Risiko des Neuen. Somit möchte das eine Ich gerne nach vorne stürmen, das andere Ich aber lieber bewahren und innehalten. Zwei Kräfte, die bei dieser Art von Prägung zu sehr großen Selbstzweifeln, aber auch zu Kreativität führen können. Zu oft möchte eine Führungskraft mit diesen Ausprägungen auf der einen Seite in neue Märkte oder Innovationen investieren, muss aber auf der anderen Seite ihrer eigenen Unsicherheit und Angst vor der Veränderung nachgeben; eine sehr unzufriedenstellende Situation für diesen Menschen. Das Gefühl der Zerrissenheit entsteht und Entscheidungen werden auf die lange Bank geschoben und damit ausgesessen.

Oft muss ich in Coachingsitzungen erleben, wie „Dr. Jekyll & Mr. Hyde" sich selbst ausbremsen. Selbst die besten Ideen oder Ansätze werden über das „Ja, aber ..." zerredet und damit im Keim erstickt. Die „rivalisierenden Antagonisten" sind in ihrer Prägung sehr stark darauf angewiesen, dass eine dritte Dominanz als Retter zur Seite steht. In unserem Beispiel übernimmt entweder das emotionale Ich die Vermittlerrolle, indem es aus dem Bauch heraus intuitiv entscheidet, oder aber das logische Ich, das eine Vielzahl von Zahlen und Fakten sammelt, bis es dann zu einer logisch durchdachten Entscheidung kommt. Diese Arbeitsweise ist natürlich sehr zeitraubend und anstrengend, kann aber zu ganz neuen und sehr kreativen Lösungen führen. Der Kampf der Antagonisten ist ein Wettstreit zweier Seelen in einer Brust.

Zwei Beispiele aus dem Privatleben können dies sehr gut verdeutlichen:

Beispiel: Die Affäre - Sinnbild der geistigen Zerrissenheit

Betrachten wir dabei einmal das zweite Antagonistenpaar: das logische Ich und das emotionale Ich. Gerade in Beziehungen oder beim Geld-Ausgeben zeigen sich bei diesen „rivalisierenden Antagonisten" die Konfliktpotenziale. So erklärt uns das logische Ich, dass die Beziehung mit dem jetzigen Partner doch so keinen Sinn macht. Nüchtern und logisch betrachtet hat der Partner den anderen betrogen und belogen. Die Fakten eines Hotelbelegs mit Doppelzimmernachweis und einem romantischen Abendessen zu zweit sprechen Bände und beweisen die Untreue. Das emotionale Ich will dies aber nicht wahrhaben. Es glaubt an das Gute im Menschen und insbesondere an die gegenseitige Partnerliebe. Was passiert?

Es beginnt eine Verdrängung, die durch das emotionale Ich eingeleitet wird. Dagegen wehrt sich das logische Ich mit den vermeintlichen Fakten des Beleges und der Auskunft durch den Hotelportier. Ein Konflikt bricht aus und der Mensch verzweifelt an der Frage: Was soll ich nur tun? Hier kann nur eine dritte Dominanz vermitteln. Entweder das zukunftsorientierte Ich, das die „Angelegenheit" als nicht so wichtig ansieht und eine Ignoranz der Tatsachen empfiehlt oder das wertkonservative Ich, das aus Tradition und Sicherheit heraus diesen Seitensprung verachtet und eine Trennung fordert. Die endgültige Entscheidung fällt auf Basis bisheriger Erfahrungen mit den Empfehlungen der jeweiligen dritten Dominanz. Der Empfehlung, nach der man bis dahin am besten derartige oder vergleichbare Situationen erfolgreich gemeistert hat, wird man folgen.

Beispiel: Die Zwänge der Entscheidung beim Shopping

Ein weiteres Beispiel ergibt sich aus der Frage: Was kann ich mir leisten? Die Verwendung von Geld steht sehr oft unter dem Schatten der „rivalisierenden Antagonisten". Bei einem Einkaufsbummel in einer Großstadt wird meist das logische Ich und das emotionale Ich aktiviert. So wird in einem Schaufenster ein Designerstück entdeckt, das einfach super aussieht. Das emotionale Ich sagt: „Das muss ich haben." Ein Kaufwunsch entsteht, der direkt in das Geschäft zieht – ohne Wenn und Aber. Nach intensivem Begutachten des modernen Kleidungsstücks erkundigen wir uns nach dem Preis; der Schock ist groß und die Stunde des logischen Ichs schlägt: „Kann ich mir das leisten, ist es sein Geld wirklich wert?"

Fragen über Fragen, die dem emotionalen Ich gewaltig zusetzen. „Aber es ist doch so schön und passt wie angegossen", kontert das emotionale Ich. Eine Pattsituation bei der Entscheidung entsteht. Was ist zu tun? Eine dritte Dominanz schaltet sich ein. Entweder das zukunftsorientierte Ich, für das Geld nur Mittel zum Zweck ist und das daher den Kauf befürwortet oder das wertkonservative Ich, das an den Kontostand erinnert und damit an das Risiko einer Überschuldung. Auch hier wird sich die Entscheidung daran orientieren, mit welcher dritten Dominanz dieser Mensch in der Vergangenheit die besten Erfahrungen gemacht hat.

Auf der folgenden Seite finden Sie eine Übersicht der Unterschiede in der Verarbeitungsweise der einzelnen Ichs, die wir in vielen Projekten, Coachings und Trainings ermittelt haben (vgl. Abbildung 12). Es ist wichtig zu akzeptieren, dass alle vier Prägungen in uns sind. Im Laufe unserer Entwicklung konzentrieren wir uns aber auf die Kombination von nur zwei Prägungen.

Was für ein Mensch bin ich?
Um bei sich selbst und bei anderen die Dominanzen zu erkennen, gebe ich meinen Workshop- bzw. Trainingsteilnehmern nachfolgende Ratschläge:

1. Beobachten Sie sich selbst!
Wie reagieren Sie in bestimmten Situationen? Welche Sprachsignale sind Ihnen besonders eigen und welche Tätigkeiten sind für Sie eher motivierend oder demotivierend? In der Anlage finden Sie hierzu noch zwei Darstellungen mit konkreten Beispielen.

Von anderen benutzte abfällige Äußerungen	Typische Änderungen	Fertigkeiten	Beschreibungen	
Erbsenzähler Machthungrig Gefühllos Berechnend Rücksichtslos Kalter Fisch Nervensäge	Fakten Hardware Wichtiger Punkt Grundlage kennen Analysieren, Auflösen Aufschlüsseln Kritische Analyse	Problemlösung Analytisch Statisch Technisch Finanziell	Logisch Tatsachenorientiert Kritisch Rational Analytisch Quantitativ Autorität Mathematisch	Logisch
Mäkelig Fantasielos Bleibt im Dreck stecken Schwerfällig Korinthenkacker	Zur Gewohnheit machen Das haben wir immer so gemacht Recht und Ordnung Selbstdisziplin Wörtlich Sicherheit zuerst Ein Schritt nachdem anderen	Planen Aufsicht Administrativ Organisierend Ausführung	Technische Literatur Datensammler Konservativ Kontrolliert Sequentiell Artikuliert Dominant Detailliert	Wertekonservativ
Weichling Mimose Geschwätzig Seelchen Gefühlsduselig Schwätzer Softie	Teamarbeit Familie Interaktiv Gemeinschaftlich Menschliche Werte	Ideen ausdrücken Zwischenmenschlich Schreiben (Briefe) Unterrichten Ausbilden	Musisch Spirituell Mittelsam Symbolisch Zusammenführend Emotional Intuitiv (auf Menschen bezogen) Leser (persönlich)	Emotional
Übermütig Kann sich nicht konzentrieren Unrealistisch Verrückt Träumt viel Undiszipliniert Fantast, Träumer	Mit einer Idee spielen Das große Ganze Vision Umfassend angelegt Synergetisch Verkrustung aufbrechen Innovation	Kreativ Innovativ Integrierend Wandel auslösend Konzeptbildend Strategische Planung	Kreativ/innovativ Intuitiv (auf Lösungen bezogen) Simultan Zusammenführend Holistisch/Ganzheitlich Künstlerisch Räumlich	Zukunftsorientiert

Abbildung 12: So gehen die vier Ichs mit Reizen um, Quelle: Kreativität und Kompetenz – das einmalige Gehirn, Ned Hermann, PAIDIA Verlag, 1991

2. Beobachten Sie andere!

Versuchen Sie bei anderen bestimmte Signale zu erkennen und zu deuten. Es gibt hierbei kein „Richtig" oder „Falsch", sondern es zählt nur, ob Sie es versuchen oder nicht. Denken Sie auch daran, dass Menschen nicht in Schubladen passen. Ihre Beobachtungen sind nur Indizien für eine mögliche Dominanz. Eine absolute Einschätzung kann es nicht geben.

3. Sprechen Sie mit Freunden darüber!

Gerade der Austausch über die Wahrnehmungen der vier Ich-Prägungen mit anderen ist nicht nur spannend, sondern auch sehr lehrreich. Im Dialog werden neue Perspektiven sichtbar und auf der Basis dieser wissenschaftlichen Grundlage entstehen wertvolle Hinweise. Nehmen Sie dabei das Thema nicht zu ernst, sondern spielerisch und Sie werden durch viel Übung eine neue Wahrnehmung erleben, dies bestätigen die Aussagen vieler Trainingsteilnehmer. Viel Spaß dabei!

2.1.2 Nicht nur der Wille zählt

Neben dem Charakter und der individuellen Persönlichkeit gibt es natürlich noch weitere Faktoren in unserer Psyche, die uns manchmal hindern, das zu tun, was wir möchten oder was richtig wäre. So banal es klingt, unsere Stimmung ist ein ganz wichtiger Faktor. Ob wir gut oder schlecht „drauf" sind, hat einen starken Einfluss auf unsere Entscheidungen. Man könnte auch sagen: Wer nicht gut drauf ist, kann auch nicht gut denken. In der Forschung und zunehmend auch in der Praxis wird daher nicht ohne Grund vom Stimmungsmanagement in Veränderungsprozessen gesprochen. Darüber hinaus spielt die Art und Weise, wie wir den Prozess der Veränderung angehen, eine große Rolle hinsichtlich des Erfolgs oder Misserfolgs in Veränderungsprozessen.

Die nachfolgenden Ausführungen basieren auf Forschungsergebnissen der Universität Osnabrück am Lehrstuhl Psychologie im Bereich der Persönlichkeitspsychologie. Im Rahmen vieler praktischer Anwendungen im Industrie- und Privatbereich wurde dabei die Methodik des K.O.M.-Motivator® entwickelt. Die aufgeführten Beispiele stammen aus diesen Beratungsprojekten und sind validierte Fallbeispiele.

Was heißt Stimmungsmanagement?

„Begabung kann nicht ausgeschöpft werden ohne die notwendige Motivation, ohne Selbststeuerung und ohne das richtige Gleichgewicht aller psychischen Kräfte", so eine Aussage von Prof. Dr. Julius Kuhl von der Universität Osnabrück. Die Nutzung der eigenen Fähigkeiten zur Gestaltung von Veränderungen basiert insbesondere darauf, dass es uns gelingt, die psychischen Kräfte in ein Gleichgewicht zu bringen; aktives Stimmungsmanagement ist dabei das oberste Gebot. Denn Stimmungsmanagement ist das bewusste, methodisch gestützte und konsequente Erkennen von Stimmungslagen bei sich und anderen sowie deren Beeinflussung durch systematische Intervention und Emotionssteuerung. Die Beeinflussung der eigenen Stimmungslage durch Selbstmotivation oder Selbstberuhigung schafft dabei die zentrale Voraussetzung, um alle vorhandenen Begabungen optimal auszuschöpfen und die anstehenden Veränderungsprozesse auch optimal zu realisieren.

Hierbei spielen Ziele eine zentrale Rolle für unser Handeln. Um dies jedoch praktisch aufzuzeigen, ist vorab eine Abgrenzung der Begriffe „Ziele", „Absichten" und „Motive" unerlässlich. Alle drei Begriffe werden dort angewendet, wo wir vor einer Schwierigkeit oder einer Problemlösung stehen. Wir setzen uns also immer nur dann bewusste Ziele oder definierte Vorsätze, wenn wir eine Handlung oder Veränderung realisieren sollen, deren Umsetzung, d.h. die gewollte Handlung, nur sehr schwer zu erreichen ist. Schwierigkeiten führen daher im ersten Schritt zu einer bewussten

Auseinandersetzung mit der Situation und damit zur Gestaltung einer gewollten Handlung. Hierbei haben die drei Begriffe „Ziele", „Absichten" und „Motive" eine unterschiedliche Funktion. Die Motive beispielsweise steuern unsere Wahrnehmung so, dass wir gezielt die Dinge wahrnehmen, die für die Bedürfnisbefriedigung relevant sind.

Beispiel Motive: Der überforderte Mitarbeiter

Ein Mitarbeiter fühlt sich an seinem Arbeitsplatz überfordert und nicht wohl. Ein Zustand, der ihm mehr und mehr zu schaffen macht und seine Ursache darin hat, dass die aktuellen Tätigkeiten seinen persönlichen Neigungen immer weniger entsprechen. Folgerichtig wird dieser Mitarbeiter immer unzufriedener werden bis zu dem Zeitpunkt, an dem er seine aktuelle Situation bedürfnisorientiert analysiert und feststellt, dass er eine kreativer ausgerichtete Tätigkeit bevorzugen würde.

Diese bewusste Auseinandersetzung mit der aktuellen Situation basiert auf einem oft unbewussten Motiv, das die Wahrnehmung des Mitarbeiters so steuert, dass er immer öfter die negativen Seiten seiner Tätigkeit mehr wahrnimmt als die positiven. Motive sind wie Duftspuren, die uns teilweise unbewusst auf die Punkte oder Situationen aufmerksam machen, die mit unseren Bedürfnissen nicht mehr in Einklang stehen. Positiv gesehen, hilft uns diese Fähigkeit bei der Suche nach Handlungsalternativen in schwierigen Situationen und sorgt dafür, dass wir die eigenen Bedürfnisse nicht hintergehen.

Eine andere Funktion haben hingegen die Absichten. Sie sind Vertreter von schwierigen Handlungen, die wir nicht so gern angehen wollen. Sie ersetzen in einem gewissen Maße unsere Handlung, die wir ja in Wirklichkeit gar nicht umsetzen wollen. Absichtserklärungen sind eine Art Droge für unser Gewissen. Sie beruhigen uns und ermöglichen ein konfliktfreies Handeln auf anderen Feldern.

Beispiel Absichten: Die guten Vorsätze

Jeder kennt die vielen Absichtserklärungen am Jahresende oder zu Neujahr. Absichten, die wir eigentlich umsetzen sollten, aber die Betonung liegt auf EIGENTLICH. Wir spielen uns selbst was vor und ersetzen das Tun durch das Wollen. Das Ziel, nicht mehr zu rauchen, wird zu einer Absicht umfunktioniert. Damit beruhigen wir unser Gewissen, das auf ein gesünderes Leben pocht, ohne den Vorsatz umzusetzen.

Trotz dieser „betrügerischen" Funktion von Absichten sind diese für unser Handeln auch sehr wichtig. Denn vor jeder Handlung steht eine Absicht. Die Absicht ist der Vorbote der Handlung und entsteht durch einen sehr vielschichtigen Denkprozess.

Um aus der Absicht dann eine Handlung abzuleiten, bedarf es klarer und eindeutiger Ziele. Damit wären wir bei unserem letzten Begriff und dessen psychologischer Bedeutung: Ziele, die Vertreter für ein konkretes, zu erreichendes Ergebnis. Ziele helfen, die geistige Leistungskraft auf die Zielerreichung zu konzentrieren und sie unterstützen aktiv die Suche nach dem Weg, der von der Absicht zum Ergebnis führt. Ziele sind also sehr hilfreich, wenn es darum geht, den richtigen Weg zur Realisierung einer Veränderung zu finden. Umso konkreter und spezifischer diese Ziele sind, desto besser und schneller finden wir den Weg dorthin. So wird aus einer Absicht eine Handlung.

Beispiel Ziele: Wie aus Absichten echte Ziele werden

Viele Ratgeber zur Gewichtsreduktion basieren darauf, dass Wege aufgezeigt werden, wie das Gewicht reduziert werden kann. Diese Ratschläge sind zumindest meistens von hohem Nutzen, setzen jedoch voraus, dass aus der Absicht „abzunehmen" ein Ziel geworden ist. Diesen Prozess kann kein Ratgeber der Welt unterstützen, weil dies ein sehr persönlicher Prozess ist. Die Überwindung des schwierigen Prozesses, auf Süßigkeiten oder fettes Essen zu verzichten, kann nur von jedem Einzelnen realisiert werden.

Dabei ist es ausschlaggebend, wie gut der jeweilige Mensch sich selbst regulieren und seine Stimmungen steuern kann. Denn die Wissenschaft hat gezeigt, dass das Finden des richtigen Weges zur Realisierung eines Zieles – in diesem Beispiel die Gewichtsreduktion – durch externe Affekte, also Emotionen, Gefühle und Stimmungslagen intensiv beeinflusst wird.

Diesen Einfluss und die Fähigkeit, sich selbst zu regulieren, zeige ich Ihnen jetzt an einem konkreten Beispiel. Um die Funktionsweise unseres Gehirns im Rahmen eines professionellen Stimmungsmanagements richtig zu verstehen, werden wir einen kurzen Exkurs unternehmen.

Exkurs: Wie steuert unser Gehirn Denkprozesse?

Wie Sie schon im vorherigen Kapitel gesehen haben, besteht unser Gehirn aus einer rechten und linken Gehirnhälfte (Roger Sperry) und diese wiederum ist unterteilt in jeweils zwei Bereiche, wie das Modell der vier Bereiche oder vier Ichs unseres Gehirns nach Ned Herrmann (1989) veranschaulicht. Alle diese Betrachtungen stellen den Zustand der Persönlichkeit mit ihren Prägungen und Neigungen dar. Die nachfolgenden Darstellungen des K.O.M.-Motivators® basieren jedoch auf einer Prozessbetrachtung (vgl. Abbildung 13). Damit wird beleuchtet, wie die Verarbeitung von Wahrnehmungen situativ erfolgt und es lassen sich so praktische Ansätze zur Beeinflussung von Stimmungen beschreiben.

Es handelt sich also in der Ausführung um die Darstellung der offenen Frage, wie die Verarbeitung von Informationen, Wahrnehmungen und Gefühlen in unserem Gehirn gesteuert bzw. beeinflusst wird und nicht um die Darstellung der Frage nach dem Zustand unserer Prägungen oder Dominanzen. Wie Sie im weiteren Verlauf sehen werden, gilt dieser Prozess nicht nur für Individuen, sondern auch für Organisationen und Gesellschaften.

Prof. Dr. Julius Kuhl hat in vielen Studien herausgefunden, dass unterschiedliche Bereiche unseres Gehirns miteinander interaktiv zusammenarbeiten. Er nennt dies die PSI-Theorie (Persönlichkeits-System-Interaktions-Theorie) und beschreibt damit den Verarbeitungsprozess in unserem Gehirn als ein fein abgestimmtes und interaktives System. In Abbildung 13 ist dieses System schematisch dargestellt. Die einzelnen Funktionen und Verarbeitungswechsel werden nun beschrieben.

Schauen wir uns einmal zuerst die linke Gehirnhälfte an und dort den Bereich des limbischen Systems. Wir wollen uns zur Veranschaulichung des Gesamtsystems an der Situation auf einem Segelschiff als geschlossenes System orientieren. Die dabei erkennbaren Parallelen sind ebenfalls ein Ausdruck für die Art und Weise, wie wir unsere Gehirnstruktur in Organisations- bzw. Gesellschaftsstrukturen übertragen. Letztendlich sind ja wir selbst die einzige Referenz, die wir als Homo sapiens haben, an der wir uns orientieren können. So ist auch der Wirtschaftskreislauf als Ableitung von unserem Blutkreislauf entstanden, um noch ein weiteres Beispiel für dieses Phänomen zu nennen.

Die in Abbildung 13 dargestellten Systeme oder Bereiche in unserem Gehirn wurden über eine Vielzahl von psychologischen Untersuchungen und neuropsychologischen Tests lokalisiert. Dabei kann man sich diese vier Systeme als Glühlampen vorstellen, die in einem intensiven Wechselspiel zueinander jeweils in Bruchteilen von Sekunden an- und ausgehen. Ein System, das immer dann im Gleichgewicht ist, wenn alle vier Bereiche ausgewogen aktiviert werden. Sollten über einen längeren Zeitraum jedoch nur ein oder zwei dieser Systeme „befeuert" werden, dann ist das System nicht im Gleichgewicht und droht zu kollabieren. Wie wir später noch sehen werden, wird der Wechsel der Systeme durch Affekte (Emotionen, Stimmungen) ausgelöst. Schauen wir uns einmal die einzelnen Systeme im Detail an und versuchen wir deren Arbeitsweise bzw. „Zuständigkeit" zu beschreiben. Hierzu werden wir das Segelschiff als Modell nutzen.

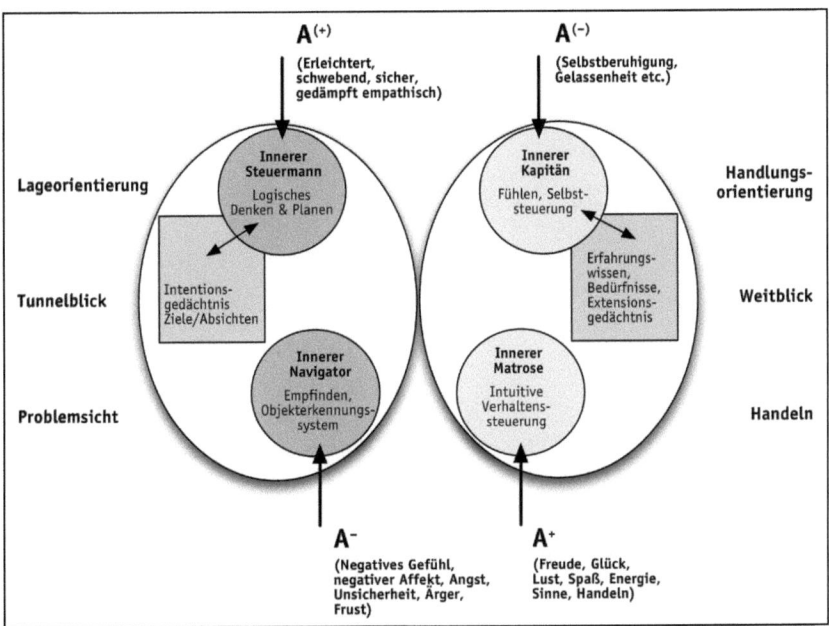

Abbildung 13: PSI-Theorie – „Vier Systeme", Quelle: K.O.M.-Motivator®, K.O.M. GmbH, 2009, basierend auf der PSI Theorie nach Kuhl 2001

Der „Navigator"

In der Abbildung 13a sehen Sie unser erstes System – den **Navigator**. Seine Aufgabe besteht insbesondere darin, die aktuelle Position unseres Segelschiffes mit der gewünschten Sollposition zu vergleichen, um dann eventuelle Kurskorrekturen einzuleiten oder vorab noch weitere Analysen durchzuführen. Für unser Gehirn heißt dies, dass wir ständig unser Umfeld in einer Art Soll-Ist-Vergleich bewerten, um dann über eine objekt- und damit detailorientierte Betrachtung zu versuchen, die Situation zu analysieren. Der Navigator in unserem Gehirn wird in der Fachsprache als Objekterkennungssystem bezeichnet. Ein System, das, sofern es aktiviert ist, dafür sorgt, dass wir uns sehr detailorientiert mit Fragen, Sachverhalten, Problemen oder anderen

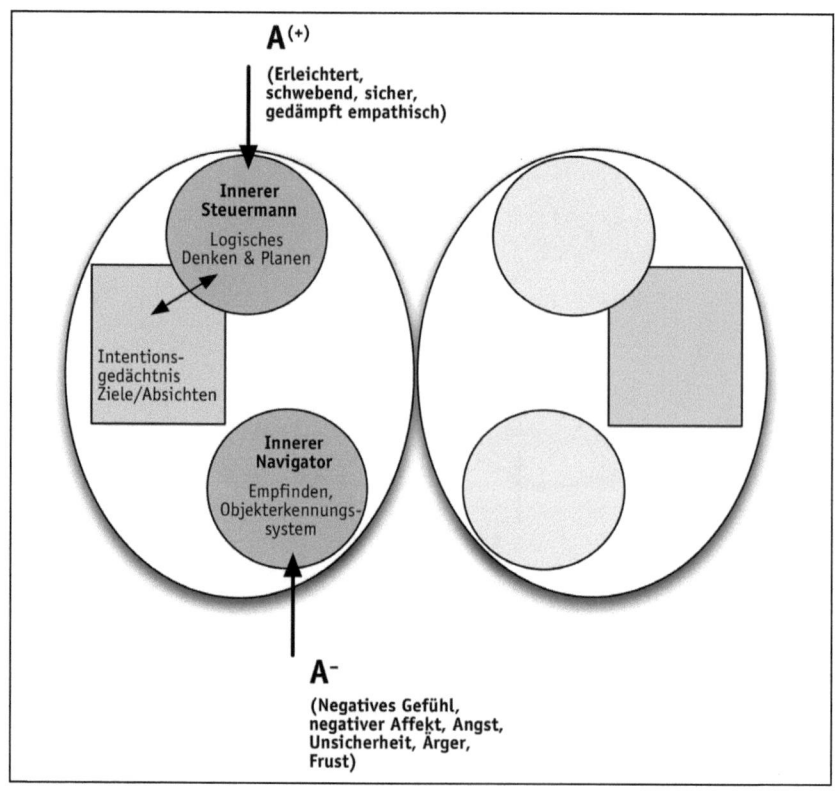

Abbildung 13a: Objekterkennungssystem und Denken/Planen (linke Seite),
   Quelle: K.O.M.-Motivator®, K.O.M. GmbH, 2009, basierend auf
   der PSI Theorie nach Kuhl 2001

Herausforderungen auseinandersetzen. Das Objekterkennungssystem soll uns zeigen, wo Veränderungen notwendig sind oder wo Hindernisse bei der Bedürfnisbefriedigung entstehen können. Es hilft damit, eine Situation sehr spezifisch und fokussiert zu betrachten. Diese Fokussierung sorgt jedoch auch dafür, dass wir nur noch den Baum, aber nicht mehr den Wald erkennen können – in Anlehnung an die Redensart. Jede Art von Überblick geht uns bei der Aktivierung dieses Systems verloren.

Ein Beispiel soll dies verdeutlichen:

Beispiel: Wenn Stimmungen alles blockieren – der handlungsunfähige Top-Verkäufer

Aus vielen Coachings von Vertriebsmitarbeitern in der Industrie habe ich für Sie ein konkretes Beispiel zur Verdeutlichung ausgewählt. Der ausgewählte Mitarbeiter, nennen wir ihn Herrn Schnurr (Name geändert), ist ein langjähriger Mitarbeiter im Außendienst mit ausreichend Erfahrung und nicht unbeachtlichen Erfolgen in der Vergangenheit. Herr Schnurr ist sehr aktiv und stets für Neuerungen zu haben. Seine Beziehung zu Kollegen, Vorgesetzten und Kunden ist sehr gut. Wie Sie erkennen können, ist Herr Schnurr ein Erfolgstyp mit glattem und zielstrebigem Karriereverlauf ..., bis sich an einem bestimmten Tag das Leben unseres Herrn Schnurr verändert. Sein Unternehmen wird von einem Mitbewerber aufgekauft und ein Besuch der neuen Führung ist für den entsprechenden Tag angekündigt. Gespannt warten die Mitarbeiter auf die Ausführungen der neuen Unternehmensleitung. Anfänglich hören sich die Ideen, Ansätze und notwendigen Veränderungen noch sehr vernünftig an, aber dann wird es ernst: Die Belegschaft soll, um das Unternehmen profitabler zu gestalten, um 20 Prozent reduziert werden. Insbesondere im Vertriebsbereich sollten die angestrebten Synergien des Kaufes realisiert werden. Herr Schnurr ist damit unmittelbar und direkt betroffen. Plötzlich bricht seine Welt zusammen, und aus der Zielstrebigkeit und Bereitschaft für Veränderung wird eine „Ja, aber ..."-Haltung. Tagelang kann Herr Schnurr keinen klaren Gedanken fassen. Die drohende Gefahr hat ihn ganz im Griff und seine Fähigkeit, sich selbst zu beruhigen, versagt. Erst ein weiteres persönliches Gespräch mit der Geschäftsleitung, das Herr Schnurr selbst einfordert, beruhigt ihn und gibt ihm wieder eine Perspektive. Was war ist passiert?

Sein Navigator, das Objekterkennungssystem, wird durch diese existenzbedrohenden Aussagen aktiviert. Teilweise unbewusst wird der Ist- und Sollzustand analysiert und die schlimmsten Szenarien gehen Herrn Schnurr durch den Kopf. Das Gehirn konzentriert sich nur noch auf diese bedrohliche Situation und verliert somit völlig den Blick für die Chancen eines derartigen Unternehmenszusammenschlusses. Die Dominanz des Navigators ist dabei so groß, dass viele gute Ideen, Absichten oder auch Ziele in den Hintergrund treten; es geht letztendlich um die eigene Existenz!

Wie wir an diesem Beispiel sehen, wird das Objekterkennungssystem, also unser Navigator, immer dann aktiviert, wenn wir negative Affekte (A-), wie negative Gefühle, Existenzangst, Unsicherheit, Ängste aller Art oder Frust zu spüren bekommen. Die Folge ist vorerst Passivität, Rückzug und Ablehnung von Neuem. Der Navigator greift also immer dann ein, wenn eine unmittelbare Betroffenheit oder eine erkennbare Bedrohung zu vermuten ist.

So ist auch das erfolgreiche Abschneiden der AFD bei einigen Landtagswahlen teilweise erklärbar. Unter dem Eindruck der hohen Flüchtlingszahlen wird eine drohende Gefahr für jeden Einzelnen suggeriert. Damit werden die Wähler persönlich in die Objekt-/Detailbetrachtung getrieben und sie werden zu Protestwählern. Die Angst vor einem Identifikationsverlust und einer Islamisierung führt zu einer fokussierten Betrachtung des politischen Verhaltens durch die Bürger und verhindert ein ausgewogenes und am Überblick orientiertes Wählerverhalten. Auch dies ist ein Beispiel, wie sehr Stimmungen unsere Wahrnehmung und Verarbeitung von Informationen in unserem Gehirn steuern.

Der „Steuermann"

Bleiben wir auf der linken Seite unseres Gehirns und betrachten wir das zweite System – den **Steuermann.** Seine Funktion auf unserem psychologischen Segelschiff besteht vor allem darin, dass er durch logisches und planerisches Denken den richtigen Kurs ermittelt und als Absicht vorträgt. Die letztendliche Umsetzung eines neuen Kurses erfolgt jedoch durch ein anderes System: die Matrosen. Für unser Gehirn bedeutet dies, dass wir vor jeder Handlung eine Absicht benötigen, die insbesondere dadurch entsteht, dass wir zuerst einen Platzhalter beschreiben, bevor die schwierige Handlung selbst ausgeführt werden kann. Der Steuermann beschreibt sein Manöver und sein geplantes Vorgehen, das er als Willenserklärung formuliert: *Ich will den Kurs wechseln, um weniger hart am Wind zu segeln, da die Windstärke doch stark zugenommen hat!* So oder so ähnlich könnte die Aussage des Steuermanns sein. Letztendlich als Ziel und danach als echtes Kommando wird diese Absicht erst dann formuliert, wenn der Kapitän als weiteres System zustimmt.

Was bedeutet dies nun für unseren Herrn Schnurr in seiner aktuellen Situation? Herr Schnurr hat im Rahmen seines Gesprächs mit der neuen Geschäftsleitung einige Perspektiven für seine zukünftige Tätigkeit bekommen. Man wolle nicht auf seine Erfahrung und Kundenkontakte verzichten, sondern im Gegenteil, er solle verstärkt die neuen Kollegen einlernen und mit den Produkten seines bisherigen Unternehmens vertraut machen. Herr Schnurr spürt schon im Verlauf des Gesprächs einen Anstieg seiner Stimmung und eine sich langsam aufbauende Motivation. Seine Affektlage erleichtert sich, wird sicherer und gedämpft euphorisch; er wird leicht motiviert und erreicht damit die Affektlage (A+), die den Steuermann in ihm aktiviert. Er beginnt zu planen und logisch darüber nachzudenken, wie er die neuen Kollegen einarbeiten bzw. seine Erfahrung weitergeben will. Dabei entwickelt er verschiedene alternative Wege, die er vorerst in seinem Absichtsgedächtnis (Intensionsgedächtnis) abspeichert. Das Absichtsgedächtnis ist jedoch ein Speicher in unserem Gehirn, der nur über eine sehr geringe Leistungsfähigkeit bzw. Kapazität verfügt. Daher ist er auch sehr schnell „voll", was wir Menschen immer dann erleben, wenn wir uns zu viele Dinge zeitgleich vornehmen und nichts abgearbeitet bekommen. Wir überfordern das Intensionsgedächtnis mit zu vielen Absichten; der Frust ist vorprogrammiert und ein Komplettausfall durch „Burn-out" rückt bedrohlich nahe.

Der Selbstschutz unseres Gehirns sorgt dafür, dass wir nicht zu viele Veränderungen oder Vorhaben gleichzeitig planen und umsetzen wollen. Bei Herrn Schnurr ist dies jedoch nicht der Fall. Er weiß aufgrund seiner Erfahrung, worauf es ankommt und welche Schritte in welcher Reihenfolge zu tun sind. Wie wir sehen, ist das logische und planerische Denken unseres Steuermanns zur Vorbereitung einer Handlung sehr wichtig. Denn, wie uns die Evolutionspsychologie gezeigt hat, ist es für den Homo sapiens wichtig, dass er definierte Absichten zeitversetzt umsetzen kann, je nachdem, ob die Situation günstig oder ungünstig dafür ist. Dass beim modernen Menschen durch die Vielzahl an Möglichkeiten und Reizen eine Überforderung des Absichtgedächtnisses immer schneller wahrscheinlich wird, hat die Evolution bis jetzt noch nicht berücksichtigt.

Der „Matrose"

Wenden wir uns nunmehr der rechten Seite unseres Gehirnes zu. Wie Sie in Abbildung 13b erkennen können, haben wir hier ebenfalls zwei Systeme, die im Wechselspiel auch mit den anderen beiden der linken Gehirnhälfte unseren Denk-/Bewusstseinsprozess steuern. Lassen Sie uns zuerst einmal den Matrosen auf unserem psychologischen Segelschiff näher betrachten. Der **Matrose** ist für die Umsetzung aller Anweisungen und damit für die Zielrealisierung verantwortlich. Er ist die Exekutive und setzt somit die Absicht in Handlungen um. In der Psychologie ist dies das intuitive Verhaltenssystem. Ein System, das für jede Art von Handlung, ob bewusst oder unbewusst, aktiviert werden muss. Ohne den Matrosen würde nichts passieren; es gäbe nur Gedanken, Ideen und Absichten, aber keine Umsetzung. Somit ist dieses System für die Realisierung von Entscheidungen oder für die Umsetzung von großer Bedeutung. Seine Aktivierung erfolgt nur und ausschließlich über ein hohes Maß an positiven Stimmungen und Emotionen, also eine motivierende Affektlage (A+). Freude, Glück, Lust, Spaß und positive Energie schalten dieses System an und nur wenn diese Affekte auch vorhanden sind, werden wir unsere Vorhaben umsetzen.

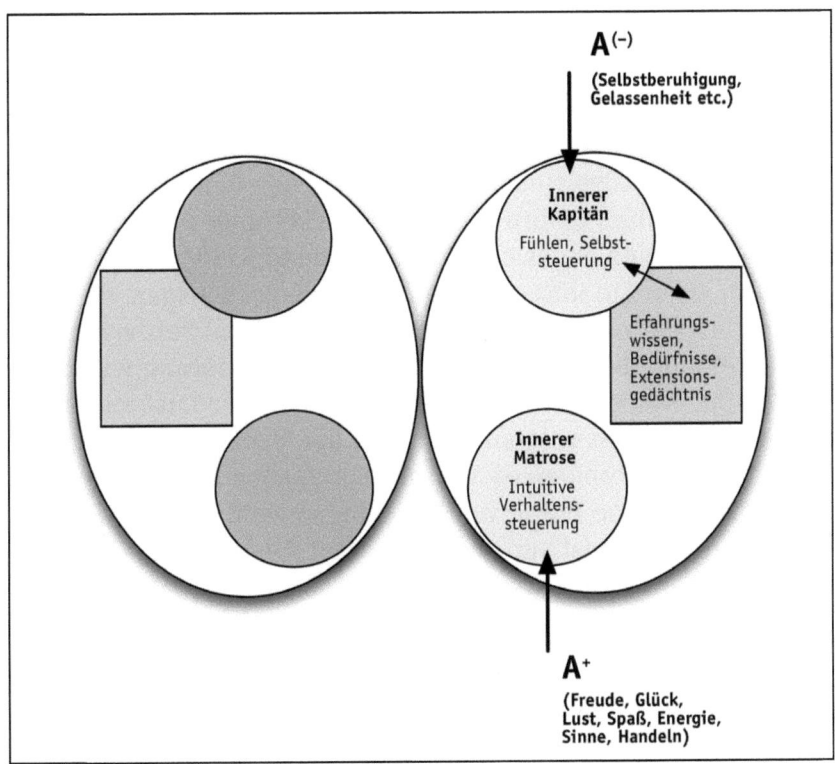

Abbildung 13b: Fühlsystem und intuitives Verhaltenssystem (rechte Seite), Quelle: K.O.M.-Motivator®, K.O.M. GmbH, 2009, basierend auf der PSI Theorie nach Kuhl 2001

Was bedeutet dies nun für den Umgang mit Veränderungen? Für unseren Herr Schnurr bedeutet dies, dass er vor allem für sich selbst erkennen muss, welche Chance in der Einarbeitung der neuen Kollegen für ihn erkennbar ist. Spaß an Veränderung ist einer der größten Antreiber und Impulsgeber für das intuitive Verhaltenssystem. Wer versucht, Veränderungen durch Ängste, Bedrohung oder negative Stimmung zu realisieren, muss scheitern. Das Ergebnis wird nur eine kurzfristige Einsicht sein und die eine oder andere kleine Veränderung mit sich bringen, aber eine grundsätzliche Veränderung wird damit nicht erreicht. Ein gutes Beispiel hierfür ist die Finanzkrise; wo die Not der Banken am größten war, wo also Rettungsschirme in Milliardenhöhe aufgebaut wurden, da wurde von den Regierungen der einzelnen Länder eine massive Neuorientierung bei den Banken und deren gierigen Verhalten gefordert. Absichtserklärungen gab es unter diesem Druck und angesichts der Bedrohung, „fallen gelassen zu werden", viele. Ein Jahr später sollte sich jedoch zeigen, dass die Banken fast gar nichts aus der Finanzkrise gelernt hatten und zur Tagesordnung übergegangen waren. Die Veränderung war nicht nachhaltig, weil sie nicht aus dem Spaß und der Lust an Veränderung entstanden war, sondern aus der Bedrohung durch die jeweiligen Regierungen, es an Unterstützungen fehlen zu lassen. Dies ist auch keine Frage von Einsicht; so weiß doch jeder, dass Rauchen ungesund ist und trotzdem steigt die Anzahl der Raucher weltweit.

Der Anreiz zur Veränderung kommt nicht durch Einsicht, sondern durch eine positive Motivation, das zu tun, was richtig ist. Nur wenn der Matrose in uns aktiviert wird, werden aus Worten auch Taten, und zwar solche, die nicht einmaligen, sondern nachhaltigen Charakter haben. Herr Schnurr hat das erkannt und entwickelt sein eigenes Einarbeitungsprogramm für die „Neuen"; es wird später der Grundstein für eine interne Akademie mit 35 weiteren Mitarbeitern bilden, die durch Herrn Schnurr geführt werden soll. Der Spaß an der Veränderung fördert ein Arbeitsergebnis zutage, das inhaltlich, strukturell und methodisch einzigartig ist; eine Spitzenleistung entsteht.

Der „Kapitän"

Lassen Sie uns nun abschließend den Kapitän unseres psychologischen Segelschiffes etwas näher beleuchten. Der **Kapitän** lässt sich auf der rechten Seite im vorderen Gehirnlappen lokalisieren. Er ist, wie auf dem Segelschiff, die zentrale Steuereinheit; in der Psychologie wird er das „Selbst" genannt. Das Fühlen und die Selbststeuerung von uns Menschen ist hier lokalisierbar und sorgt für den notwendigen Überblick über alle unsere bisherigen Erfahrungen und Erlebnisse. Dort ist auch das Erfahrungsgedächtnis (Extensionsgedächtnis) zu finden; ein Speicher, der über eine extrem hohe Speicherkapazität und schnelle Verarbeitungsgeschwindigkeit verfügt. In diesem Speicher sind unsere gesamten Erfahrungswerte und unsere Selbstwahrnehmung gespeichert. Der Kapitän hat den Überblick und trifft auch Entscheidungen mit Überblick. Somit ist es leicht nachvollziehbar, dass alle Entscheidungen, die unter Teilnahme unseres Selbst – also des Kapitäns – getroffen werden, auch die besten Entscheidungen sind. Die Kraft und Energie unseres Extensionsgedächtnisses ist eine echte „Kraftpille" für unser Selbst.

Vom aktiven Stimmungsmanagement zu höherer Selbstwirksamkeit

Für unseren Herrn Schnurr ist der Kapitän die Basis für eine erfolgreiche Planung und Umsetzung seiner internen Schulungsmaßnahmen. Diese Energie-/Ideenquelle kann er aber nur dann öffnen, wenn es ihm gelingt, sich in kritischen, bedrohlichen oder unübersichtlichen Situationen auch selbst zu beruhigen. Ein professioneller Selbstzugang ist die Voraussetzung für die Nutzung unseres Erfahrungswissens. Hierzu sind Gelassenheit und Souveränität die Schlüssel, um dieses Tor der eigenen Erkenntnisse zu öffnen. Wer angespannt, nervös oder verunsichert ist, tut sich schwer, sein Selbst zu entfalten. Erst wenn es gelingt, über Selbstberuhigung ein Stück Gelassenheit zu entwickeln, ist der Zugang zum Selbst möglich. Für Herrn Schnurr ist dies eine wichtige, aber auch bittere Erfahrung. Denn zu Beginn seiner neuen Aufgabe tritt er den neuen Kollegen eher mit Argwohn und Misstrauen gegenüber. Eine Affektlage, die eher negativ ist und nicht viel mit Gelassenheit zu tun hat. Erst im Laufe der Gespräche gelingt es Herrn Schnurr, sich selbst zu beruhigen, um dann eine eher gelassene Affektlage (A(-)) zu entwickeln. Zwar ist er immer noch etwas verunsichert über den Verlauf seiner zukünftigen beruflichen Karriere, aber mit voranschreitender Zeit und den damit verbundenen Belobigungen durch Kollegen und Vorgesetzte wandelt sich seine Stimmungslage zu mehr Souveränität und Gelassenheit. Damit werden seine Entscheidungen bedachter und ganzheitlicher und sein Auftreten weniger aggressiv bzw. bedrohlich für die neuen Kollegen. Er gewinnt eine persönliche Autorität, die ihn als zukünftigen Akademieleiter auszeichnen wird.

Wie wir sehen, ist der Kapitän ein wichtiges System in unserem Gehirn, das uns letztendlich als Persönlichkeit auch besonders auszeichnet. Die Selbstberuhigung – also die Fähigkeit, negative Affekte (Gefühle, Emotionen) zu mäßigen und zu regulieren – sorgt dafür, dass wir mit einer höheren Gelassenheit neues Wissen aufnehmen können. Dadurch wird das Lernen erst möglich, denn nur über das Erfahrungsgedächtnis können wir Menschen nachhaltig das Erlebte in abrufbares Erfahrungswissen ummünzen. Kritische und gefährliche Situationen, die uns Angst machen, sind die Basis für gezieltes Lernen und die Entwicklung unseres Selbst. Wer ständig vor diesen Herausforderungen davonläuft, beraubt sich der Chance, sein Erfahrungswissen gezielt aufzubauen, um dann bessere Entscheidungen zu treffen.

So, wie Ziele (vgl. Abbildung 13c) dafür sorgen, dass aus Absichten auch Handlungen werden, so sorgt ein Stück Gelassenheit dafür, dass wir in kritischen Situationen uns schnell selbst beruhigen können und somit die notwendigen Entscheidungen aus unserer bisherigen Erfahrungswelt ableiten können. Dies fällt natürlich nicht jedem gleichermaßen leicht. Daher zeigen sich in der Persönlichkeit von Menschen verschiedene Ausprägungen. Ein Typ ist eher lageorientiert, d.h. nachdenklich, detail- und absichtsorientiert und ein anderer Typ ist eher handlungsorientiert und damit auf die Umsetzung und das Treffen von Entscheidungen programmiert.

Dies zeigt sich insbesondere im Verhalten bei Misserfolgen. Ein eher handlungsorientierter Mensch wirkt fast wie ein Stehaufmännchen; selbst nach großen Niederlagen findet er schnell wieder zur alten Form und damit zu sich selbst. Anders der lageorientierte Mensch; er wirkt verunsichert, zurückgezogen und benötigt etwas mehr Zeit, um sich wieder selbst zu finden. Obwohl es vielleicht in

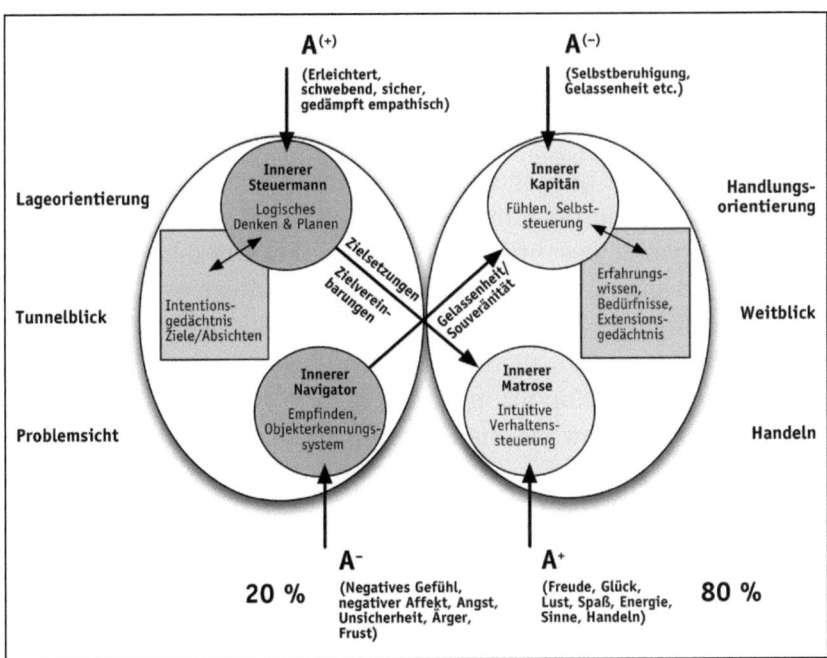

Abbildung 13c: PSI-Theorie – Persönlichkeits-System-Interaktion,
Quelle: K.O.M.-Motivator®, K.O.M. GmbH, 2009, basierend auf der PSI Theorie nach Kuhl 2001

der heutigen Gesellschaft besser erscheint, ein Stehaufmännchen zu sein, so sollte hier doch auch darauf hingewiesen werden, dass gerade bei einem lageorientierten Verhaltensmuster ein hohes Maß an Sicherheit und Nachhaltigkeit zu finden ist.

Wie schon zu Beginn beschrieben, werden unsere Begabungen nur dann voll zur Geltung kommen, wenn das richtige Gleichgewicht aller psychischen Kräfte existiert – also sowohl die Lage- als auch die Handlungsorientierung. Die größten Potenziale schlummern auf der rechten Seite unseres Gehirns. Mit nur 20 Prozent nutzen wir diese rechte Seite, wobei wir jedoch mit 80 Prozent die linke Seite übergebührend beanspruchen. Ein Ungleichgewicht, das insbesondere durch unser Ausbildungssystem gefördert wird. Hier hat jeder ausreichend Potenzial für mehr Leistungsfähigkeit und damit für mehr Lebensfreude.

Weitere Verhinderer von Neuem: Konditionierung und Einstellung

Neben dem eben beschriebenen Stimmungsmanagement spielt unsere Einstellung gegenüber Veränderungen sowie unsere Konditionierung eine wesentliche Rolle. In vielen Workshops und Coachings wird immer wieder deutlich, wie schwer es doch vielen Menschen fällt, ihre Einstellung gegenüber Sachverhalten, Situationen oder Menschen zu ändern. Gerade wenn durch vergangene Erfahrungen eine Konditionierung, also Prägung, stattgefunden hat, zeigen sich die wirklichen Hürden für Veränderungsprozesse.

Was ist Einstellung?

Bevor wir uns konkreten Beispielen aus meinen Erfahrungen als Coach widmen, sollten zuerst einige Begriffe geklärt werden. Als ersten zentralen Begriff definieren wir den Begriff „Einstellung". „Einstellungen sind gefolgerte Grundlagen von beobachteter Gleichförmigkeit des Verhaltens eines Individuums. Man sieht in den Einstellungen überdauernde Systeme positiver und negativer

Wertschätzung, Gefühle und Handlungs- und Wahrnehmungstendenzen gegenüber Objekten, Personen oder Personengruppen." (Martens & Kuhl, 2008). Soweit eine wissenschaftliche Definition des Begriffes „Einstellung".

In der praktischen Anwendung erläutere ich dies in den Coachingsitzungen wie folgt: Aufgrund unserer Erfahrungen mit anderen Menschen ergeben sich bestimmte Grundlagen für den Umgang mit anderen Menschen, mit Situationen und Herausforderungen. Dabei wird unsere gesamte Wahrnehmung und damit auch unser Handeln diesen Grundlagen angepasst. Wenn ich eine eher skeptische Grundhaltung, also Misstrauen gegenüber allem Neuen habe, dann wird sich meine Wahrnehmung auf die Punkte konzentrieren, die meine Einstellung eher bestätigen; es findet eine selektive Wahrnehmung statt. Auch mein Handeln wird dann eher von Zögerlichkeit und geringer Risikobereitschaft geprägt sein. Unsere Einstellungen sorgen dauerhaft dafür, dass wir nach unseren Wertmaßstäben die Umwelt bewerten.

Sehr neu ist die Erkenntnis, dass gemeinschaftliche Einstellungen – z. B. einer Unternehmenskultur oder einer sozialen Gruppe – zu einer Art übergreifender „Background Personality" führen können, die eine sehr durchschlagende und auch einflussreiche Verhaltensweise darstellt. Diese Background Personality existiert sowohl in der Gesellschaft als auch in Niederlassungen oder Abteilungen von Unternehmen. Sie denken nun vielleicht, dass dies alles gar nicht so wichtig sei – doch weit gefehlt! Ihre Bedeutung und Auswirkung auf die Gestaltung und Umsetzung von Change-Projekten wurde bis dato unterschätzt. Wie Studien der K.O.M.® GmbH, Kommunikations- und Managementberatung, zeigen, steuert die Background Personality ein Unternehmen oder eine Abteilung wesentlich intensiver als die dafür eingesetzten Führungskräfte. Man könnte fast sagen, die Organisation führt sich selbst.

Das klingt für Topmanager ziemlich schlimm – und ich bin mir auch im Klaren darüber, dass ich mit solchen Aussagen ein etabliertes Weltbild in den Führungsetagen zum Einstürzen bringe –, aber Veränderung beginnt nun mal mit neuen Erkenntnissen. Die gute Nachricht dabei ist aber, dass sich über geeignete Maßnahmen eben auch eine Änderung der Background Personality erreichen lässt. Die Steuerung der Veränderung läuft ja nicht nur über den Einzelnen, sondern auch über die gesamte Organisation oder Gesellschaft, wie ich später noch zeigen werde.

Was ist Konditionierung?

Als zweiter wesentlicher Begriff ist in diesem Zusammenhang „Konditionierung" zu nennen. Das bekannteste Beispiel bieten die „pawlow'schen Hunde".

Das Phänomen der pawlow'schen Hunde

Iwan Petrowitsch Pawlow, Nobelpreisträger (1904) der Medizin und Physiologie, beschäftigte sich auch mit Verhaltensforschung. Durch einen Zufall entdeckte er bei Hunden, dass deren Speichelsekretion bei Vorlage des Fressens an einen Klingelton gekoppelt werden konnte. Sobald der Hund etwas zu fressen bekam und der Speichelfluss quasi begann, ertönte ein Klingelton. Nach einer definierten Lernphase war es möglich, dass die Speichelsekretion nur bei Erklingen des Signaltons einsetzte. Eine Konditionierung hatte stattgefunden.

Der neutrale Reiz des Klingeltons wurde durch die Assoziation mit dem Fressen zu einem bedingten Reiz. Ein Lernprozess war die Folge. Diese Art des Lernens ist auch bei Menschen in einer Vielzahl von Laborversuchen nachgewiesen worden; sicherlich nicht über die Speichelsekretion bei der Einnahme von Mahlzeiten, sondern vielmehr in vielen Lebenssituationen, in denen wir Reiz-/Reaktionsmechanismen in wiederkehrender Form haben. Ein gutes Beispiel hierfür ist das Lernen unserer Kinder: Ab einem

Alter von ca. vier Jahren entwickelt das Kind die Fähigkeit, sich in die Gedankenwelt anderer „einzudenken". Es lernt, mögliche Reaktionen oder Verhaltensweisen schon vorab zu erahnen. Diese sehr wichtige Fähigkeit für eine spätere reibungslose soziale Integration wird u. a. durch Reiz-/Reaktionsmechanismen erzeugt. Das Kind lernt durch wiederholtes Praktizieren, dass ein vorausschauendes Handeln, bei dem es die möglichen Reaktionen des anderen mit einbaut, wesentlich zielführender ist als ohne diese Berücksichtigung. Das Erlernen des Reiz-/Reaktionsmusters „Ich versuche den anderen zu verstehen, was dazu führt, dass ich meine Interessen eventuell besser platzieren kann" erleichtert den sozialen Umgang. Gerade die Belohnung eines Verhaltens durch Anerkennung Lob oder „positive" Hormone unterstützt diesen Lernvorgang. Zum Beispiel wird das Endorphin (Glückshormon) in der Hypophyse und dem Hypothalamus produziert. Es wirkt wie eine Droge und wird daher oft auch als körpereigenes Opioid bezeichnet. Wer sehr viel Sport treibt, wird nach einer bestimmten Dauer durch dieses Glückshormon belohnt. Eine Belohnung, die dazu führt, dass die Anstrengungen des Sports vergessen werden und der Organismus lernt, wie er durch körperliche Anstrengung eine angenehme Belohnung erhalten kann; ein Reiz-/Reaktionsmuster entsteht. Es gibt noch eine Vielzahl von weiteren Beispielen für die Tatsache, dass wir Menschen über Konditionierung lernen.

Wenn Konditionierungen zum Problem werden

Diese erlernte und verankerte Grundhaltung kann jedoch auch zu einer Behinderung werden, nämlich gerade dann, wenn es darum geht, sich zu verändern, also zu „entlernen". Denn nur wenn es gelingt, bisher Erlerntes und dann eventuell verankertes Wissen infrage zu stellen, wird Platz in unserem Erfahrungsgedächtnis für das Neue geschaffen und die Veränderung kann umgesetzt werden. Ein Beispiel aus einem meiner Beratungsgespräche kann dies verdeutlichen.

Beispiel: Wenn gewohnte Arbeitsweisen zum Projektkiller werden

Ein mittelständisches Unternehmen hatte sich entschlossen, aus Kostengründen die zentrale Abteilung Produktmanagement aufzulösen und zu dezentralisieren, d.h. den einzelnen Produktionsstandorten zuzuordnen, um damit eine schlagkräftige Einheit für ein Produktsegment zu schaffen. Dies bedeutete für die einzelnen Produktmanager eine tief greifende Entscheidung. Ihre bisherige Arbeitsweise als Team, die Produktentwicklung mit Ideen aus dem Markt zu bedienen und die Innovationen zentral zu steuern, war obsolet geworden. In einem Coachinggespräch mit einem Produktmanager zeigte sich jedoch – neben diesen prozessualen Änderungen – auch noch eine andere Herausforderung: zu „entlernen". Windmühlenartig wiederholte mein Gesprächspartner die Notwendigkeit einer zentralen Zusammenarbeit des Produktmanagementteams. Von Effizienzverlust, Demotivation, Doppelarbeit und sinnloser Strukturänderung war die Rede und wie viel Geld damit verloren ginge. Was war hier also passiert?

Die Konditionierung auf die Zusammenarbeit mit Kollegen war so stark, dass a priori die Strukturänderung nur schlecht sein konnte. Alle positiven Argumente hinsichtlich einer Wissensbündelung in den Werken, zentraler Verantwortungen und höherer Marktnähe wurden gar nicht gehört. Der Betreffende war in seiner Lebenswelt von zehn Jahren positiver Erfahrung einer funktionsfähigen Zusammenarbeit gefangen. Die Angst, also der negative Affekt, plötzlich alleine zu sein und die Herausforderungen selbst lösen zu müssen, verursachte eine spürbare Hemmung, wenn nicht sogar Blockade von Impulsen, die eine Veränderung begünstigen würden. Nur wenn es gelänge, diese Blockade durch eine Affektregulierung – also Selbstberuhigung – abzubauen, könnte sich der Produktmanager mit der neuen Konstellation anfreunden. Im Coachinggespräch bedeutete dies, einen angstfreien Dialog über seine „wahren" Motive zu führen, also die echten Beweggründe für diese Haltung aufzuspüren. Im späteren Verlauf des Gesprächs sollte sich herausstellen, dass die Angst, zu versagen, das wahre Motiv des Produktmanagers darstellte. In weiteren Sitzungen entwickelten wir dann einen „Schlachtplan", wie wir dieser Angst entgegenwirken könnten. Heute ist der Betreffende einer der begehrtesten und erfolgreichsten Produktmanager seines Unternehmens. Seine Konditionierung „Erfolg geht nur im Team der Produktmanager" wurde „entlernt" und durch das Wissen um eigene Fähigkeiten ersetzt.

Wie sich gezeigt hat, entstehen zwischen geplanten oder notwendigen Veränderungen und der Konditionierung und Einstellung behindernde Spannungsfelder, die einen Change-Prozess beträchtlich erschweren. Dieser Zustand wird umso wirksamer, je mehr Individuen eine Einstellung vertreten, gleichgültig ob im gesellschaftlichen oder betrieblichen Umfeld.

2.1.3 Das gesellschaftliche Umfeld als Bremse der Veränderung

Die Background Personality von Gruppierungen zeigt sehr deutlich, wie Einstellungen von sozialen Gruppen notwendige Veränderungen behindern. Hierbei ist es wichtig, diese Background Personality rechtzeitig zu erkennen und zu begreifen. Das Begreifen heißt auch, zu verstehen, welche Schlüsselfaktoren diese Einstellungen prägen. Nehmen wir z.B. das Verhalten der einzelnen europäischen Staaten während der Finanzkrise in den Jahren 2008/2009 und der anschließenden Schuldenkrise einzelner Länder, wie Griechenland oder Portugal, unter dem Aspekt der Veränderung in Augenschein.

Die Finanzkrise ist insbesondere durch ein wenig maßvolles Verhalten und die Einstellung der Banken und Börsianer gegenüber dem eigenen Profit ausgelöst worden: die Gier nach mehr. Gordon Gekko sagt in „Wallstreet" treffend: „Geld ist wie eine Hure, sie bleibt nur gegen Bezahlung treu." Diese „Treue" wurde von manchen Finanzberatern zu wörtlich genommen. Die Kreativität bezüglich neuer Produkte für die Geldanlage war der Tribut an die „Hure" Geld. Dass es dadurch zu einer Immobilienblase kam, die die Bank Lehmann Brothers Inc. zu Fall brachte, ahnten zwar viele, aber wahrhaben wollte dies keiner. Die Sucht nach Anerkennung und Erfolg war stärker als das Pflichtbewusstsein gegenüber der Gesellschaft und jedem Anleger. Wie man sieht, sind es vor allem Werte, die eine Background Personality steuern. Moralische Werte, Glaubwürdigkeit und der freie Wille sind dabei Schlüsselfaktoren für eine Veränderung oder Nicht-Veränderung einer Gesellschaft.

Wie glaubwürdig die Banken wirklich nach ihrer Rettung im Jahr 2009 waren, zeigt sich in der Ernsthaftigkeit, mit der sie die Entlohnung und damit das Bewertungssystem für Erfolg bzw. Misserfolg bei ihren Managern änderten. Hier zeigte sich bei manchen Instituten eine wirkliche Einsicht und der variable Anteil wurde spürbar reduziert. Leider waren dies jedoch Ausnahmeerscheinungen; größtenteils blieb fast alles beim Alten und die Veränderung zu mehr wirtschaftlicher Stabilität lässt zumindest in diesem Bereich immer noch auf sich warten. Die Background Personality in der Finanzwelt hat sich hinsichtlich ihrer Werte und Normen nur marginal verändert. Erst bei noch stärkerem Druck durch die Gesellschaft ist hier eine echte Veränderung denkbar. Nur wenn es dazu kommt, dass die Gesellschaft selbst und damit die Politik die bisherigen Verhaltensweisen der Finanzwelt als unseriös und zu einseitig verurteilt, entsteht der Leidensdruck, der für den Anstoß einer echten Veränderung notwendig wäre.

Ähnliche Mechanismen der Veränderungsbremsen zeigen sich bei der Lösung der Schuldenkrise einiger EU-Länder. Die Einsicht einzelner Länder, dass ihr Überleben nicht die Aufgabe der europäischen Gemeinschaft ist, sondern die Bürger des jeweiligen Landes betrifft, ist nur in Absichtserklärungen erkennbar.

Die Privatisierung von Gewinnen und die Sozialisierung von Verlusten wird zur Norm erklärt. Die Gesellschaften dieser Länder demonstrieren durch ihre ablehnende Haltung gegenüber Sparmaßnahmen, dass die Notwendigkeit und schnelle Umsetzung von Reformen als Veränderungsprozesse noch nicht die Background Personality dieser Staaten erreicht, geschweige denn verinnerlicht hat. Die „alten" Werte und Normen dominieren immer noch das Handeln der verantwortlichen Politiker.

Die Ursache liegt – wie bei der Finanzkrise – in einer fehlenden Bereitschaft aller Betroffenen, zu „entlernen", um auf Basis der aktuellen Situation einen Neustart zu erreichen. Das Stimmungsmanagement durch Politiker und Medien in den Ländern sollte sich dabei mehr auf die Chancen konzentrieren als auf die potenziellen Gefahren. Dazu bedarf es jedoch eines glaubwürdigen und motivierenden Auftritts der Verantwortlichen, denn nur sie können die Background Personality durch Aussagen, Anregungen und Handlungen beeinflussen. Leider sind hiervon noch viele Mächtige weit entfernt.

2.1.4 Politische Ursachen

In einer Vielzahl von Podiumsdiskussionen mit namhaften Politikern während der Finanz- und Wirtschaftskrise hat sich gezeigt, wie stark politische Kräfte bei Veränderungsprozessen auf Umfrageergebnisse fokussiert sind, anstatt auf echte Veränderungsergebnisse. Die eigene politische Existenzangst wird zur Behinderung bei notwendigen und vielleicht auch schmerzhaften Veränderungen, indem die Argumentation und das Handeln zunehmend nicht mehr prägnant und der Sache dienlich erscheinen, sondern mehr für die Wählergunst gedacht ist. Die Angst vor dem Machtverlust prägt, ja konditioniert förmlich das Verhalten der Politik. Sicherlich ist es legitim, dass Politiker gerne im Amt und damit an der Macht bleiben wollen, aber ist es nicht so, dass diejenigen, die einen vernünftigen Standpunkt glaubwürdig und beweisbar vertreten, eher akzeptiert werden als diejenigen, die ihre Meinung und Ansichten der Wählergunst anpassen? Dann ist oft die Rede von Wahltaktik. Dieses Verhalten hat leider spürbar zugenommen und schadet nachweislich dem Ansehen der Politik.

Das Eingestehen von Fehlern oder Fehleinschätzungen wird in unserem Gehirn stärker belohnt als die krampfhaften Ausreden und Schuldzuweisungen. Die richtige Fehlerkultur ist nicht nur für Unternehmen von Bedeutung, sondern auch für Regierungen. Nur wer sich selbst Fehler eingesteht und dafür nicht existenziell bestraft wird, kann dazulernen. Fehler, Konflikte und Probleme sind die Quellen für unser Erfahrungswissen. Wenn jedoch politisch motiviert jeder Fehler der anderen Partei zur existenziellen Frage wird, wird auch jeder versuchen, Fehler zu vertuschen oder zu verstecken. Der angstfreie Dialog über Probleme, Herausforderungen und Fehler in der Politik wäre eine echte Bereicherung und würde psychologisch viele Veränderungsprojekte positiv unterstützen.

Die Politik als Vorbild für den Dialog bei Veränderungsprojekten und nachweislichen Fehlern könnte dazu beitragen, dass sie die Change-Bereitschaft erhöht und damit die Einstellung der Bürger zu Veränderungen wandelt. Ein neues Reiz-/Reaktionsmuster zu mehr Offenheit und Bereitschaft zur wohlwollenden Auseinandersetzung mit unterschiedlichen Standpunkten und politischen Meinungen im Rahmen unseres Grundgesetzes öffnet unserer Gesellschaft neue Perspektiven und innovative Ansätze einer eventuell anderen sozialen Marktwirtschaft. Ein Experiment, das es zu wagen gilt, jedoch mit Bedacht und offenem Dialog. Die Motivation hierfür steckt in jedem von uns, denn Neugier ist ein Urinstinkt der Menschheit.

2.2 Motivation von innen und außen nutzen

Für die tatsächliche Umsetzung von Veränderungen – also nicht nur für die Absichtserklärungen – bedarf es einer großen Portion Motivation, gleichgültig ob Fremd- oder Selbstmotivation. Jeder kennt die Situation, etwas gerne zu wollen, aber dann nicht zu tun. „Der Geist ist willig, aber das Fleisch ist schwach", so ein bekanntes Zitat aus der Bibel. Für die Persönlichkeitspsychologie stellt sich diese Situation im Grundsatz ähnlich dar, in seiner Ursache jedoch differenzierter.

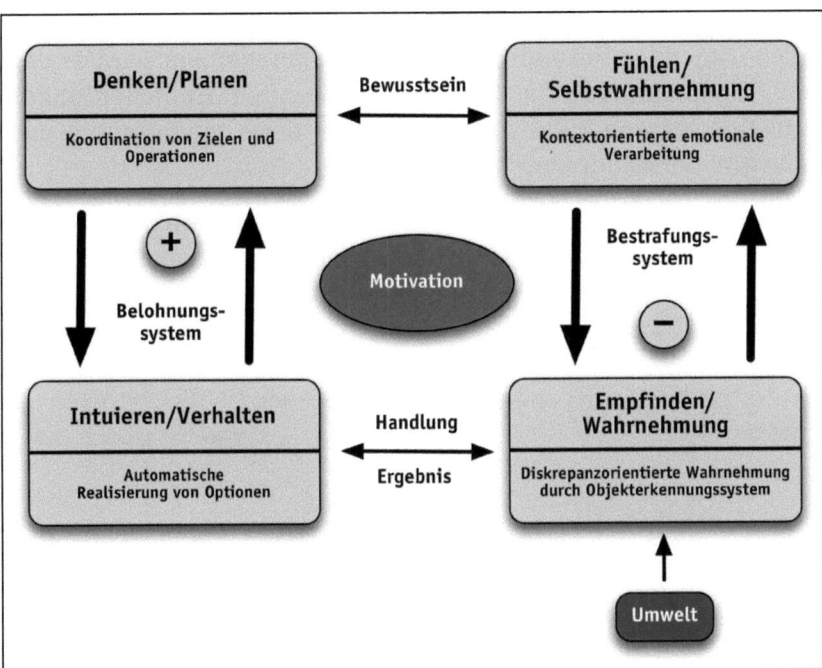

Abbildung 14: K.O.M-Motivator®, Quelle: K.O.M. GmbH, 2009

Die Absicht für eine Handlung entsteht in unserem logischen Denken, ist also ein analytischer Prozess, ohne die Handlung selbst zu realisieren. Wir nehmen uns einfach etwas vor, so z. B. mehr

Sport zu treiben, einer wertgeschätzten Person eine kleine Anerkennung zu zeigen oder aktiv Neukunden zu akquirieren; alles Gedankenprozesse in unserer linken Gehirnhälfte, die als Absicht abgespeichert werden. Diese Absichten sind nicht überflüssig, sondern sehr wichtig. Keine Handlung ohne vorherige Absicht – bewusst oder unbewusst –, so die Erkenntnis aus verschiedenen Untersuchungen, die in den letzten Jahren unser Institut durchgeführt hat. Wie die Abbildung 14 zeigt, ist schon bei der Entwicklung einer Absicht, also dem Denken bzw. Planen, eine Grundmotivation notwendig. Dabei spielt die Selbststeuerung und damit das Selbstmanagement eine wesentlich größere Rolle als die Motivation durch Dritte, z. B. durch Führungskräfte, Familienangehörige oder Freunde. Unter Selbstmanagement wird in diesem Zusammenhang die Fähigkeit verstanden, Entscheidungen zu treffen, eigene Ziele zu bilden sowie diese gegen innere und äußere Widerstände durchzusetzen.

Die Abbildung 15 zeigt, dass eine aktive, also funktionsfähige Motivation die Verbindung zwischen Affekten/Emotionen und einer Selbststeuerung und damit einem Selbstmanagement herstellt.

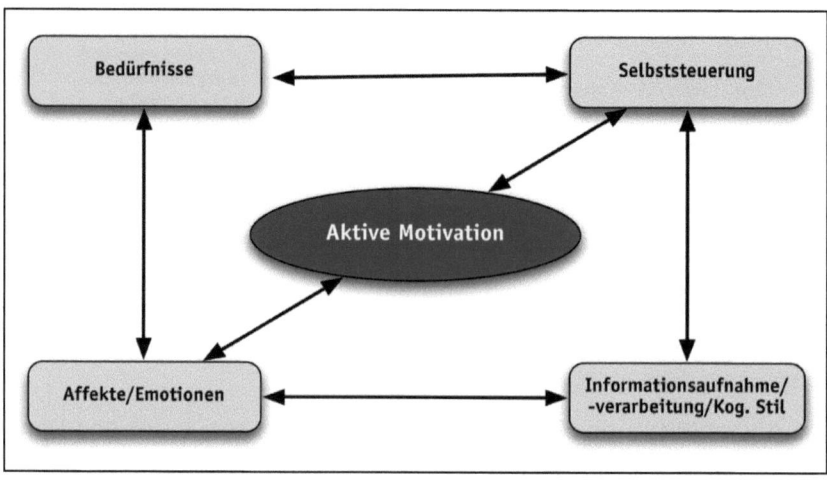

Abbildung 15: Die Ebenen der Persönlichkeit, Quelle: K.O.M. GmbH

Somit bildet Motivation einen wesentlichen Erfolgsfaktor für ein effizientes und umsetzungsorientiertes Selbstmanagement.

Beispiel aus einem Seminar mit erfahrenen Vertriebsprofis

Als ein Unternehmen im Anlagenbau profitierte die Organisation vor allem von erfahrenen Vertriebsingenieuren mit langjährigen Kundenbindungen. Somit konzentrierte sich die Arbeit dieser erfahrenen Vertriebsmitarbeiter vor allem auf die Kundenbetreuung und weniger auf die Neukundenakquisition. Während der Wirtschaftskrise zeigte sich jedoch, dass diese einseitige Vertriebstätigkeit zu einem existenziellen Risiko für das Unternehmen werden kann. Viele Altkunden stornierten ihre Aufträge und Neukunden aus Branchen mit weniger krisenbedingtem Rückgang gab es nicht. Die Notwendigkeit der Neukundengewinnung wurde dabei immer mit dem Argument der Intensivierung von Altkunden abgelehnt, obwohl nachweislich die Altkundenbetreuung grundsätzlich keinen Erfolg brachte.

In dieser schwierigen Situation war nun die Aufgabe, die Vertriebsmitarbeiter von der Notwendigkeit der Neukundengewinnung nachhaltig zu überzeugen. Eine Überzeugung, die nur über eine aktive Motivation und damit ein gezieltes Selbstmanagement aufgebaut werden konnte.

Die Motivation, Neukunden anzusprechen, litt unter der Angst zu versagen bzw. nicht zu wissen, wie diese Ansprache praktisch auszusehen hätte. Somit waren die Vertriebsmitarbeiter ständig damit beschäftigt, das „Ja, aber ..." zu finden, anstatt die Chancen der Neukundengewinnung zu erörtern. Über einer Vielzahl von Ausarbeitungen entdeckten die Seminarteilnehmer jedoch im späteren Verlauf, dass ihre Befürchtung unbegründet und ihre Einwände eher Vorwände waren. Der Umsatz mit Neukunden hat sich seitdem verdoppelt, zur Freude der Mitarbeiter und des Managements. Was war geschehen?

Die eigenen Bestrafungssysteme, also die Versagensängste, unterdrückten eine freie und unbefangene Auseinandersetzung mit der Veränderung. Die Motivationsenergie wurde für die Selbstberuhigung – im Sinne von „Das brauchen wir nicht zu tun" – aufgebraucht, anstatt die Initiative für das Neue zu ergreifen. Die Anbahnung des Willens, zu handeln, also tatsächlich angstfrei Neukunden anzusprechen, fand somit nicht statt. Erst durch den Abbau der negativen Stimmung gegenüber diesem Thema entstand die notwendige Energie, die Ziele setzen lässt und damit aus Absichten konkrete Handlungen macht. Die Vertriebsmitarbeiter wurden extern motiviert und konnten selbst ihre Ängste vor dieser neuen Aufgabe meistern. Jeder hatte durch seine eigene Brille die Motive entdeckt, die ihm halfen, die Hürde, von der Absicht zur Umsetzung zu kommen, zu nehmen.

Motive sind aus der Lebensgeschichte eines jeden Einzelnen entstandene Bedürfnis- oder Anreiztendenzen, die wesentlich bestimmen, unter welchen Gesichtspunkten er eine Situation interpretiert. Es lassen sich – wie im Kapitel 1.1. bereits vorgestellt – insgesamt drei Grundmotive bei jedem Menschen erkennen, die jedoch unterschiedlich ausgeprägt sind und im Folgenden noch einmal ausführlich besprochen werden.

Das Leistungsmotiv

In der Motivationspsychologie gibt es eine Vielzahl von Definitionen für den Begriff Leistungsmotiv. Ich habe mich für die Definition von Heckhausen entschieden. Nach ihm ist das Leistungsmotiv „das Bestreben, die eigene Tüchtigkeit in all jenen Tätigkeiten zu steigern oder möglichst hoch zu halten, in denen man einen Gütemaßstab für verbindlich hält und deren Ausführung deshalb gelingen oder misslingen kann." (Heckhausen). Das Leistungsmotiv misst sich immer an der Wahrscheinlichkeit des Erfolges bei der Aufgabenrealisierung. Scheint der Erfolg – gemessen an einem gültigen Maßstab, z. B. Umsatzsteigerung – eher unwahrscheinlich zu sein, dann wird das Leistungsmotiv bzw. der „Leistungsmotivler" diese Herausforderung ablehnen. Daher ist es wichtig, bei Mitarbeitern mit einer hohen Orientierung am Leistungsmotiv bei der Aufgabenübertragung die subjektive Erfolgswahrscheinlichkeit zu ermitteln. Denn nur die Erfolgswahrscheinlichkeit entscheidet über ein echtes Commitment mit dieser Aufgabe.

Beispiel: Nur, wenn ich gewinnen kann, hänge ich mich rein.
Im Rahmen eines Führungskräftecoachings sollte eine erfahrene Führungskraft eine weitere Abteilung übernehmen. Die Abteilung war im Unternehmen berüchtigt für ihre Skandale, Widerstände und störrischen Mitarbeiter. Die Führungskraft selbst hatte das Image einer offenen, ehrlichen und fairen Persönlichkeit mit klaren Anweisungen und integrativen Denkansätzen. Die Motivation der Führungskraft im Rahmen ihres Selbstmanagements war vor allem über das Leistungsmotiv geprägt. Als sie von der Übernahme der neuen Abteilung hörte und dies mit dem Vorgesetzten besprochen hatte, lehnte sie diese Herausforderung als nicht lösbar ab.

Die subjektiven Erfolgsaussichten, diese Aufgabe in der gleichen Qualität wie bisher und mit dem vertrauten Erfolg zu bewerkstelligen, waren sehr gering. Erst durch ein intensives Coaching, in dem die notwendige Unterstützung für die Führungskraft in dieser neuen Aufgabe herausgearbeitet wurde, nahm sie die Aufgabe an. Fragen, wie „Wobei können wir Ihnen helfen?" oder „Wo sehen Sie die Hürden und was würden Sie sich zur Überwindung wünschen?" bauten das Selbstvertrauen in ihr auf und überzeugte sie von der Lösbarkeit der Aufgabe. Eine nicht untypische Verhaltensweise für Menschen mit einem hohen Leistungsmotiv; erst wenn die Wahrscheinlichkeit der Realisierung, gemessen an einem subjektiven Maßstab, als hoch angesehen wird, wird die Aufgabe in Angriff genommen. Umso höher der Schwierigkeitsgrad einer Aufgabe ist, desto mehr sinkt die Motivation, etwas zu tun. Erst wenn die Hoffnung auf Erfolg stärker ist als die Furcht vor Misserfolg, wird eine Handlung eingeleitet.

Das Beziehungsmotiv

Unter einem Beziehungsmotiv ist der Wunsch eines jeden Einzelnen nach einer intakten, sozialen Integration zu verstehen. Bei einer starken Ausprägung dieses Motivs ist das Bedürfnis nach Harmonie, Freundschaft und sozialer Anerkennung besonders groß. Die anstehenden Aufgaben werden über Gesprächskreise, Meetings oder Einzelgespräche angegangen. Konflikte werden so weit wie möglich umgangen oder negiert, was in manchen Situationen zu Problemen führen kann. Hierzu ein Beispiel aus einem Teamworkshop mit einer Führungskraft und einem Mitarbeiter.

Beispiel: Der liebe Herr Günther

Im Rahmen einer anonymisierten 360-Grad-Bewertung der Führungskraft durch die Mitarbeiter wurde erkannt, dass die betroffene Führungskraft – Herr Günther (Name geändert) – gerne Konflikten aus dem Weg geht und damit Eskalationen im Team nicht verhindert. Er bemüht sich im Gegenteil, ständig die Dinge schönzureden, obwohl die tatsächliche Situation im Team schon längst ein Eingreifen durch Herrn Günther erfordern würde. Erschwerend kommt noch hinzu, dass Herr Günther immer die Teamkollegen bevorzugt, die zwar vordergründig sehr freundlich und nett zu ihm sind, aber im Hintergrund eher als politische Intriganten agieren.

Die klassische Falle für das Selbstmanagement einer Führungskraft mit hohem Beziehungsmotiv. Zwar unterstützt das Beziehungsmotiv den Umgang mit der Gruppe und den Menschen an sich, wird aber wie im Fall von Herrn Günther zur Behinderung, wenn der Wunsch nach Harmonie zu sehr im Vordergrund steht. Für Herrn Günther war es wichtig, seine Einstellung zu Konflikten zu überdenken. Er musste verstehen lernen, dass Konflikte einen

Teil des Lernens darstellen und helfen können, Beziehungen zu festigen; für Herrn Günther ein langer, aber am Ende doch erfolgreicher Weg der Einsicht.

Das gestalterische Machtmotiv

Das gestalterische Machtmotiv ist eine Motivstruktur, die vor allem den Aufbau und das Gestalten von Neuem in den Mittelpunkt stellt. Veränderungen sind das „Lebenselixier" für Menschen mit einer solchen Motivstruktur. Für viele Führungskräfte ist das gestalterische Machtmotiv eine energetische Grundlage. Dabei geht es nicht darum, Macht über Menschen zu haben, sondern um die Möglichkeit, Ideen in Taten umsetzen zu können. Diese Energiequelle kann aber nur dann genutzt werden, wenn es der Führungskraft gelingt, sich über ein Stück Gelassenheit in Belastungssituationen selbst zu regulieren. Mit anderen Worten bedeutet dies, dass eine effiziente Führung nur dann möglich ist, wenn die Führungskraft nicht nur die eigenen Ziele verfolgt, sondern sehr genau und rechtzeitig erkennt, wenn die Mitarbeiter integriert werden müssen oder es zu einer Überforderung von Teams bzw. Einzelpersonen kommt.

Bei Workaholics ist dieser Selbstzugang oft ausgeschaltet, was dazu führt, dass erhöhter Druck auf andere ausgeübt wird und die Führungskraft sich über die eigenen Statussymbole definiert. Die Gruppenleistung kann somit von der Führungskraft nicht optimiert werden. Im Extremfall kommt es sogar zu narzisstischen Zügen, die zu einem Realitätsverlust führen und der Führungskraft das Gefühl geben, alles zu können und zu dürfen, auch wenn es gegen Moral und Gesetz verstößt.

Beispiel: Viel Spaß mit Vollgas

Ein weniger drastisches Beispiel aus einem Change-Prozess ist die Situation von Herrn Fröhlich (Name geändert), Abteilungsleiter im Bereich Forschung und Entwicklung eines Maschinenbauunter-

nehmens. Sein Lebensmotto lautet: Viel Spaß mit Vollgas! Eine kreative Idee jagt die nächste. Kaum hat das Team mit einem Projekt begonnen, kommt schon wieder ein neues. Ein Füllhorn von Veränderungen, Konzepten und kreativen Ideen, die an sich alle sehr gut sind, aber in ihrer Gesamtheit die Mitarbeiter komplett überfordern. Der Crash ist vorprogrammiert und kommt auch genau so. Nach einigen Wochen kapitulieren fast alle Mitarbeiter und beginnen einen „Dienst nach Vorschrift" zu realisieren. Daraufhin erhöht die Führungskraft Herr Fröhlich den Druck so sehr, dass erste Krankheitsfälle auftreten. Erst jetzt beginnt Herrn Fröhlich darüber nachzudenken, inwieweit er noch seine eigenen Ziele verfolgt oder selbst schon jede Orientierung verloren hat.

Und genau das ist der Fall: Durch die vielen parallel laufenden Projekte verliert die Führungskraft komplett die Kontrolle; für das gestalterische Machtmotiv der absolute Gau! Damit steht Herr Fröhlich vor einem Scherbenhaufen bei seinem Team und bei sich selbst. Erst durch den Aufbau von Gelassenheit und „Entschleunigung" kann er wieder effizient wirken und das Team erfolgreich führen.

Diese drei genannten Motive sind in jedem von uns vorhanden. Dabei hat sich jedoch bei jedem Einzelnen die Bevorzugung einer Motivart herauskristallisiert, mit der er das beste Selbstmanagement realisieren kann. Mit anderen Worten: Jeder hat seine Art, sich selbst zu motivieren, entwickelt, um damit schwierige Aufgaben erfolgsorientiert zu erledigen.

Echte Schlüssel zum Erfolg: aktive Selbstmotivation

Ganz wesentlich ist dabei jedoch die Frage der Selbstmotivation. Unter Selbstmotivation wird die Fähigkeit zur selbstregulierten Rekrutierung positiver Affekte verstanden, die eine entscheidende Voraussetzung für Selbstbestimmung und intrinsische Motivation ist, so die fachliche Definition. Die Frage lautet also, inwieweit eine Person in der Lage ist, positive Stimmungen bei sich selbst zu erzeugen, um Ängste, Gefahren oder Herausforderungen erfolgreich meistern zu können. Und zwar so meistern zu können, dass sie nicht nur das umsetzt, was man von ihr erwartet, sondern das, wovon sie selbst überzeugt ist, auch wenn dies vorerst zu Widerständen führt. Je stärker diese Fähigkeit vorhanden ist, desto weniger bedarf es externe, also durch Dritte erzeugte positive Impulse. Die eigenen Wünsche und Bedürfnisse sind so stark, dass daraus ein Anreiz für die Umsetzung entsteht. Selbstmotivation ist damit der zentrale Schlüssel für die erfolgreiche Umsetzung getroffener Entscheidungen und damit verbundener Ziele.

Wer zu sehr von der Anerkennung anderer und der Motivation von außen abhängig ist, wird es bei der Realisierung von Veränderungen immer schwerer haben als selbstbestimmte Menschen. Dabei haben neueste Forschungsergebnisse gezeigt, dass bei einer intrinsischen Motivation eine externe Belohnung eher schädlich ist, weil der betroffene Mensch dadurch das Gefühl hat, die Aufgabe nicht deswegen gelöst zu haben, weil sie ihm Spaß gemacht hat, sondern wegen der anschließenden Belohnung. Dies führt bei ihm zu einem Verlust an Selbstbestimmung und damit an Motivation. Oder der Anreiz der Belohnung ist so hoch gewesen, dass er sein eigenes Leistungsmotiv vergisst. Gleichgültig was nun dafür verantwortlich ist, dass eine Selbstmotivation durch Belohnung abgebaut wird: Es zeigt sich, dass der Drang zur Veränderung ein uraltes Bedürfnis von uns Menschen ist.

2.3 Veränderungen im Team: Die Natur ist nicht logisch

Veränderungen haben ihre eigenen Gesetze und verfolgen auch ihre eigenen Ziele. Viele Veränderungsprozesse aus der Beratung von Unternehmen und Privatpersonen aus Wirtschaft, Politik und Sport haben gezeigt, dass es kein Patentrezept für die optimale Gestaltung und Umsetzung von Veränderungen gibt. Es ist jedoch sicher, dass es sich fast überall um die gleichen oder vergleichbare Fallen und Herausforderungen handelt, mit denen die Betroffenen zu kämpfen haben.

Im nachfolgenden Kapitel zeige ich Ihnen einige dieser Herausforderungen anhand von Beratungsbeispielen mit realem Hintergrund. Um die Beispiele und Ansätze richtig zu verstehen, bedarf es jedoch vorab einer Klärung, da die Begriffe „Veränderung" bzw. „Change" oftmals in unterschiedlichen Zusammenhängen verwendet werden. Veränderungen sind notwendige Anpassungen unseres Verhaltens und unser Einstellung auf Basis externer oder interner Impulse. Diese Impulse können realer Natur sein, z. B. eine Umweltkatastrophe wie die in Japan 2011 oder aber auch emotionaler, affektorientierter Art, wie z. B. Spaß oder Angst. Damit ist die Veränderung eine Reaktion auf Reize bzw. Impulse. Sie folgt also einem Mechanismus, der über Jahrtausende hinweg zum Überleben unserer Art beigetragen hat. Somit ist das Verändern nicht unbedingt ein intellektueller Akt, sondern eine Reaktion auf etwas Neues, anderes oder Unerklärbares. Folglich hat sich ein Prozess etabliert, mit dem wir die Veränderungen lebendig werden lassen. Ein Prozess – man könnte sogar sagen ein Naturgesetz –, dem alle Veränderungsschritte Folge leisten. Gleichgültig ob es sich dabei um eine persönliche oder unternehmerische Veränderung handelt, der Prozess bleibt mehr oder weniger gleich.

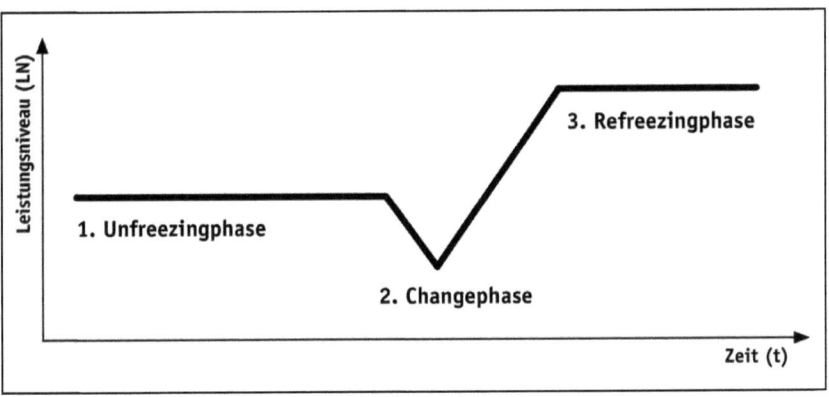

Abbildung 16: Der Changeprozess,
Quelle: Change Management-Training, K.O.M. GmbH, 2002

Wie in Abbildung 16 zu erkennen ist, besteht die Umsetzung von Veränderungen aus drei signifikanten Phasen: das Unfreezing (Auftauen), der Change selbst und das Refreezing (Festigen der Veränderung). Glauben Sie jetzt bitte nicht, dass ich zu detailverliebt bin, wenn ich nun eine Veränderung auch noch in drei Phasen unterteile. Glauben Sie bitte auch nicht, dass man Veränderungen „einfach mal so machen" kann. Das funktioniert leider nicht. In den vielen Berufsjahren, in denen ich unzählige Change-Projekte in großen und kleinen Unternehmen kennengelernt habe, durfte ich eines lernen: Die Abfolge der drei Phasen Unfreezing, Change und Refreezing sind wie ein Naturgesetz für erfolgreiche Veränderungen. Jeder – und damit meine ich wirklich jeder – erfolgreiche Change-Managementprozess folgt diesem natürlichen Muster. Schauen wir uns daher diese Phasen an konkreten Beispielen einmal an.

Phase 1: Das „Unfreezing" (Auftauen)

Unter Auftauen versteht man die wachsende Bereitschaft zur Veränderung. Man erkennt, dass die angewandten Verfahrens- und Verhaltensweisen nicht mehr zu den erwarteten Ergebnissen führen, da sich die Rahmenbedingungen, unter denen bis dato gehandelt wurde, verändert haben. Ein Gefühl der Unsicherheit kann entstehen oder aber auch die Motivation, diese äußere Veränderung selbstbestimmt angehen zu wollen. Dabei erinnere ich mich an Herrn Neubauer (Name geändert), Vorstand eines größeren Konzerns, bei dem sich das Unfreezing wie folgt darstellte.

Beispiel: Was tun, wenn die Umsätze um 60 Prozent einbrechen

Als Vertriebsvorstand hatte Herr Neubauer über 15 Jahre einen sehr erfolgreichen Job gemacht. Die Umsätze waren kontinuierlich gestiegen und das Unternehmen hatte sich weltweit einen guten Namen aufgebaut. Doch dann kam im Jahr 2008 die Wirtschaftskrise und das so erfolgreiche Unternehmen stürzte als Automobilzulieferer ins Bodenlose. Umsatzrückgänge bis zu 60 Prozent brachten das Unternehmen ins Strudeln und Herrn Neubauer an den Rand des Wahnsinns. Seine Erfolgsstory wurde zerstört und Analysen ergaben außerdem, dass sein Vorgehen der letzten Jahre hierzu scheinbar beigetragen hatte: einseitige Orientierung auf die Automobilbranche, fehlende strategische Alternativen, geschweige denn die Eroberung neuer Kunden. Sein Ruf war beschädigt und sein Selbstvertrauen angeknackst.

In den Coachingsitzungen mit ihm zeigte sich eine Mischung aus Resignation und Aggression gegenüber der aktuellen Situation. Seine Wut war so groß, dass er keinen klaren Gedanken fassen konnte, geschweige denn ein neues Konzept umsetzen. Seine Selbstberuhigung war komplett ausgeschaltet und seine Wahrnehmung nur noch auf die negativen Aspekte dieser Situation gerichtet. Ein Ausweg schien nicht zu existieren. In dieser Situation war es wichtig, die Selbstberuhigung zu aktivieren, das heißt die aktuelle Situation im Überblick zu betrachten; raus aus dem Klein-Klein der Probleme und rein in die Betrachtung von Zusammenhängen.

Beispielsweise mussten diese Situation in der Wirtschaftskrise alle Automobilzulieferer erdulden und er verfügte ja über viele Jahre erfolgreiche Berufserfahrung, die jetzt besonders gefragt war. Nach einem zähen Ringen gelang es, Herrn Neubauer zu beruhigen, um dann mit ihm die Notwendigkeit einer Veränderung auch und gerade in seinem Verhalten und bei seinen Marktbearbeitungsstrategien zu diskutieren; er war „aufgetaut" und bereit für den Start in die Veränderung.

Diese Unfreezing-Phase ist elementar wichtig für die nachhaltige Gestaltung und Umsetzung von Veränderungen. Oft habe ich es erlebt, dass sich Unternehmen oder Führungskräfte viel zu wenig Zeit lassen, dieses Auftauen spürbar zu erreichen. Der schnelle Wechsel von einer Veränderung zur nächsten verhindert eine bewusste und gefühlte Auseinandersetzung mit dem Notwendigen und dem Machbaren. Unser Gehirn hat im Laufe seiner Evolutionsgeschichte gelernt, dass Veränderungen notwendig sind, diese aber auch Energie kosten und gefährlich werden können. Wenn wir hier von Gefahr sprechen, dann im ursprünglichen Sinn, nämlich als existenzielle Gefahr für Leib und Seele. Dieser Schutzmechanismus ist immer noch in uns und führt dazu, dass wir eben eine bestimmte Zeit für das „Auftauen", also Akzeptieren der Notwendigkeit einer Veränderung benötigen. Bekommen wir diese Zeit nicht, ist der Change grundsätzlich hinsichtlich einer nachhaltigen und damit echten Veränderung gefährdet. Gleichgültig ob wir die Veränderung intuitiv oder bewusst angehen, in beiden Fällen ist ein intensives Abwägen von Pro und Kontra und der Austausch mit unseren Erfahrungswerten notwendig. Die innere Bereitschaft zur Veränderung ist kein Ergebnis der Logik, sondern ein Gefühl der Notwendigkeit und Sicherheit. Herrn Neubauer gelang es, sich dabei so auf die Veränderung einzulassen, dass die Entwicklung von kreativen Lösungen zu einem Feuerwerk der Inspiration wurde, und zwar in der zweiten Phase – der Change-Phase.

Phase 2: Die (eigentliche) „Change"-Phase

In dieser Veränderungs-Phase werden alte Strukturen in der Organisation, den Teams oder im Denken aufgebrochen, um neue Verhaltens-/Verfahrensweisen auszuprobieren. Mit anderen Worten bedeutet dies, dass wir zuerst „entlernen" müssen, um den Raum für Neues zu schaffen. Dabei ist es wichtig, die Akzente auf das Wesentliche zu setzen, um sich nicht in einem unüberschaubaren Wald der möglichen Veränderungen zu verlaufen. In dieser Phase wird die Leistung der Organisation, des Teams und jedes Einzelnen erst einmal schlechter; das Ausprobieren von Neuem hat seinen Preis. Die Prozesse werden langsamer, da viele Unklarheiten bestehen. Die bisherigen Arbeitsabläufe funktionieren nicht mehr und alte Konzepte werden durch neue ersetzt.

Bei Herrn Neubauer verhielt sich das nicht anders. Seine positive Stimmung unterstützte seine Kreativität so sehr, dass er binnen kürzester Zeit eine Vielzahl neuer Konzepte entwickelt hatte, die durch ihn jetzt umgesetzt werden mussten. Diese Umsetzung konnte jedoch noch nicht anlaufen, denn zuvor musste sich Herr Neubauer mit den neuen Verfahrensweisen erst einmal selbst vertraut machen, um ausreichend Sicherheit für die Führung seiner Mitarbeiter zu entwickeln.

In dieser zweiten Phase wird der inhaltliche Schwerpunkt der geplanten Veränderung definiert. Wichtig ist dabei jedoch, dass Fehler-Machen erlaubt ist. Denn nur wer keine Angst vor Fehlern hat, kann ausreichend positive Affekte aktivieren, die wiederum seine Kreativität beflügeln. Das kann einen gewissen Widerspruch zu einer etablierten Null-Fehler-Kultur und traditiertem Qualitäts- bzw. Perfektionsdenken bedingen. Daher ist es in dieser Phase umso wichtiger, sich klarzumachen, dass Ängste unser Handeln blockieren und somit die spontane Entwicklung von kreativen Lösungen bzw. Ideen verhindern.

Eine weitere Voraussetzung für eine erfolgreiche Change-Phase ist Geduld. Zu oft habe ich erleben müssen, wie Unternehmenslenker einen Veränderungsprozess dadurch korrumpiert haben, dass sie den Leistungsabfall in dieser Phase nicht ausgehalten haben. Eine Veränderung soll ja bekanntermaßen eine Besserung bringen und nicht etwa eine Verschlechterung. Bedauerlicherweise ist dies jedoch nicht so einfach, denn jede Veränderung hat ein „Tal der Tränen", durch das man wandern muss, um am anderen Ende den „Garten Eden" zu finden.

Dies gilt außerdem nicht nur für Unternehmen, sondern auch für persönliche Veränderungen. Wer schon einmal bewusst an Gewicht abgenommen hat, weiß, wie schwer es fällt, Verzicht zu üben und regelmäßig Sport zu treiben. Kommt es dann noch zu Rückschlägen und erreicht man das gewünschte Ziel nicht, dann wird es schwer, das „Tal der Tränen" weiter zu durchschreiten. An diesem Punkt ist es – wie bei der Veränderung in einem Unternehmen – wichtig, dass Kreativität mit Hartnäckigkeit gepaart wird. Konsequentes Handeln sichert dabei den Erfolg, auch wenn zwischenzeitliche Misserfolge uns eventuell zweifeln lassen.

Hier hilft es, zu verstehen, dass eine Motivation für die Veränderung uns gerade dann hilft, wenn wir diese Motivation als selbstbestimmtes Wesen für uns allein definiert haben. Wenn wir die Veränderung nur deswegen realisieren wollen, weil es der Vorgesetzte oder unser Arzt gesagt hat, dann werden wir nicht erfolgreich sein. Die Belohnung für eine Veränderung kann nicht von Dritten kommen, sondern muss von uns selbst ausgehen. Der freie Wille, also der eigene Drang, etwas ändern zu wollen, ist die stärkste Kraft für eine ehrliche Anpassung. Dieser freie Wille entsteht vor allem dann, wenn wir in uns selbst ruhen. Wir fühlen unsere Situation ohne Angst und Furcht und empfinden die Veränderung als echte Chance; es macht Spaß, die Ideen umzusetzen. Nichts kann uns mehr davon abbringen, jetzt die eigenen Vorstellungen umzusetzen. Wir fühlen uns frei und gelassen. Ein

Gefühl von Stärke, das übrigens auch Herr Neubauer in seinem Coaching immer wieder beschrieben hat. Wir wachsen förmlich über uns hinaus und sorgen somit für die notwendige Energie, um auf einem höheren Leistungsniveau die neuen Verhaltensmuster zu etablieren. Die letzte Phase tritt ein: die Refreezing-Phase (Festigung).

Phase 3: Das „Refreezing" (Festigung)

Wenn man die eigentliche Change-Phase überwunden hat, dann kann differenziert werden, welche der ausprobierten Verhaltens- und Verfahrensweisen die gewünschten Ergebnisse bringen. Diese Erfolgs- und Misserfolgsrezepte werden systematisch auf den definierten Veränderungsebenen angewandt und verfestigt. Somit gelingt es, zu erreichen, dass die zuvor ausgearbeiteten Handlungsalternativen bei erfolgreicher Anwendung auch langfristigen Bestand haben.

Für Herrn Neubauer bedeutete dies, dass er aus einer sehr einseitigen und dirigistischen Arbeitsweise mit seinem Vertrieb zu einer eher kooperativen und integrativen Verhaltensweise übergehen musste. Denn nur durch die Integration einer Vielzahl von Mitarbeitern gelang es in der Change-Phase, die richtigen alternativen Märkte zu entdecken, in denen ein hohes Erfolgspotential für das Unternehmen schlummerte. Eine angepasste Preisstrategie und ein neues Vertriebskanal-Konzept waren die Folge. Alle beiden Aktivitäten waren vor dem Change-Prozess von Herrn Neubauer kategorisch abgelehnt worden. Der Erfolg seiner Veränderung während der Change-Phase ermutigte ihn jedoch zu mehr und weiter reichenden Reformen.

Es zeigt sich auch hier, wie wichtig es ist, dass Veränderungsprozesse von allen getragen werden, also von der Topmanagementebene und der Mitarbeiterebene. Dabei ist es aber auch wichtig, dass sich die Manager selbst an den Veränderungen durch

Verhaltens-/Einstellungsänderung ihrerseits beteiligen. Lippenbekenntnisse und Appelle reichen nicht aus, denn wenn wir an eine Veränderung glauben sollen, dann brauchen wir Vorbilder, die uns in Klarheit und Konsequenz aufzeigen, wie sie selbst die Veränderung bei sich realisieren. Hierdurch stabilisiert sich das Unternehmen auf einem optimierten Niveau und kann dann den nächsten Veränderungsprozess angehen.

Für jeden Einzelnen gilt dies im gleichen Maße auch persönlich. Erst wenn wir eine Veränderung erfolgreich abgeschlossen haben, kann die zweite in Angriff genommen werden. In unserem Fall des Abnehmens ist erst nach der Gewichtsreduktion eine neue Veränderung, wie z. B. eine bessere Work-Life-Balance, durchführbar. Dieses Naturgesetz über den Verlauf von Veränderungsprozessen zeigt uns, wie wichtig die mentale Bereitschaft für einen Change ist. Gleichgültig ob diese Phasen nun länger oder kürzer verlaufen, im Ergebnis ist die richtige Einstellung zur Veränderung und das Bewusstsein über diese Gesetzmäßigkeiten entscheidend für den Erfolg eines Change-Prozesses.

Wollen + Können + Dürfen = Veränderung

Kurz gesagt ist Veränderung auf diese mathematische Gleichung zu bringen. Wichtig dabei ist: Keiner der drei Faktoren darf einen Nullwert haben, damit eine Veränderung erreicht werden kann. Jeder der drei Faktoren wird jedoch auf unterschiedlichste Weise beeinflusst. Hierzu betrachten wir am besten einige Erlebnisse aus meiner Coach- und Beraterpraxis.

Das Wollen

Die nachfolgenden Beispiele basieren alle auf Erfahrungen mit im Dax notierten Konzernen und deren Veränderungsprojekten, die ich betreuen durfte.

Beispiele aus der Praxis:

Im Rahmen eines größeren Change-Projektes in einem im Dax notierten Konzern war die Aufgabenstellung relativ einfach, aber doch sehr schwer umzusetzen. Ich sollte die Führungskräfte, die sich direkt unter dem Vorstand befanden, zu einem marktorientierteren Vorgehen anhalten, was eine Organisationsänderung erforderte. Keine leichte Aufgabe, zumal ein Großteil der Führungskräfte bereits 20 Jahre dem Unternehmen angehörte und es bis dato mehr um die Verteilung der hergestellten Produkte gegangen war als um eine gezielte Marktbearbeitung. In meinem ersten Workshop mit den Führungskräften zeigten sich in Bezug auf die notwendigen Veränderungen – gleichsam interessant und typisch – Haltungen bzw. Rollenverhalten. Das Typische am Verhalten der Führungskräfte war beispielsweise, dass jeder von ihnen eine „klassische" Rolle in diesem Veränderungsprozess übernommen hatte. Eine Rolle, mit der ein klares und sehr stringentes Verhaltensmuster verbunden war.

Dies war keine große Überraschung, denn in vielen Laborversuchen hat man erkannt, dass Menschen in der Tat in Veränderungsprozessen sehr vergleichbare Verhaltensmuster an den Tag legen. Diese sind abhängig von der Prägung und Lebenserfahrung des Einzelnen. In meiner jahrelangen Beratungstätigkeit ist mir diese Zuordnung immer deutlicher geworden. Mir wurde jedoch auch klar, dass ein schablonenartiges Schubladendenken gefährlich sein kann. Denn trotz sehr starker Vergleichbarkeit des Verhaltens einzelner Personen zeigt sich am Ende doch immer noch ein großes Maß an Individualität. Trotzdem ist diese Zuordnung von Verhaltensmustern eine Hilfe, sei es nun bei der Gestaltung von Veränderungsprozessen in einem Team oder im persönlichen Bereich. Insgesamt können **acht Verhaltensweisen** mit eindeutigen Sprach- und Körpersignalen unterschieden werden. Um es Ihnen leichter zu machen, konzentrieren wir uns auf die **fünf**

wesentlichen Verhaltensmuster, die uns bei Change-Prozessen meistens begegnen.

Der „enthusiastische Befürworter"

In diesem Fall war das Verhalten der beteiligten Person geprägt von einer positiven Einstellung zum Thema, aktiver Zusammenarbeit bei der Gestaltung des Veränderungsprozesses und einem hohen Maß an Eigeninitiative. Er war also ein Motor für Veränderungen, wobei seine doch sehr einseitige und eher unkritische Einstellung zur Veränderung seine Glaubwürdigkeit schmälerte. Er war in seinen Aussagen und seinem Verhalten zu sehr auf Harmonie und aktive Umsetzung bedacht, was bei den Teamteilnehmern doch sehr schnell einen Eindruck der Gefallsucht hinterließ.

Sicherlich ist der enthusiastische Befürworter ein wichtiges Teammitglied, wenn es um die Dynamik und Aktivität bei Veränderungen geht. Wenn es jedoch darum geht, bei anderen Teammitgliedern Überzeugung zu produzieren, dann könnte dies für den enthusiastischen Befürworter eher schwierig werden. Seine Haltung macht eher misstrauisch und überzeugt nur bedingt.

Der „aktive Unterstützer"

Anders bei dieser Person: Ihre Haltung gegenüber den geplanten Veränderungen war auch positiv, aber im Gegensatz zum enthusiastischen Befürworter versuchte sie immer wieder, Pro und Kontra abzuwägen. Der aktive Unterstützer war damit nicht so blauäugig, dafür aber umso überzeugender. Seine Argumente bezogen Probleme, Hindernisse und kritische Aspekte mit ein, was dazu führte, dass er häufiger gehört und in der Führungsrolle der Veränderungsprozesse gerne akzeptiert wurde. In den zahlreichen Workshops überzeugte gerade er das Team von der Notwendigkeit und der Sinnhaftigkeit der Veränderung. Er führte die Teilnehmer immer wieder auf den Boden der Realität zurück und zeigte in einer eindrücklichen Art und Weise die neuen Perspektiven der Reorganisation; Perspektiven, die sehr wichtig waren, denn ein Teil der Führungskräfte musste seine bisherige Führungsfunktion aufgeben und eine neue antreten. Gewohnheiten, die eine Art Komfortzone darstellten, wurden abgeschnitten und neue Aufgaben hinzugenommen. Ein hohes Konfliktpotenzial baute sich auf. Hier hatte der aktive Unterstützer eine wichtige Funktion. Er begeisterte das Team nicht nur, sondern er moderierte die Gruppe und entwickelte effiziente Problemlösungen. Seine Akzeptanz im Team ermöglichte eine schnelle und wirkungsvolle Umsetzung der Neuorganisation und unterstützte die Lösung erkennbarer Konflikte.

Die „neutrale Masse"

Die Person mit dem dritten Verhaltensmuster nahm diese Moderation gerne an und ließ sich auch überzeugen. Sie repräsentierte den Großteil des Teams, war anfänglich weder für noch gegen die Veränderung; eine abwartende Haltung prägt diese Gruppierung. Er machte zwar mit, aber meist ohne große Begeisterung oder Aktivitäten. Es war immer leichter Druck notwendig, da er – die neutrale Masse – gegenüber der geplanten Veränderung ein eher indifferentes bis kühles Verhalten zeigte.

Die beschränkte Anpassungsfähigkeit der neutralen Masse ist oftmals der Grund für das Scheitern von Veränderungsprozessen, denn sie lässt sich nur und ausschließlich über Erfolge der Veränderung begeistern. Erfolge, welche vor allem ihnen selbst oder wenigstens einer großen Gruppe von Teammitgliedern zugutekommen und eine spürbare Wirkung haben. Daher darf man in Veränderungsprozessen nicht zu lange damit warten, die ersten Ergebnisse zu präsentieren; hier hilft der aktive Unterstützer, die richtigen Themen zum richtigen Zeitpunkt zu platzieren.

Der „stille Resignierer"

Er zeichnet sich dadurch aus, dass er sich sehr schnell in sein Schneckenhaus zurückzieht und sich der Lage anpasst, ohne aktiv mitzuwirken. Bei ihm ist die „innere Kündigung" bereits erfolgt und seine Einstellung zur Veränderung ist negativ.

Eine Führungskraft musste ihren ganzen Bereich aufgeben und wurde für eine neue, anspruchsvollere Aufgabe eingesetzt. Leider konnte die betreffende Person die Chance nicht erkennen, die sich hinter der neuen Aufgabe verbarg. Im Verlauf vieler Einzelgespräche und Teammeetings gelang es jedoch, plausibel aufzuzeigen, dass die neue Tätigkeit für die Führungskraft eine interessante Perspektive darstellte. Nur sehr zögerlich nahm die Person die Aufgabe als internationaler Sales Manager an und freundete sich nur langsam mit dem neuen Team an. Ein Jahr später war die Dankbarkeit des Managers groß und die Identifikation mit der Aufgabe und dem Unternehmen um ein Vielfaches gestiegen.

Der „verdeckte Widerständler"

Gerade in Krisenzeiten kann diese Position zu großem Schaden in Unternehmen oder Teams führen. Die Rede ist vom verdeckten Widerständler. Sein Verhaltensmuster entsteht immer dann, wenn Veränderungsprozesse unter Androhung von Sanktionen erfolgen; gleichgültig ob es sich dabei um Situationen im Privatbereich, am Arbeitsplatz oder in der Politik handelt. Wer mit Steuererhöhungen oder Einschränkungen droht, produziert neben offenem Widerstand vor allem verdeckten Widerstand. In Unternehmen ist dies genauso. Wer den Mitarbeitern oder Führungskräften mit Kündigung droht, wenn eine gewünschte Veränderung nicht eintritt, erzeugt eine große Anzahl von verdeckten Widerständlern. Nicht nur die Betroffenen entwickeln dieses Verhalten, auch eine große Anzahl von Sympathisanten und Mitstreitern folgt ihnen. Dies ist leider noch viel zu oft der Fall und die Mächtigen in den entsprechenden Unternehmen wundern sich, dass ihre Konzepte und Strategien nicht aufgehen bzw. die Umsetzung im Sand verläuft. Veränderung unter Androhung von Sanktionen – gleichgültig welcher Art – führen zwar kurzfristig zu kleinen Erfolgen, aber langfristig ist keine nachhaltige Veränderung erkennbar, da die verdeckten Widerständler selbst bei zufriedenen Kollegen ein Stück Ablehnung gegen die Veränderung erzeugen. Das „Wollen" wird somit untergraben, obwohl das „Können" und auch das „Dürfen" durchaus gegeben wären.

Vom Wollen zum Können
Neben den Verhaltensmustern, die insbesondere das Wollen bei Veränderungsprozessen beschreiben, ist der zweite Faktor der Erfolgsformel – das Können – nicht zu unterschätzen. Die Fähigkeit, Veränderungen zu entwickeln und umzusetzen, ist zwar der Urtrieb in uns Menschen, ist aber durch die Komplexität unserer Gesellschaft und Wirtschaft immer schwerer zu entfalten. Zu viele Abhängigkeiten und Verknüpfungen von Gruppierungen oder Abteilungen erschweren es, dem natürlichen Bedürfnis nach Veränderung nachzugehen. Die Ängste dominieren und die Chancen gehen in den Verstrickungen unseres Seins unter. Aus diesem Grund wird es immer wichtiger, sich auf dieses natürliche Bedürfnis zu besinnen und den Veränderungen den Schrecken der Katastrophe zu nehmen. Der Atomausstieg ist hierfür ein gutes Beispiel. Die Notwendigkeit der Veränderung und die Bereitschaft dazu sind erkennbar, aber die daraus entstehenden Folgen sind nicht direkt erkennbar und damit ein Angsttreiber beim Einstieg in den Ausstieg. Die finanziellen und sozialen Auswirkungen sind aufgrund der Komplexität von allen Beteiligten, gleichgültig ob Wirtschaft oder Politik, nicht erkennbar. Die schlimmsten Szenarien werden entwickelt und plötzlich bekommt die Veränderung sogar ein größeres Angstpotenzial als die Vorstellung eines Super-GAUs.

Hier ist daher Können gefragt. Ein methodisches, didaktisches und psychologisches Können, das die Menschen abholt und statt Komplexität aufzubauen diese reduziert. Die Einfachheit der Veränderung muss im Vordergrund stehen, denn nur einfache Dinge können schnell verarbeitet und umgesetzt werden. Umso komplizierter und vielschichtiger die Veränderungen werden, desto größer wird die Gefahr des Versandens oder des Widerstandes. Wer verändern will, muss Komplexität entflechten und Einfachheit produzieren. Gerade bei Change-Projekten in Profit- aber auch in Non-Profit-Organisationen hat es sich bewährt, die Macht des Einfachen wirken zu lassen. Sachverhalte in drei Sätzen zu formulieren, Fachbegriffe zu vermeiden und die Inhalte von Meetings auf ein bis zwei Punkte zu beschränken – und dafür weniger lange Meetings in kürzeren Intervallen abzuhalten –, trägt dazu bei, diese Einfachheit zu fördern.

Strategie-Fibeln mit mehr als zehn Seiten fördern außer dem Umsatz bei beauftragten, meist großen Beratungen nichts. Sie verwirren, schaffen Räume für Vorwände und ersticken die Veränderung schon im Keim, da niemand weiß, wie er diese definierten Inhalte umsetzen soll, geschweige denn umsetzen kann. Der Schwerpunkt ist auf die Machbarkeit – also das Können der Veränderung – zu legen und nicht auf die reinen Konzepte.

Auch im Privatleben ist dies ein guter Rat: Wenn wir uns Ziele setzen, die zwar schön und auch erstrebenswert erscheinen, wir aber genau wissen, dass wir beispielsweise aufgrund unseres Alters eben nicht mehr die Höchstleistung eines Fußballprofis erbringen können, dann wird selbst das einfache Streben nach etwas mehr Bewegung und Sport verhindert. Wir überfordern uns dann mit Zielen, deren Umsetzung wir nicht leisten können. Die Versuchung des Unmöglichen ist ein Fluch, der zwar tatsächlich manche Höchstleistung hervorgebracht hat, aber leider nur im Einzelfall. Für die meisten Menschen erzeugt sie eher Frust und Lustlosigkeit in Bezug auf Neues.

Das Dürfen

Somit kommen wir zum dritten Faktor für eine Veränderung. Eine durch fehlendes Können geschaffene Lustlosigkeit kann oft selbst dann nicht abgebaut werden, wenn das Dürfen gegeben ist und neue Perspektiven aufzeigt.

Beispiel: Wie Herr Hausmann an zu großen Zielen scheiterte

Im Rahmen eines privaten Coachings eines Mitarbeiters aus dem Bereich des Anlagenbaus zeigte sich sehr deutlich diese Lustlosigkeit, trotz der eindringlichen Einladung seiner Vorgesetzten, die ihm versicherten, verändern zu dürfen. Dieser Mitarbeiter war leitender Ingenieur in der Abteilung für elektronische Forschung und Entwicklung, nennen wir ihn Herrn Hausmann (Name geändert). Herr Hausmann war eigentlich ein großer Anhänger von Veränderung, was ja seiner Aufgabe, immer wieder etwas Neues zu entwickeln, entgegenkam. Doch im Rahmen einer Neuentwicklung eines sehr leistungsstarken Antriebsaggregates unterlief Herr Hausmann ein entscheidender Fehler beim Start seines Entwicklungsprojektes – er setzte sich ein zu hohes Ziel. Sein neues Antriebsaggregat sollte alle Grenzen dessen sprengen, was bis dato an Leistungskomponenten definiert war. Er versuchte das Unmögliche möglich zu machen und vergaß dabei alle Grenzen der Physik, Mathematik und Elektronik. Seine Motivation und Begeisterung wurde noch dadurch befeuert, dass der Vorstand ihm komplett freie Hand ließ, was und wie er es entwickeln wollte. Er erhielt alle notwendigen Ressourcen und Hilfsmittel, denn für den Vorstand dieses Maschinenbauers bildete das neue Aggregat ein Prestigeprojekt. Das Dürfen war mehr als nur vorhanden, es war eine Art Freibrief für den Entwickler. Und trotzdem rutschte Herr Hausmann in einen Zustand der Lustlosigkeit, nachdem er die Dimensionen seines Projektes und die Unwägbarkeiten seines Projektes wirklich verstanden hatte. Die Aufgabe war zu groß für ihn und sein Team. Und nun geschah etwas, das für solche Situationen symptomatisch ist: Anstatt rechtzeitig ein Stopp zu melden, wurde trotz besseren Wissens weiterentwickelt und sowohl Geld als auch Zeit verbraucht.

In der Psychologie wird dieses Verhalten als „überzogene Selbstverpflichtung" bezeichnet. Wir Menschen handeln vor allem dann sehr intensiv und energisch, wenn wir uns einem Ziel verpflichtet fühlen. Das Ziel und die Identifikation machen damit aus einer anfänglichen Absichtserklärung eine tatsächliche Handlung, d. h. wir handeln erst dann, wenn wir ein klares und akzeptiertes Ziel vor Augen haben. Umso schwieriger die Aufgabe dann wird, desto stärker die Zielbindung. Diese Bindung kann aber dann auch so stark werden, dass wir die Unmöglichkeit der Zielerreichung nicht mehr wahrhaben wollen. Die Realität verwischt und vermischt sich mit dem scheinbar Machbaren. Dies war bei Herrn Hausmann der Fall. Seine Zielbindung oder sein Commitment war so stark, dass die Realität ausgeblendet und der zu erwartende Crash nicht wahrgenommen wurde. Herr Hausmann wurde so ein eindrucksvolles Beispiel für das Ende des Mythos „Motivation".

Wenn wir, so zeigt eine Vielzahl psychologischer Untersuchungen, zu sehr motiviert sind, dann ist unsere Zielbindung sehr intensiv, aber unsere Wahrnehmung etwas getrübt. Wir konzentrieren uns auf das Tun und weniger auf das Denken. Man könnte sagen, dass in diesem Zustand übertriebener Euphorie der Aktionismus die geistige Windstille herbeiführt. Wir machen einfach weiter, ohne rechtzeitig innezuhalten, um darüber nachzudenken, ob das anfängliche Ziel überhaupt noch erreichbar oder sinnvoll ist.

Bei zu großer Freizügigkeit im „Dürfen" ist die Gefahr dieser unreflektierten hohen Motivation noch größer. Manche Kontrolle oder ein Feedbackgespräch im Vorfeld hätten Herrn Hausmann sicher geholfen zu erkennen, wie aussichtslos sein Projekt war. Aber da auch der Vorstand in diesem Projekt eine hohe Zielbindung hatte – es war ja ein Prestigeprojekt – unterstützten sich der Vorstand und Herr Hausmann gegenseitig bei der Motivation und damit bei der Verdrängung der Realität. Das Ergebnis war ein hoher finanzieller Verlust, ein Zeitverlust, der Marktanteile kostete und ein niedergeschlagener und demotivierter Herr Hausmann.

Das Beispiel verdeutlicht, dass die reine Motivation von Mitarbeitern in vielen Situationen eher schädlich ist. Zielbindungen sind wichtig und richtig und sie entstehen auch nur unter Motivation, aber bei der Zielerfüllung ist ein Stück Demotivation sehr sinnvoll. Demotivation führt uns vom reinen Handeln wieder zum Denken, zur logischen Betrachtung unseres Tuns. Dieses Umschalten auf den „Denkmodus" sorgt dafür, dass wir Gefahren und Unmöglichkeiten wieder bewusster wahrnehmen. Führungskräfte sollten dies in ihrer Führungspraxis – gleichgültig auf welcher Ebene – beherzigen und üben. Der Wechsel des Modus vom Denken zum Handeln und umgekehrt ist die Basis für ein erfolgreiches Gestalten und Umsetzen von Veränderungsprozessen.

2.4 Von dickköpfigen Eseln und fleißigen Bienen

Jeder Veränderungsprozess hat Hindernisse zu beseitigen und Katalysatoren zu nutzen, um letztendlich erfolgreich abgeschlossen zu werden. Ob es sich um private, berufliche oder gesellschaftliche Veränderungen handelt, die „dickköpfigen Esel" und „fleißigen Bienen" sind in der Methodik immer die gleichen. Lassen Sie uns an Beispielen zuerst einmal die dickköpfigen Esel, also die hartnäckigen Widerständler der Veränderungsprozesse näher beleuchten.

Es lassen sich drei Ebenen unterscheiden, aus denen die Widerstände hervortreten können: die Person selbst, die Gruppe von Personen und die Organisation oder Gesellschaft. Je nach Art der Veränderung liegen die wesentlichen Widerstände schwerpunktmäßig in einem dieser Bereiche. Widerstände in der Person sind die am häufigsten auftretenden Feinde für notwendige Veränderungen. Gleichgültig ob sich der Betroffene aus Gewohnheit, Bequemlichkeit oder aus Angst gegen die Veränderung stellt, sein Widerstand wird eine derartige Kraft entwickeln, dass eine Identifikation und damit ein Umsetzen der Veränderung unmöglich werden. Ein Beispiel aus dem Bereich des Sports kann hier sehr deutlich die Wirkmechanismen illustrieren.

Beispiel beim Fußball: Wenn der Torjäger einfach nicht trifft

Im Rahmen eines Teamcoachings einer Fußballmannschaft zeigte sich, wie einige Personen durch reine Gewohnheit und Orientierung an der Vergangenheit einen sportlichen Erfolg verhinderten. Eine Fußballmannschaft lebt von Standardsituationen; ob Freistoß oder Elfmeter – gute Chancen, um ein Tor zu erzielen. Aber gerade diese Standardsituationen bergen ihre Tücken und Schwierigkeiten. Ein neuer Mittelstürmer kam in die vom Trainer und mir betreute Mannschaft. Ein sehr aufgeschlossener junger und sympathischer Mensch, mit 1,90 Meter genau richtig für diese Position. Sein sportliches und dynamisches Auftreten begeisterte das gesamte Team. Jeder war überzeugt, dass die Saison mit diesem Spieler zum Erfolg führen müsste. Zu Beginn der Saison bestätigte sich diese Vermutung auch, aber dann geschah etwas Unglaubliches: Gerade in Standardsituationen versagte der neue „Superstar" in seiner Mannschaft. Egal ob Freistoß oder Eckball, seine Pässe waren nie so genau und präzise wie es die Standardsituation vorsah. Trotz vieler Trainingsstunden verbesserte sich seine Leistung nicht.

In den regelmäßigen Coachinggesprächen zeigte sich jedoch dann sehr schnell der wahre Grund für dieses Versagen. Bei seiner vorherigen Mannschaft waren Standardsituationen nicht besonders wichtig. Der zuständige Trainer legte mehr Wert auf die Kreativität der Mannschaft und den spontanen Einsatz eines jeden Einzelnen. So war auch unser Mittelstürmer darauf trainiert, kreativ und frei zu agieren. Diese Freiheit sollte jedoch in seinem neuen Verein teilweise durch Standards ersetzt werden. Das war unbequem und widersprach seinen bisherigen Gewohnheiten. Diese Erfahrungen aus der Vergangenheit bildeten die wahren Widerstände für das Versagen bei Standardsituationen. Weder körperlich noch konditionell waren die neuen Anforderungen für den Mittelstürmer ein Problem. Seine mentale Ausrichtung, also das Dilemma zwischen geliebter Freiheit und notwendigen Standards, machten ihm zu schaffen. Durch weitere Coachinggespräche konnten diese Widerstände aber abgebaut und damit der Weg frei gemacht werden für die aktuell angesagte Art des Fußballspiels.

Dies ist ein typisches Beispiel dafür, dass Routinen und Gewohnheiten uns in Fleisch und Blut übergehen und wir dadurch für Neues nicht mehr offen sind. Nur wenn es gelingt, diese mentalen Blockaden zu lösen, kann eine Veränderung umgesetzt werden.

Widerstände aus Gruppen sind dabei wesentlich schwerer zu lösen. Die wahren Motive, die diese Widerstände antreiben, sind oftmals der Drang zur Stabilisierung der eigenen Machtstruktur im Team oder der Fraktion im Bundestag, Autoritätsdruck bzw. Gruppendruck, der aufgebaut wird. Hier hat man es mit sehr subtilen Widerständen zu tun, die sehr oft über Vorwände sachlich darzustellen versucht werden. Das Erkennen dieses Motivs ist nicht einfach und auch sehr mühselig, denn es werden stets Argumente aufgebaut, die im ersten Augenblick als sehr richtig und sinnvoll angesehen werden, sich aber im späteren Verlauf als Ablenkungsmanöver entpuppen. Hier kann meiner Erfahrung nach meist nur durch professionelle Hilfe eine Lösung herbeigeführt werden.

Sehr ähnlich verhält es sich mit den Widerständen in Organisationen und der Gesellschaft. Hier sind es die alten Zöpfe, die man nicht abschneiden will oder es besteht eine Lähmung aus Angst vor den Konsequenzen, die eine gesamte Organisation bremst.

Typisch für Gesellschaften: Ohne Leidensdruck keine Entscheidung

Am häufigsten entsteht jedoch der Widerstand gegen eine Veränderung in einer Gesellschaft oder Organisation durch mangelnden Leidensdruck. Ein scheinbares Paradoxon, das sich aber bei genauer Betrachtung sehr gut erklären lässt. Wie Forschungsergebnisse aus der Evolutionspsychologie, aber auch der Verhaltenspsychologie gezeigt haben, ist für das Einleiten einer Veränderung stets ein gewisser Leidensdruck notwendig. Dies ist insbesondere dadurch begründet, dass Veränderungen immer auch einen Energieverbrauch mit sich bringen. Dieser Energieverbrauch sollte natürlich auf das notwendige und sinnvolle Maß beschränkt werden, denn für unsere Vorfahren war der Energieverbrauch immer ein Risiko, da Nahrung nicht unbegrenzt verfügbar war.

Dieses Programm steckt immer noch in uns, auch wenn die Versorgungslage heute bei vielen Menschen nicht mehr so existenziell ist. Daher sollten Veränderungen erst dann angegangen werden, wenn der Leidensdruck hoch genug ist, um keine andere Alternative als die Veränderung zu sehen. Ist der Leidensdruck einer Gesellschaft nicht hoch genug, weil es ihr gut geht und kaum Probleme existieren, dann werden wichtige Veränderungen nicht erkannt, geschweige denn angegangen. Die Gesellschaft beschäftigt sich mit „Luxusproblemen", statt mit echten gesellschaftlichen Herausforderungen. Erst wenn der Leidensdruck wächst, wie z. B. durch das Atomunglück in Japan 2011, die Finanz- und Wirtschaftskrise 2008–2010 oder die Flüchtlingskrise 2015/2016, beginnen auch Gesellschaften mit hohem Zufriedenheitsgrad über grundsätzliche Veränderungen nachzudenken und diese einzuleiten. Das Ergebnis ist dann eine Reform des Bankensektors, der Ausstieg aus der Atomkraft oder die Neuregelung von Aufnahmeverfahren für Flüchtlinge, um nur einige Beispiele zu nennen.

Der Leidensdruck sorgt für den notwendigen Impuls zur Veränderung. Dabei kann dieser Druck mittel- oder unmittelbar auftreten, die Psyche der Menschen reagiert dabei vergleichsweise ähnlich. Die vermeintliche Gefahr wird analysiert und Absichten entstehen. Diese werden bei anhaltender Bedrohung in konkrete Ziele umgesetzt und damit das Handeln eingeleitet. Wichtig ist dabei, dass die schwierigen Handlungen immer zuerst in einer Absicht erklärt werden und der Leidensdruck spürbar und beschreibbar ist. Die Gefahr von Atomkraftwerken war schon immer gegeben, aber durch das Atomunglück von Japan wurde aus dem potenziellen ein reales Risiko; der Leidensdruck wurde spürbar.

Der gleiche Mechanismus existiert bei jedem Individuum. Erst wenn der Arzt uns die Gefahren eines Herzinfarktes vor Augen hält oder die Blutwerte nachweislich sehr schlecht geworden sind, beginnen wir den Ratschlägen unserer Ärzte zu folgen und treiben mehr Sport, nehmen ab oder trinken weniger Alkohol. Die fiktive Bedrohung wird real und als Leidensdruck spürbar. Die bisherigen Widerstände gegen eine Veränderung werden dann abgebaut und eine Neuorientierung wird möglich.

Beschleuniger und Katalysatoren

Neben den „dickköpfigen Eseln", den Verhinderern der Veränderung, gibt es auch die „fleißigen Bienen", welche wie Beschleuniger oder Katalysatoren für den Veränderungsprozess wirken. Auch hier lassen sich wieder – wie bei den Widerständen – die drei Ebenen unterscheiden, aus denen die Tendenz hervortritt: das Individuum, die Gruppe und die Organisation oder Gesellschaft. Die einzelne Person ist der wesentliche Erfolgstreiber für Veränderungen, vorausgesetzt, er ist sich dessen bewusst und kann dies auch gezielt nutzen. Seine Katalysatoren bestehen vor allem in seinem Wissen, allgemeinen Können und seiner Selbstmotivation. Im Bereich der Selbstmotivation lässt sich dies verdeutlichen; es handelt sich ja um die Fähigkeit, sich durch einen guten Selbstzugang selbst so gut zu motivieren, dass Handlungen eingeleitet werden. Umso besser der Selbstzugang ist, desto schneller die Veränderung und umgekehrt.

Die Relation zwischen Veränderungserfolg und Selbstmotivation ist linear. Menschen, die über ein hohes Handlungsinventar nach Misserfolgen verfügen, neigen statistisch stärker zu Veränderungen als Menschen mit einem geringeren Selbstmotivationspotenzial. Anders ausgedrückt sind Menschen, die es schaffen, nach Niederlagen schnell wieder aufzustehen, für Veränderungen offener als andere. Die Fähigkeit zur Selbstmotivation ist ein echter Katalysator für Veränderungsprozesse. Ebenso das Wissen; über einen Sachverhalt ausreichend Bescheid zu wissen, versetzt uns eher in die Lage, eine Veränderung schnell in Angriff zu nehmen. Wissenslücken hingegen verunsichern und bremsen das Formulieren von Zielen, die wir für die Realisierung der Veränderung benötigen. Das Zutrauen für eine Sache basiert auf dem Selbstvertrauen zu sich selbst. Dabei spielt das Erfahrungswissen mit vergleichbaren Situationen und Aufgabenstellungen eine wesentliche Rolle. Wenn wir ausreichend Erfahrung in unserem „Hauptspeicher" (Erfahrungsgedächtnis) zur freien Verfügung haben, fällt es uns leichter, die Veränderung anzugehen. Unser Wissen motiviert uns, es auszuprobieren. Daher ist es sehr wichtig, ausreichend Fehler zu machen und deren Lösungswissen zu sammeln, um einen umfassenden Wissensspeicher zu generieren.

Die Katalysatoren einer Gruppe sind vor allem das Wir-Gefühl – d.h. das Gefühl, für eine gemeinsame Sache zu kämpfen –, die sich gegenseitig befruchtende Euphorie und der Mut, erfolgreich zu sein. Hierzu ein konkretes Beispiel aus einem Change-Projekt.

Beispiel: Kosteneinsparung in der Praxis – Wir-Gefühl schlägt Beraterwissen

Aufgrund eines externen Sanierungsplanes beim Einstieg eines Investors war ein mittelständisches Handelsunternehmen mit zwölf Filialen gezwungen, drastisch Kosten einzusparen. Das Sanierungsprogramm verlangte eine Kostenreduktion um 30 Prozent, was für ein Handelshaus ein gewaltiger Betrag ist. Dabei standen durch die Schließung von Filialen viele Arbeitsplätze auf dem Spiel. Im Rahmen eines Change-Programmes gelang es jedoch durch eine intensive Zusammenarbeit von Betriebsräten und Mitarbeitern, ein Kostensenkungsprogramm zu entwickeln, welches ohne aktive Entlassungen auskam. Nur die natürliche Fluktuation von Arbeitskräften wurde dabei genutzt, um die Kosten zusätzlich zu senken. Wie war dies möglich, wo sich doch viele Berater und Spezialisten zuvor mit dem Thema beschäftigt hatten und außer der Option „Stellenabbau" kaum Einsparungspotenziale erkannt hatten?

Die Lösung waren die Mitarbeiter selbst; die Selbstheilungskräfte des Unternehmens wurden aktiviert, ein unbezahlbarer Wert, der in vielen deutschen Unternehmen schlummert. Im Rahmen zahlreicher Sitzungen wurde ein Wir-Gefühl pro Veränderung entwickelt, sodass viele Ängste bei einzelnen Personen abgebaut wurden. Dies führte dazu, dass alle Mitarbeiter freiwillig und sehr kreativ die Veränderungen an ihrem eigenen Arbeitsplatz beschrieben, was in der Summe zu einer gigantischen Optimierung führte. Die Frage war nicht mehr, warum überhaupt eine Veränderung, sondern wie und was könnte(n) ich (wir) beitragen. Dieses Gefühl der Solidarität hatte nicht nur Mitarbeiter, sondern auch Geschäftsleitung und Führungskräfte ergriffen, was zu einer wahren Move-Bewegung im Unternehmen führte. Die Euphorie der ersten Erfolge führte dann dazu, dass der Funke des Erfolgs auch auf die Kunden übertragen wurde, sodass sich viele Kunden sowie Lieferanten mit dem Unternehmen solidarisch zeigten und selbst einen kleinen Beitrag zur Sanierung beitrugen.

Im Bereich der Organisationen oder Gesellschaften hingegen gibt es andere Katalysatoren bei Veränderungsprozessen. Die sicherlich wichtigste Komponente dabei ist der kulturelle Ansatz bzw. die Werte, welche das Handeln letztendlich steuern. Dabei ist die Frage nicht nur, wie mit Fehlern oder einem Scheitern bei Veränderungen umgegangen wird, sondern auch, wie sehr durch aktive Kommunikation die „Seele" einer Organisation bzw. Gesellschaft angesprochen wird.

Kommunikation ist ein wesentlicher Katalysator zur Beschleunigung von Veränderungsprozessen in Organisationen und Gesellschaften. Dabei ist es jedoch wichtig, darauf zu achten, dass eine ausgewogene Kommunikation praktiziert wird. Nur schlechte Nachrichten sind genauso schädlich wie nur gute Nachrichten. In beiden Fällen werden die angedachten Veränderungen eher blockiert, statt gefördert. Eine Mischung aus Informationen, welche den Leidensdruck pro Veränderung erhöhen und positiven Nachrichten, welche die ersten Erfolge aufzeigen, sorgt für die richtige Stimmungslage, um größere Systeme erfolgreich zu verändern.

3.
Die Wiederentdeckung der Intuition: Gute Entscheidungen kommen aus dem Bauch

3.1 Jenseits der Logik

Entscheidungen sind für uns Menschen ein wichtiger Lebensbaustein. Tagtäglich treffen wir eine Vielzahl von bewussten und noch viel mehr unbewussten Entscheidungen. Bei vielen Entscheidungen benötigen wir nicht viel Zeit und bei anderen hingegen scheint die Entscheidung einfach nicht fallen zu wollen; die Qual der Wahl erschwert es uns oft, den Überblick zu bewahren. In Schule und Hochschule wird das Problem mit Vernunft und Logik angegangen. Jeder Student der Wirtschaftswissenschaften lernt zumindest die Grundlagen der Entscheidungstheorie kennen, denn wenn etwas in den höheren Ausbildungsgängen an den Universitäten trainiert wird, dann sicherlich das rationale und logische Herangehen an Entscheidungen. Doch hilft uns die Logik?

Niederländische Forscher haben herausgefunden, dass unsere „vererbte" Strategie zur Entscheidungsfindung oftmals die falsche ist. Wir glauben häufig, dass wir nur durch intensives Nachdenken die bessere Entscheidung treffen können. Dem ist jedoch nicht so – im Gegenteil. Umso schwieriger und komplexer die Entscheidung ist, desto hinderlicher ist ein umfassendes und logisches Nachdenken. Studien haben ergeben, dass bei komplexen Entscheidungen das Nachdenken – also das logische Denken – zu unbefriedigenderen Ergebnissen führt als eine Entscheidung, die aus dem gefühlten Selbst entsteht (vgl. auch Abbildung 14). Durch zu intensives Nachdenken verzetteln wir uns in Details des Möglichen oder Unmöglichen und verlieren den Überblick. Aber gerade bei sehr komplexen Entscheidungen ist es wichtig, den Überblick zu bewahren, um eine Entscheidung zu treffen, die der Komplexität der schwierigen Situation gerecht wird.

Beispiel: Die eigene Wohnung

Sie stehen unmittelbar vor dem Kauf einer Wohnung. Die Lage stimmt, die Größe stimmt und auch der Kaufpreis würde in Ihr Budget passen. Ihre erste Entscheidung aus dem gefühlten Selbst heraus – manche würden auch sagen „aus dem Bauch" heraus – sagt eindeutig „Ja" zum Kauf dieser Wohnung. Plötzlich beginnt es jedoch in Ihrem Kopf zu brodeln; eine Frage jagt die nächste: Wie hoch ist die Grunderwerbssteuer? Ist in der Nachbarschaft nicht ein Funkturm? Wie hoch sind die Nebenkosten? Wo stelle ich meine Fahrräder unter? Wo kann ich parken? Wie werden die Mitbewohner sein? All diese Fragen und noch viele mehr sorgen dafür, dass die Gelassenheit bzgl. des Kaufes schwindet und die Zweifel zunehmen. Zweifel, die dadurch entstehen, dass Sie nur noch mit Details beschäftigt sind, lassen die Chancen verblassen und die Risiken aufblühen.

Solange Ihr Denken unbewusst abläuft und Ihre Aufmerksamkeit nicht ständig um diese Entscheidung kreist, kann das Gehirn die Komplexität selbst entflechten und eine Entscheidung entwickeln, die für Sie selbst gut ist. Mit Logik alleine kommen Sie nicht weiter, im Gegenteil. Je mehr Fragen zum Kauf Sie sich stellen und umso mehr Informationen Sie in Ihre Entscheidung einfließen lassen, umso schwerer werden Sie sich tun. Und genau hier liegt auch der Schlüssel für eine neue Strategie bei der Entscheidungsfindung: Im Sinne einer natürlichen, an die Fähigkeiten des Gehirns angepassten Entscheidungsfindung verwenden Sie doch lieber den mehr evolutionären Begriff der „Entscheidungsgeburt". Wie bei der Geburt eines Lebewesens, so sollte auch der Prozess der Entscheidung automatisch und gefühlt ablaufen – und nicht mechanisch, logisch und zu rational.

Dies bedeutet jetzt nicht, dass wir alle nur emotionale Entscheidungen – und diese spontan – treffen sollten, sondern dass wir uns durchaus Zeit lassen sollten für die Entscheidung, aber mit einer geringeren Aufmerksamkeit. Damit hat unser Gehirn die Chance, in Ruhe das Für und Wider im ganzheitlich fühlenden Selbst abzuwägen, um dann eine „Bauchentscheidung", also eine Entscheidungsgeburt, zu ermöglichen; d. h. weniger Analysen und damit auch weniger Absichtserklärungen, aber dafür mehr aus dem Selbst.

Entscheidungen müssen auf uns zugeschnitten sein; sie müssen zu uns passen. Und hier liegt auch die Basis für eine intelligentere Strategie zur Entscheidungsgeburt. Nur wer sich selbst gut kennt, ist auch in der Lage, die richtige Entscheidung, also eine Entscheidung aus dem gefühlten Selbst heraus, zu treffen. In vielen Coachinggesprächen musste ich jedoch feststellen, dass nur sehr wenige Menschen sich selbst kennen und damit beurteilen können, was ihnen letztendlich guttut. Eine Entscheidung wird nur dann befriedigend sein und auch konsequent umgesetzt werden, wenn sie zu einem passt. Dies gilt auch für Unternehmen und Gesellschaften. Wenn in einem Unternehmen strategische Stoßrichtungen entwickelt werden, die wider besseren Wissens nicht der aktuellen und tatsächlichen Markt- oder Mitarbeitersituation entsprechen, dann wird die Umsetzung dieser strategischen Stoßrichtung scheitern.

Beispiel aus dem Mittelstand: Wenn Entscheidungen nicht zu den tatsächlichen Ressourcen passen
Ein Unternehmen aus dem Bereich der Medizintechnik hatte für sich eine weltweite technologische Marktführerschaft als Unternehmensstrategie gewählt. Die Produktlinien waren in der Tat einzigartig und technologisch auf Position eins im Vergleich zu den Wettbewerbern. Trotzdem sollte der strategische Anspruch der Technologieführerschaft nicht Wirklichkeit werden. Die Ursache lag darin, dass das Management nicht wusste, was das Unternehmen eigentlich war. Die Unternehmenskultur entsprach in der tagtäglichen Realität nicht dem Wunschbild der Unternehmenslenker.

Sie setzten voraus, dass die Kultur und damit das Denken der Mitarbeiter von dem Anspruch höchster Präzision und Innovationskraft in der Technik geleitet würden. Dies war jedoch nicht der Fall, denn die Mitarbeiter lebten noch in der Tradition des Unternehmens, dass ihre Produkte einzigartig seien und eine technologische Innovation nicht unbedingt notwendig wäre. Die Entscheidung des Managements passte nicht zur Background Personality der Unternehmung. Eine Passgenauigkeit der Entscheidung war nicht gegeben. Somit führte der Anspruch des Managements zu einer psychologischen Überforderung aller Beteiligten.

Die bessere Strategie zur Entwicklung von Entscheidungen besteht zum einen in dem Bewusstsein, was man wirklich ist und will und zum anderen in der Erkenntnis, dass komplexe Strukturen durch logisches Denken nicht einfacher und verständlicher werden, sondern durch Gelassenheit und Selbstvertrauen automatisch erfasst und entflochten werden. Im Fall unseres Wohnungskaufes wäre es besser, die Entscheidung ruhen zu lassen und die Aufmerksamkeit auf andere Punkte zu lenken, um so eine gefühlte Entscheidung herbeizurufen, die wir dann aber auch akzeptieren sollten. Daher ist oftmals weniger mehr. Nicht zu viele Details erörtern, nicht zu viel grübeln, nicht zu viel nachdenken, ob am Tage oder gar in der Nacht.

Klassische Wege der Entscheidungsfindung sorgen dafür, dass wir einen Sachverhalt zwar logisch strukturieren und zu begreifen versuchen, aber wirklich „begreifen" tun wir ihn erst dann, wenn das ganzheitlich fühlende Selbst auf der rechten vorderen Seite unseres Gehirns „Ja" sagt. Diese Instanz ist es, die die richtigen Entscheidungen trifft, weil die Entscheidung dann auch sicher zu uns passt und wir uns mit voller Energie in die Umsetzung stürzen. Wir können die Entscheidung „greifen", d.h. sie passt zu unseren Wertvorstellungen, Ansichten, Idealen und zu unserem Willen.

3.2 Meine, deine, unsere Entscheidung: Meist keine Entscheidung?

Gespräche mit guten Freunden, Kollegen oder Beratern sind oftmals sehr hilfreich, vorausgesetzt, die daraus resultierende Entscheidung ist eine, die die betreffende Person allein getroffen hat. Sich Meinungen anzuhören und auch einzuholen ist in demokratisch geführten Gruppen richtig und wichtig. Dennoch ist auch hier ein Stück Egoismus und Selbstbewusstsein angebracht. Kennt nicht jeder die Situation des Familienrats, wenn alle zusammensitzen und heftig über das Reiseziel für den kommenden Sommerurlaub diskutieren? Die Kinder möchten ins Disneyland, die Mutter würde gerne eine Wellnesskur buchen und der Vater träumt von einem Segeltörn. Unterschiede, die scheinbar nicht zu überwinden sind und doch gelingt es immer wieder, einen Kompromiss zu finden. Voraussetzung ist dabei, dass die Urlaubsplanung nicht zur Plattform für Racheakte oder unterschwellig schlummernde Konflikte wird. Sehr oft eskalieren diese Gespräche, weil einer der Beteiligten oder gar mehrere sich unterdrückt oder nicht ernst genommen fühlen. Noch schlimmer wird es, wenn sich eines der Familienmitglieder abhängig vom anderen fühlt. Hier entsteht dann eine kritische Situation, die eine erfolgreiche Entscheidungsgeburt unmöglich macht; zu analytisch, zu rational und zu taktisch verlaufen diese Gespräche. Der Raum für Wünsche und Sehnsüchte zerbröckelt und der Traumurlaub wird zerredet. Das Zerreden führt nicht nur im Familienrat zu einer mittelmäßigen Entscheidung ohne echte Neuerung – beispielsweise bereits bekannte Urlaubsorte, anstatt etwas Neues zu erkunden –, sondern auch in Unternehmen. Ein Meeting jagt das andere und wichtige Entscheidungen werden nicht getroffen, da die Entscheidungsinstanz, also die Führungskraft, aus einem falschen Teamverständnis heraus die Entscheidung ins Team zurück delegiert.

Die Entscheidung aus dem doch intimen Prozess unseres ganzheitlich fühlenden Selbst wird an die breite Menge abgegeben. Halbseidene Kompromisse und teilweise kaum nachvollziehbare Vorschläge sind die Folge. Zu viel Diskussion ist schädlich, insbesondere wenn die Diskussionen ungesteuert und wenig zielführend erfolgen – was leider bei 80 Prozent der Meetings in Unternehmen (K.O.M.-Studie 2009) der Fall ist.

Die Detailflut, die bei Diskussionen auf unser Gehirn einströmt, überfordert unsere Wahrnehmungs- und Verarbeitungsfähigkeit im Gehirn. Wir können nicht mehr erkennen, um was es geht und beginnen nur noch zu reagieren, d. h. Absichten zu formulieren, ohne uns bewusst zu werden, welches Ziel damit eigentlich verfolgt wird. Immer wieder kommen wir aus diesen Besprechungen total erschöpft an unseren Arbeitsplatz zurück, ohne nennenswerten Wissens- oder Entscheidungszugewinn. Der Zeitverlust ist dabei immens und die Demotivation oft sehr groß.

Beispiel: Partizipative Entscheidungen – ein täglicher Kampf (Krampf)
Die Aufgabe war, eine Restrukturierung im Bereich der Forschungs- und Entwicklungsabteilung vorzunehmen. Dabei sollte das Team eigenständige Vorschläge ausarbeiten und Entscheidungen für die Neuorganisation seines Bereiches und der angrenzenden Schnittstellen treffen. Eine Aufgabenstellung, die an sich klar und eindeutig war und unter Berücksichtigung der doch sehr innovativ ausgerichteten Unternehmenskultur anfänglich als unkompliziert erschien. Während der Gesprächsrunden und insbesondere im finalen Entscheidungsworkshop zeigte sich jedoch, dass jeder der Teilnehmer eine für sich definierte Rolle in diesem Entscheidungsprozess übernommen hatte:

Da war zum einen der „Streiter", dessen Verhalten ständig provozierte und dessen Aussagen stets heftige Angriffe zur Sache, aber auch zur Person beinhalteten. Seine Objekterkennung, also seine Fokussierung auf das „Ja, aber ...", bremste den Entscheidungsprozess so stark, dass immer wieder auf die eigentliche Aufgabe hingewiesen werden musste. Seine streitsuchende Haltung basierte auf einem hohen Angstpotenzial, er könnte bei dieser Neuorganisation Macht und Einfluss verlieren. Zum anderen gab es den „Alleswisser", der sich zu jedem Thema und jedem Inhalt produzieren musste, ständig Beiträge lieferte, die nicht zielführend oder gewünscht waren. Sein Redeanteil verzögerte den Entscheidungsprozess ebenfalls erheblich. Und dann waren da noch die „großen Tiere", die über ihre Dominanz und vordergründige Bestimmtheit ihre Meinung durchzusetzen versuchten, ohne Rücksicht auf Verluste. Diesem Drang gegenzusteuern, erforderte ebenfalls einen großen Zeitaufwand.

Dies sind nur drei Beispiele menschlichen Verhaltens in Meetings, so wie es sich täglich tausendfach in unseren Unternehmen abspielen dürfte. Das Bedauerliche an derartigen Abläufen ist, dass der eigentliche Entscheidungsprozess in den Hintergrund rückt und die Besprechung als Plattform für eigene, individuelle Bedürfnisse genutzt wird. Derjenige, welcher mithilfe solcher Workshops eine Entscheidung treffen möchte, wird höchstens verwirrt. Viele Arbeitskreise in Unternehmen oder in der Politik leiden unter diesen Phänomenen. Nur wenn es gelingt, derartiges unerwünschtes Rollenverhalten zu beseitigen, ist ein beschleunigter und effizienter Entscheidungsprozess möglich.

Diese unerwünschten Verhaltenstypen treten übrigens nicht nur in Unternehmensmeetings auf, sie sind auch im Beispiel unseres Familienrates zu erkennen. Es gibt jedoch einen wesentlichen Unterschied zwischen Familie und Unternehmensumfeld. In Familien ist durch die persönliche Bindung der Besprechungsmitglieder eine offene und ehrliche Ansprache bezüglich des Verhaltens schneller möglich. Die Vertrautheit der teilnehmenden Personen baut hier eine Brücke, sodass sich die Situation in den meisten Fällen schnell wieder entspannt.

3.3 Unternehmensentscheidungen versus private Entscheidungen

Sehr oft habe ich in den vorherigen Kapiteln versucht, die Parallelen zwischen unternehmensbezogenen und privaten Entscheidungen bzw. Veränderungen aufzuzeigen. Es ist daher an dieser Stelle wichtig, auch auf die Unterschiede hinzuweisen, die es in der Tat gibt.

Allgemeine Betroffenheit versus direkte Betroffenheit

Entscheidungen und Veränderungen in einem Unternehmen können zwar in Einzelfällen zu einer unmittelbaren Betroffenheit bei den Entscheidern führen, im Allgemeinen tun sie das jedoch eher nicht. Die Betroffenheit im privaten Bereich ist schon wesentlich stärker und auch direkter spürbar als im Unternehmen. Fehlentscheidungen führen im privaten Bereich oftmals zu finanziellen Verlusten oder emotionalen Schwierigkeiten. Im Unternehmen hingegen ist es sehr oft die Gemeinschaft, die für die Fehlentscheidung aufkommen muss und selbst bei nachweislicher Verursachung durch die Entscheider, was zu deren Entlassung führt, tragen großzügige Abfindungsregelungen zur Schmerzmilderung bei.

Hier zeigt sich sehr oft auch der Unterschied zwischen Managern und Unternehmern. Die Unternehmer spüren ihre Fehlentscheidungen direkter und härter als mancher Manager. Die persönliche Haftung des Unternehmers –auch mit seinem Privatvermögen – schafft eine höhere Betroffenheit, als es für einen Manager oftmals der Fall ist. Sehr oft wirkt sich dies auf die Entscheidungsfindung drastisch aus. Gerade die Anfälligkeit für Stimmungen, die durch konjunkturelle Entwicklungen ausgelöst werden, z. B. Krisenstimmungen, führen beim Unternehmer zu einer meist höheren Angstreaktion als bei den Managern. Die Reaktionszeit des Unternehmers ist dabei schneller und die Entscheidungsfindung, um der Gefahr entgegenzuwirken, wesentlich beschleunigt. Dies liegt nicht nur an der Tatsache, dass der Manager oftmals über Gremien seine Entscheidung bestätigen lassen muss, sondern auch an der Tatsache, dass der Unternehmer gelernt hat, dass nur durch ein gelassenes und besonnenes Handeln der Unternehmenserfolg gesichert bleibt. Persönliche Interessen müssen dabei sehr oft in den Hintergrund treten.

Betrachten wir die unterschiedlichen Fallen für potenzielle Fehlentscheidungen, so zeigen sich hier deutliche Unterschiede zwischen privaten Entscheidungen und Unternehmensentscheidungen.

Die häufigsten Fallen privater Entscheidungsfindung

Bei den privaten Entscheidungen sind vor allem die nachfolgenden drei Fallen besonders zu beachten, wie viele Untersuchungen gezeigt haben.

1. Ablenkung nicht erkannt und damit nicht gebannt!

Zu oft werden wir in unserem Entscheidungsprozess durch externe und interne Faktoren abgelenkt. Da sind die eigene Mutter mit ihren sehr konservativen Ansichten, der Freund mit seiner radikalen Meinung und die Freundin mit einer starken eigenen Verunsicherung. Alle diese beispielhaft aufgeführten Personen lenken uns vom eigentlichen Ziel ab – der Entscheidung. Wir versuchen, die konservative Haltung der Mutter zu verstehen, nachzuvollziehen und zu widerlegen. Dem Freund raten wir selbst zur Mäßigung und coachen ihn bewusst oder unbewusst bei seiner Einstellungsänderung. Und bei der Freundin sind wir der Retter, der Starke und damit der Entscheidungsfreudige, obwohl wir selbst noch sehr unsicher sind; aber wer will das schon gerne zugeben? In allen drei Fällen beginnen wir uns auf den anderen zu konzentrieren und versuchen ihn zu verstehen, zu erfühlen. Die Ablenkung führt dazu, dass die auslösende Entscheidungssuche blockiert wird. Wir haben keinen Raum mehr für unsere Frage, das Problem oder die Herausforderung. Daher ist es wichtig, zu erkennen, wer für uns bei der Entscheidungsgeburt ein echter Helfer ist und wessen Meinung uns eher von einer guten Entscheidung ablenkt. Denn wenn die Ablenkung erkannt ist, kann sie auch gebannt werden.

2. Wie du mir, so ich dir!
Immer wenn wir Entscheidungen treffen sollen, denken wir auch an die Folgen für andere; solche Folgen, die dem einen oder anderen schaden bzw. helfen können. Zur Fehlentscheidung kommt es dann aber, wenn wir unsere Entscheidung auf der Basis des „Nicht-Nachgeben-Wollens" aufbauen. Jeder kennt das Dilemma aus dem privaten Bereich, wenn es darum geht, entweder auf seine(n) Partner(in) zuzugehen oder eine Entscheidung zu treffen, die ihr/m hilft, aber einen selbst vielleicht nicht weiterbringt. Langzeitstudien haben gezeigt, dass Selbstlosigkeit in der Evolution siegt, während der reine Egoismus nicht weiterkommt. Gerade durch das Geben – das Treffen von Entscheidungen, die für den anderen positiv sind – schaffen wir Vertrauen und bauen Beziehungen auf. Wichtig ist dabei jedoch, dass die Entscheidung freiwillig und eigenständig getroffen wird. Die Signale gegenüber dem anderen sind dann so stark, dass die Bindung in der Partnerschaft gestärkt wird. Selbstverständlich ist dies keine Einbahnstraße oder gar ein Feld für ein skrupelloses Ausnutzen des anderen; dies würde sich sehr schnell rächen. Entscheidungen, welche aus Rache oder Wut gegenüber einem anderen getroffen werden, führen sehr schnell ins Abseits.

3. Die unstillbare Gier!

„Wer hoch steigt, kann tief fallen", lautet ein altes Sprichwort. Eine der größten Fallen für Fehlentscheidungen ist die Gier nach mehr und nach zu viel. Sicherlich hat die Evolution uns beigebracht, dass wir Vorsorge treffen und uns mit Besitztümern absichern müssen. Ein zu gieriges Verhalten hingegen sorgt dafür, dass wir Komplexitäten bei Entscheidungen nicht mehr wahrnehmen können und somit die Entscheidung auf Basis des Zwangs nach mehr treffen. Nicht nur ethische oder moralische Grenzen werden damit überschritten, sondern auch das ganzheitlich fühlende Selbst wird unterdrückt, da Gier sehr oft einen logischen Hintergrund wie das Bedürfnis nach Anerkennung, Macht usw. hat.

Die unstillbare Gier verführt unseren Verstand und schafft das Gefühl, alles zu können. Ein Realitätsverlust ist die Folge und ein großer Zusammenbruch vorprogrammiert. Die Psychologie spricht hier von den „notorischen Gewinnern", die keine Verluste oder Niederlagen akzeptieren oder gar ertragen können. Die Gier nach mehr ist unstillbar und alles ist auf Erfolg programmiert. Damit treiben sich diese Menschen an die Grenzen ihrer Belastbarkeit und meist noch weit darüber hinaus. Der Zusammenbruch ist nur noch eine Frage der Zeit. Nicht umsonst sagt ein altes Sprichwort: „Gier macht blind." In der Psychologie bedeutet dies, dass wir unsere Wahrnehmung nur noch auf das Haben konzentrieren und alle Entscheidungen unter diesem Dogma treffen.

Die häufigsten Fallen der Entscheidungsfindung in Unternehmen

Für Unternehmensentscheidungen gibt es ebenfalls drei wesentliche Fallen für eine Fehlentscheidung, die jedoch ganz anders gelagert sind.

1. Zeitdruck oft selbst gemacht!

Viele Entscheidungen in Unternehmen erfolgen bedauerlicherweise unter Zeitdruck. Ein Zeitdruck, der in manchen Fällen durch externe Faktoren entstanden ist, aber in den meisten Fällen selbst verursacht wurde. Ein gutes Beispiel hierfür sind die großen Messen, auf denen sich die Unternehmen präsentieren. Die Termine für diese Messen sind mindestens schon ein Jahr im Voraus bekannt und die Rahmenbedingungen werden durch Buchung des Messestands ebenfalls sehr früh fixiert. Dennoch entstehen regelmäßig hektische Aktionen vor dem eigentlichen Messeauftritt; Entscheidungen müssen plötzlich und schlagartig getroffen werden. Woran liegt das?

Eine Langzeitstudie kann hier einen Hinweis liefern, der mit unserem Zeitgefühl zusammenhängt. Sehr oft verschätzen wir uns, beispielsweise die Dauer eines Vortrags oder die Lösung einer Aufgabe betreffend. Dies basiert darauf, dass unser Gehirn an sich zeitlos arbeitet, Zeit ist eine Erfindung des Menschen. Die Jahreszeiten sowie der Sonnenauf- bzw. Sonnenuntergang sind die einzigen natürlichen Zeitmesser auf unserer Erde. Tätigkeiten in Zeitkorridore zu fassen, ist eine Folge des modernen Menschen und seiner Lebensweise. Für unser Gehirn ist dies aber nur schwer nachvollziehbar, was immer wieder einen Blick auf die Uhr erzwingt. Sind wir jedoch in ein Thema sehr vertieft, dann vergessen wir diesen Blick und die Zeit rinnt dahin. Termine verstreichen und wichtige Meilensteine werden in den Projekten übersehen oder schlichtweg vergessen. Zeitdruck ist dann die Folge, wenn ein unausweichlicher Termin – wie die anstehende Messe – immer näher rückt. Nur durch eine konsequente und systematische Planung können wir dieses Phänomen etwas ausschalten, leider aber nie ganz.

2. Unverständliche Informationsbasis und fehlender Überblick

Durch unsere hochtechnologisierte Welt sind viele Prozesse und Vorgänge derartig komplex geworden, dass nur eine Gruppe von Spezialisten dieser Situation gerecht werden kann. Spezialisten, die alle in ihrer Welt verhaftet sind, mit ihrem Vokabular und Hintergrundwissen. Viele Entscheider sind jedoch keine Spezialisten und müssen ihre Entscheidungsgeburt daher auf den Informationen der Spezialisten aufbauen. Dies führt sehr häufig dazu, dass die bereitgestellten Informationen so abstrakt sind, dass der Entscheider diese falsch oder gar nicht interpretieren kann. Seine Entscheidungsbasis ist damit sehr unsicher und riskant. Hier können nur Überblick und ausreichend Erfahrung helfen, denn durch den Überblick-Modus sind wir Menschen in der Lage, selbst schwierige Sachverhalte intuitiv richtig zu verstehen und eine Entscheidung zu treffen, die sehr nahe am Optimum liegt. Dies setzt jedoch ein Stück Gelassenheit durch Erfahrungen voraus. Häufig lässt aber der Arbeitsalltag eine derartige Gelassenheit nicht zu; somit läuft der Entscheider Gefahr, in eine Entscheidungsfalle zu geraten, die für ihn nur schwer erkennbar ist.

3. Zwischen Glauben, Hören und Sagen

Ein Unternehmen ist ein soziales Gefüge. Als solches unterliegt es auch den Gesetzmäßigkeiten desselben. Eine Gesetzmäßigkeit ist dabei die Interaktion von Menschen auf engstem Raum in oft schwierigen Situationen. Die Teams entwickeln ihre eigene Identität und schaffen somit einen Zustand der Eigenständigkeit, der sehr gerne von den Vorgesetzten akzeptiert wird, weil er auch sinnvoll ist. Das Dilemma entwickelt sich aber dann, wenn eine Entscheidung zu treffen ist, bei der die Teammitglieder sich selbst nicht einig sind – leider der häufigste Fall in Unternehmen. Dann ist der Entscheider auf die Aussagen der Teammitglieder angewiesen und da wird manchmal gerne übertrieben, farbenfroh ausgeschmückt und Schuldzuweisungen werden angedeutet oder ausgesprochen. Wem soll man jetzt glauben? Wer hat recht? Dieses Dilemma ist eine der größten Fallen in Unternehmen für Fehlentscheidungen. Hier gilt es nicht nur, die Faktenlage richtig zu studieren, sondern sich auch von den Informationen oder Meinungen der Teammitglieder zu distanzieren, indem man wieder das ganzheitlich fühlende Selbst als Entscheidungsinstanz aktiviert.

Entscheidern in Unternehmen bleibt nichts anderes übrig, als eine gute strategische Intuition zu entwickeln. Sie ist wichtiger als alle Informationen, Prognosen und Berater, denn sie filtert als unbewusstes Erfahrungswissen die Vielzahl der in eine Entscheidung einströmenden Informationen und Einflüsse. Die eigene Überzeugungskraft vom Richtigen versetzt Berge; ein altes Sprichwort sagt: „Die Welt geht zur Seite, wenn einer kommt, der weiß, was er will." Diese Willensstärke hilft sehr gezielt, frei von externer Manipulation die richtigen Entscheidungen zu treffen.

Doch Achtung: Intuition und Willensstärke sind nicht unfehlbar. Ist die Führungskraft beispielsweise selbst in einen internen Machkampf verwickelt, dann werden nachweislich fast alle Entscheidungen unter diesem Aspekt getroffen, was zu einer hohen Fehlerquote führt.

4. Neues Denken für nachhaltige Veränderungen

4.1 Paradigmenwechsel im Führungsverständnis

Werte sind für jeden von uns wichtige Leuchttürme für unser Verhalten, unsere Einstellungen und Entscheidungen. Wir orientieren uns gerne an Normen, die uns sagen, was wir dürfen und was wir nicht dürfen. Diese Paradigmen sind in Bewegung und verändern sich in längeren Zeitrhythmen.

Ein gutes Beispiel ist hierfür der Paradigmenwechsel in der Art der Führung von Mitarbeitern. Viele Jahrzehnte galt in den Führungsetagen der Unternehmen weltweit das „Gesetz des Herzogs". Dieses Gesetz basierte auf der Grundlage einer alten Führungsphilosophie aus der Zeit, als Ländereien und Herzogtümer die Gesellschaft prägten. Der Herzog besaß die Autorität des Landes, die er durch seine Macht, alleiniges Wissen und den Überblick erlangt hatte und die ihn unantastbar machte. Seine Befehle galten und mussten ohne Zögern und ohne Infragestellung umgesetzt werden, denn wer aufbegehrte, lief Gefahr, in den Kerker zu kommen oder getötet zu werden. Der Herzog selbst sah seine Aufgabe vor allem darin, seine Untertanen in den heiligen Krieg zu führen, um neue Ländereien zu erobern. Daher war er derjenige, der buchstäblich vor den Menschen herzog (Herzog). Diese Führungsphilosophie hat sich bis in die Moderne überliefert und prägte bis dahin sehr stark das Bild des Managers: durchsetzungsstark, bestimmend, schnell entscheidend und unantastbar.

Dieses Paradigma hat sich jedoch mit Beginn der 1970er-Jahre verändert. Die Mitarbeiter wurden immer besser ausgebildet, die Arbeitsprozesse immer komplexer und die Geschwindigkeit im Business nahm zu. Die Alleinherrschaft der Führungskraft – des Herzogs – musste fallen. Denn nur im Team und durch Integration der Mitarbeiter konnte die Komplexität des Marktes und der Arbeitsprozesse entflochten und das Tempo für die Unternehmensleistung erhöht werden. Aus dem Herzog wurde der Coach, aus den Befehlen wurden Ziele, die mit den Betroffenen verabredet werden mussten, aus betroffenen Mitarbeitern wurden beteiligte Partner – ein sehr schmerzlicher Prozess für Führungskräfte und für Mitarbeiter. Die Anerkennung war nicht mehr allein auf die Führungskraft gerichtet, sondern auf ein ganzes Team und die Mitarbeiter mussten lernen, ihre neue Freiheit auch sinnvoll und erfolgreich zu nutzen.

Diese Entwicklung hat zu vielen Neuerungen in den Managementtheorien geführt. Dieser Paradigmenwechsel sorgte für eine ganz neue Sichtweise in den Unternehmen und hält bis heute an. Der Einzelne wird damit zum Mittelpunkt der Aufgabenrealisierung. Seine Eigeninitiative, sein Engagement und seine Identifikation mit der gestellten Aufgabe wird zum Erfolgsfaktor von Konzernen und mittelständischen Unternehmen. Jeder Paradigmenwechsel bringt sowohl Verbesserungen als auch neue Herausforderungen mit sich.

Während sich dieser Wertewandel vollzog, zeigte sich sehr schnell, dass das Loslassen der Mächtigen von ihren Privilegien genauso schwer ist wie die Übernahme von Eigeninitiative bei den Mitarbeitern. Nur durch eine Vielzahl von Coachings und Qualifizierungsmaßnahmen kann in Unternehmen dieses neue Verständnis aufgebaut werden; der Prozess ist noch lange nicht abgeschlossen. Es ist schon erstaunlich, wie schwer wir uns nach Jahrzehnten immer noch damit tun. Offensichtlich ist unsere Vorstellung von Führung immer noch mehr vom Verständnis unserer Großväter geprägt, als wir uns eingestehen wollen.

Aber auch in der Politik zeigt sich ein ähnlicher Paradigmenwechsel. Der „Wutbürger" – das Unwort 2010 – ist ein Stück Emanzipation der Bürger von der Staatshörigkeit. Das Volk als Souverän eines Staates fordert seine Rechte und Werte ein. In einer transparenten Informationsgesellschaft werden neue und andere Beteiligungsformen an politischen Prozessen gefordert, als Wahlen und Parteien es heute abbilden. Die Mitbestimmung durch Volksabstimmungen bekommt eine neue Brisanz und ist der richtige Weg zur Beschreitung dieses Paradigmenwechsels. Auch hier ergibt sich auf beiden Seiten eine große Herausforderung bei der Umsetzung. Die Politik muss lernen, dass es neben parteipolitischen Taktiken auch Bürgermeinungen gibt, die es gilt, ehrlich und konsequent zu beachten. Die Bürger sind aufgefordert, ihre Vorstellungen und Meinungen seriös abzuwägen und dann auch zu artikulieren. Ein Prozess, der erst am Anfang steht und der neue Werte benötigt, um erfolgreich umgesetzt zu werden.

Ein wesentlicher Wert ist dabei der Umgang mit Fehlern und dem Lernen in unserer Gesellschaft. Nur wenn wir verstehen, dass wir als Menschen durch Fehler auch lernen können und dass es keine Schande ist, Fehler offen zuzugeben, dann werden wir mutiger und freier in dem, was wir tun und was wir leisten. Die Toleranz, eine getroffene Entscheidung auch widerrufen zu dürfen, wenn es plausible und stichhaltige Argumente dafür gibt, ist letztendlich ein Basiswert einer demokratischen Gesellschaftsordnung. Eine Ordnung, die auch in Unternehmen konsequent und systematisch umgesetzt werden sollte. Nur der angstfreie Raum schafft in unserem Gehirn die Gelassenheit, die wir brauchen, um die richtigen Entscheidungen zu treffen und das Entschiedene auch konsequent umzusetzen. Spaß an der Veränderung, Identifikation und Integration in den Veränderungsprozess sind die Werte, die heute nachweislich zu einer signifikant höheren Umsetzungsquote von unternehmerischen Entscheidungen führen.

Dabei ist eine Orientierung an neuem Wissen und neuen Erkenntnissen nicht nur hilfreich, sondern zwingend notwendig. Insbesondere sollten wir akzeptieren, dass menschliches Verhalten vielschichtiger ist, als das Primat des vernunftbetonten Handelns uns glauben lässt. Gerade die Wirtschaftspsychologie zeigt uns, wie scheinbar logische Aktienkurse unterm Strich alles andere als logisch sind, nämlich höchst emotional und kaum kalkulierbar.

4.2 Intelligentes Wachstum – immer nachhaltiger, statt nur immer mehr

Die ökonomischen Krisen der Vergangenheit haben uns gelehrt, dass die globalen Veränderungen einen wesentlichen Einfluss auf das Wachstum der nationalen Ökonomien haben. Wachstum muss daher neu definiert werden. Das Wachstum an sich reicht nicht mehr aus, sondern es bedarf eines intelligenten Wachstums. Intelligenz ist dabei sowohl auf die treibenden Werte des Wachstums als auch auf die ökologischen Veränderungen zu beziehen. Die Endlichkeit der Ressourcen und die Abhängigkeit von Energiequellen, egal in welcher Form, werden jedem immer deutlicher und bewusster. Einige Beispiele aus meiner Erfahrung als Innovationsberater sollen zeigen, welche Werte angepasst werden sollten – und warum.

Mehr Kreativität und Querdenken

Die traditionellen Handlungsmuster bei der Suche nach neuen Wachstumspotenzialen basieren auf klassischen, ökonomischen Analysemethoden. Dabei werden Portfoliotechniken, Marktforschungen aller Art und Geschäftsfeldanalysen gerne angewendet. All diese Vorgehensweisen basieren auf Annahmen, die durch das bisherige ökonomische Verständnis geprägt sind. Der Glaube an unendliches Wachstum bei unerschöpflichen Ressourcen bildet dabei einen wesentlichen Baustein dieser Annahmen. Das Leitmotiv der methodisch gestützten Analysen ist ein lineares Denken, das größeren Wert auf **Entweder-oder-Entscheidungen legt als auf Sowohl-als-auch-Fragen.**

Das abgrenzende Denken unseres logischen Denksystems im Neokortex ist jedoch mit der Komplexität unserer Wirtschaftssysteme zunehmend überfordert. Nur wenn es uns gelingt, die unterschiedlichsten Aspekte unseres ökonomischen und ökologischen

Verhaltens zu vernetzen, dann ist ein intelligentes Wachstum möglich. Die Philosophie des „Sowohl-als-auch" setzt ein kreatives Querdenken voraus und ermöglicht es, neue Wege zu erkennen. Dies zuzulassen und aktiv zu fördern, bildet einen wesentlichen neuen Wert für viele Unternehmen. Dabei geht es nicht um eine plakative Zurschaustellung einer kreativen und liberalen Unternehmenskultur, sondern um den aktiven Arbeitsprozess des Querdenkens. Dieser basiert auf den Erkenntnissen der Psychologie und vereint ökonomische Notwendigkeit mit psychologischer Machbarkeit.

Querdenken als Geschäfts- und Entscheidungsprozess zu etablieren, eröffnet eine neue Dimension und Qualität in der Unternehmensführung. Die oft beschworene und plakative Aussage „Wir machen aus Betroffenen Beteiligte" bekommt somit ein neues Gesicht.

Nutzenorientiertes Innovationsmanagement

In vielen deutschen Unternehmen steuert traditionell ein Technologieglaube das Geschehen. Die Technologie dominiert die Gedanken und die Entscheidungen. Aber was ist mit dem Nutzen, den eine technologische Innovation wirklich bringen soll? Nicht selten geht dieser im Laufe des Engineering-Prozesses verloren. Die Freude an der Technologie lässt sehr oft die Wünsche des zukünftigen Kunden außen vor. Dabei ist nicht nur der externe Nutzen zu beachten, sondern auch der für das Unternehmen selbst. Können Kosten eingespart werden? Werden die Prozesse durch die Innovation beschleunigt? Können Synergien aus verschiedenen Bereichen genutzt werden?

Glücklicherweise haben viele Unternehmen diese Notwendigkeit für sich schon erkannt, brauchen jedoch in der Umsetzung noch zu viel Zeit. Interne Widerstände und viele psychologische Hürden sind hierbei zu meistern. Die Unternehmen, die den Prozess erfolgreich realisiert haben, wie z. B. die Schott AG, werden zum Innovationsführer – und beispielsweise dafür auch ausgezeichnet. Aus starren Strategien werden fließende Strategieansätze entwickelt und die Unternehmen agieren flexibler und fokussierter in ihrer Marktbearbeitung.

Der Flexible frisst den Unbeweglichen, so meine Erfahrung aus vielen Projekten. Die Anpassungsfähigkeit der Unternehmen wird immer mehr gefordert und erfolgt in kürzeren Zeitabständen. Eine Geschwindigkeit, die für viele Unternehmen mit den bisherigen Strukturen und Strategien nicht mehr zu bewältigen ist. Hier ist eine evolutionäre Neuausrichtung einzuleiten und das Zusammenspiel von Markt und Unternehmen zu intensivieren. Nutzenorientierte Innovationen bestechen durch ihre Marktpassgenauigkeit und Aktualität, gepaart mit internen Kosteneffekten, die dem Unternehmen neuen Spielraum für weitere nutzenorientierte Innovationen geben. Positiver Wandel wird zur Unternehmensphilosophie, aber nicht aus Sicht eines Ertragssteigerungsprogramms, sondern aus der Perspektive einer Nutzensteigerung für die Zielgruppen. Ein Vorgehen, das den Markt wieder stärker in den Mittelpunkt rückt und die Flexibilität der Mitarbeiter fördert.

Veränderungsbereitschaft und Kritikfähigkeit als Performance-Treiber

Veränderungsbereitschaft und Kritikfähigkeit werden in vielen öffentlichen Veranstaltungen immer wieder bei Politik, Wirtschaft und Unternehmen vermisst – und dies zu Recht. Viele Studien haben gezeigt, dass das Grundverständnis gegenüber Veränderungen und der Umgang mit Kritik ein greifbarer und wichtiger Erfolgstreiber für die Unternehmen ist. Wer diese beiden Elemente in seiner Führungskultur gezielt und detailliert behandelt, ist erfolgreicher als jene, die zwar Veränderungen einfordern, sich selbst aber nicht dazu verpflichtet fühlen.

Dies gilt auch für die Politik; Veränderungen einzuleiten und zu managen, heißt Kritik zuzulassen und wirklich neue Lösungen zu diskutieren. Eine Diskussion auf der Grundlage der tatsächlichen Fakten – und nicht auf der von Parteibüchern – bildet jedoch die wesentliche Voraussetzung dafür.

Da wir jedoch nur unter Leidensdruck die ausgesprochene Kritik und damit die Notwendigkeit der Veränderung akzeptieren, ist es umso wichtiger, dass wir das Verändern an sich als wichtigen und nicht zwangsläufig als neuen Wert in unserem Denken und Handeln verankern. Wir ersetzen somit den notwendigen Leidensdruck für eine Veränderung durch den Spaß und die Lust an der Veränderung selbst. Wir sehen zugleich einen Sinn und eine Notwendigkeit darin, die Veränderungen zu realisieren, weil wir dafür auch durch Anerkennung, öffentliches Lob oder Zustimmung belohnt werden. Aus dem Zwang der Veränderung wird eine Freude.

Das Mehr im Weniger erkennen

Während eines Interviews an der Börse Stuttgart wurde ich einmal gefragt, was ich unter intelligentem und nachhaltigem Wachstum verstehen würde. Dabei war das Ziel des fragenden Journalisten vor allem, die scheinbar unendliche Wachstumsphilosophie der Weltwirtschaft bestätigt zu bekommen. Leider musste ich ihn hier enttäuschen: Wachstum ist an sich ein Begriff aus der Natur; jedes Jahr erleben wir das Wachstum in der Natur, im Frühjahr, wenn alles zu blühen beginnt. Auch bei uns selbst erleben wir als junge Menschen das Wachstum als sichtbaren und begreifbaren Vorgang im Körper und später als Erwachsene im immateriellen Zuwachs unseres Verstandes. Wachstum ist also ein Naturgesetz, aber nicht ein absolutes Gesetz in der Wirtschaft.

Unsere Gier und der Drang nach Sicherheit lösen das Bedürfnis nach ständigem Mengenwachstum aus. Nur wenn die Wirtschaft boomt, fühlen wir uns gut und sind bereit, Risiken einzugehen.

Dieses Sicherheitsbedürfnis des Homo sapiens ist schon sehr früh entstanden. Die Knappheit an Nahrungsmitteln bei unseren Vorfahren entwickelte das Streben nach Sammeln und Horten von Reserven. Damals war dies eine Sicherheit, die notwendig und ökologisch vertretbar war, da letztendlich nur die Grundbedürfnisse befriedigt werden mussten. Beim modernen Mensch sieht das anders aus: Die überlieferte Logik des Mengenwachstums wurde zur eigenen Instabilität durch zu hohen Ressourcenverbrauch. Durch ein Überschreiten der Tragfähigkeit des Ökosystems ist die Gefahr einer Eskalation gestiegen. Das Bewusstsein, dass Wachstum Sicherheit erzeuge und Wachstum ein natürlicher Vorgang sei – auch in der Wirtschaft –, ist einem trügerischen Bild unterlegen.

Intelligentes und nachhaltiges Wachstum würde jedoch bedeuten, dass wir versuchen, mit weniger Aufwand und weniger Ressourceneinsatz das gleiche Ergebnis zu erzielen wie bisher. Damit wird das Wachstum nicht mehr an absoluten Größen wie Umsatz oder Ertrag gemessen, sondern an der Steigerung des Nutzenwertes durch intelligenten Nutzenwechsel. Dies bedeutet aber, dass der Begriff „Wachstum" neu definiert werden muss. Weg von der Gier und dem Zwang nach Sicherheit, hin zu einer sparsamen und intelligenten Umsetzung der ökonomischen Ziele unter Nutzenaspekten.

Die Herausforderung besteht also nicht mehr darin, nur blindes und stupides Mengenwachstum zu erzeugen, sondern so zu wachsen, dass die Art des Wachstums schon das eigentliche Ziel ist. Die Suche nach neuen, einfacheren und Ressourcen schonenden Verfahren in allen Bereichen des wirtschaftlichen Handels muss dabei von Politik, Gesellschaft und den Verbrauchern belohnt werden. Aus dem ökonomischen Wachstumsdrang sollte eine differenzierte und zunehmend auf den Nutzen- und Werterhalt ausgerichtete Entwicklung von Märkten werden. Es geht nicht um das Wachstum an sich, sondern um das intelligente Sparen von Ressourcen bei gleichzeitiger Steigerung der Bedürfnisbefriedigung von allen. Und hier ist der entscheidende Punkt: Welche Bedürfnisse treiben uns eigentlich an? Der moderne Mensch ist immer noch ein Neandertaler, was seine Grundstruktur und Bedürfnisse anbelangt. Erst wenn es uns gelingt, diese primitive Stufe zu überwinden, um ein neues gefühltes Bewusstsein zu erreichen, erst dann können wir intelligentes Wachstum auch nachhaltig für die Umwelt und uns realisieren.

Bedauerlicherweise ist diese Veränderung jedoch kein logischer oder gar politischer Prozess, sondern bedarf eines evolutionären Impulses, der uns dazu zwingt, neue Werte zu leben. Die sich anbahnenden Naturkatastrophen sind die ersten traurigen, aber notwendigen Impulse, die dazu führen, dass wir unsere bisherige Lebensweise hinterfragen. Nur durch einen Wechsel von mehr zu weniger ist die globale Katastrophe vermeidbar. Die Wechselphilosophie ersetzt die Wachstumsphilosophie. Die Suche nach intelligenteren Lösungen und nach Vereinfachungen erzeugt einen Wechsel vom maßlosen Mengenwachstum zu einem Nutzenwachstum. Die Wechselphilosophie schafft dadurch einen Wohlstand, in dem wir uns vom Gedanken des klassischen Wachstums lösen und zum gezielten Optimieren bestehender Lösungen übergehen. Mit weniger mehr zu erreichen und damit durch weniger Ressourceneinsatz den Erfolg und auch Anerkennung zu ernten, ist der Kerngedanke einer Wechselphilosophie. Die Belohnungsmaßstäbe der Gesellschaft richten sich dabei nicht mehr nach dem, was man hat, sondern danach, wie man was erreicht hat, und zwar insbesondere bezogen auf den Verbrauch von natürlichen Ressourcen.

Es gilt also mehr denn je, nicht nur das Richtige zu tun, sondern dieses dann auch richtig umzusetzen. Das Wie wird wesentlich bedeutender in der Zukunft sein als das Was. Darauf sollten wir uns langsam aber sicher einstellen, denn Wachstum ist zwar nötig, aber in einer völlig anderen Weise.

4.3 Glaubwürdigkeit schafft Nachhaltigkeit bei Veränderungen

„Reden ist Silber – Schweigen ist Gold", so das alte Sprichwort. Für das Veränderungsmanagement müsste es abgewandelt lauten: „Reden ist Silber – Tun ist Gold." Oft werden wir in Unternehmen oder in der Politik mit gut formulierten und schön gestalteten Broschüren, Konzepten und Reden verführt. Deren Umsetzung lässt leider zu lange auf sich warten oder geschieht nie. Dabei ist die konsequente Umsetzung des Gesagten für unser Gehirn und damit für eine nachhaltige, also dauerhafte Veränderung sehr wichtig. Ein Beispiel aus dem Berufsleben, das ich erleben durfte, verdeutlicht dies sehr prägnant.

Beispiel aus dem Unternehmensalltag: Wenn der Mund zu voll genommen wird!
Ein Unternehmen im Bereich Umwelttechnik plante die Vermarktung einer neuen Maschine zur Optimierung der Abfallbeseitigung; eine wirklich intelligente und nutzenorientierte Innovation für den Markt. Das Produkt an sich konnte jedoch nur dann erfolgreich genutzt werden, wenn der Service und die Einweisung professionell und zeitnah erfolgte; ein Kriterium, das im Markt bekannt ist und auch gefordert wird. Aus diesem Grund legte das Unternehmen großen Wert auf die Vermarktung der Serviceleistungen, die durch den Serviceleiter Herrn Dr. Krause (Name geändert) organisiert und umgesetzt werden sollte.

Im Rahmen einer internen Projektsitzung machte der Geschäftsführer allen Beteiligten klar, wie wichtig diese Innovation für den Fortbestand des Unternehmens und wie entscheidend eine dauerhafte und erfolgreiche Markteinführung dafür wäre. Die Hauptlast hatte Herr Dr. Krause zu tragen, denn die Leistungen seines Bereiches waren entscheidend für den Markterfolg. Daher wurde Dr. Krause auch aufgefordert, einen Umsetzungsplan zu erstellen, in dem die Vorgehensweise und Umsetzungsschritte zur Markteinführung beschrieben sein sollten. Im Rahmen des Meetings sagte Herr Dr. Krause allen Anwesenden eine termingerechte und professionelle Realisierung zu. Sein Wort hatte bisher immer hohes Gewicht im gesamten Management; der Vertrauensvorsprung war ihm sicher.

Aber leider kam es dann ganz anders, was fatale Folgen für Herrn Dr. Krause und seine Karriere hatte. Bei der Umsetzungsplanung hatte er nicht bedacht, dass die internen Voraussetzungen für eine erfolgreiche Markteinführung noch nicht vollständig gegeben waren. Damit stand seine Planung auf wackligen Beinen. In vielen Projektsitzungen begann sein Vertrauensvorsprung zu bröckeln. Die Fragen der Kollegen wurden konkreter, detaillierter und angreifender. Zuerst waren es nur Sachfragen, später wurden jedoch aus den Fragen Schuldzuweisungen und Anklagen. Sein Image als zuverlässiger Kollege war beschädigt und seine Glaubwürdigkeit sank bis auf den Nullpunkt. Was war geschehen?

Faktisch lag ein klarer Managementfehler von Dr. Krause vor; aus psychologischer Sicht jedoch viel mehr. Unser Erfahrungsgedächtnis speichert sehr systematisch die Erlebnisse und Erkenntnisse des Tages ab; dabei werden sowohl positive als auch negative Aspekte verarbeitet. Auf Basis dieses „Datenmaterials", das auch Emotionen und Affekte beinhaltet, entsteht ein Bild bzw. ein Bewusstsein über Personen und Situationen. Herr Dr. Krause hatte bis dato das Image (das Bild) eines zuverlässigen und kompetenten Kollegen abgegeben. Jetzt plötzlich führten jedoch das Verhalten bzw. die abgelieferten Ergebnisse von Dr. Krause zu einer Soll-Ist-Abweichung. Jeder Beobachter wunderte sich über die Leistung des Kollegen Dr. Krause; sie entsprach so gar nicht seiner bisherigen Arbeitsweise.

Zuerst will unser Gehirn diese Abweichung gar nicht wahrhaben. Sachfragen sollen das scheinbare Delta erklären können; rationale

Begründungen sollen helfen, richtig zu verstehen, was geschieht. Aber leider lässt sich das schleichende Gefühl von Misstrauen nicht wegdiskutieren, im Gegenteil. Unser Gehirn beginnt bei dem kleinsten Verdacht auf Misstrauen – hier ausgelöst durch eine Soll-Ist-Abweichung – mit der Suche nach Alternativen, die die Glaubwürdigkeit des Gesagten wiederherstellen können oder anders ausgedrückt, welche uns beruhigen, das Ziel könnte doch noch erreicht werden.

Im Fall von Dr. Krause ging es um die professionelle Einführung der neuen Maschine durch seine Abteilung. Da diese Innovation für den Fortbestand des Unternehmens und damit für jeden Arbeitsplatz existenziell war, war die Bedrohung durch ein mögliches Verfehlen des Ziels sehr groß. Dr. Krause und seine Abteilung erreichten zwar letztendlich das Ziel der Einführung, aber durch den Verlust an Glaubwürdigkeit ist ein Vorurteil entstanden, das bei zukünftigen Veränderungen durch Dr. Krause entscheidend mitwirken wird.

Wissenschaftliche Experimente haben gezeigt, dass uns Vorurteile sehr stark bei der nachhaltigen Umsetzung von Veränderungen behindern. Vorurteile, die durch Enttäuschungen entstehen, sind dabei besonders prägend und dauerhaft präsent. Dieses Phänomen ist nicht nur in Unternehmen erkennbar, sondern auch in Politik und Gesellschaft. Vorurteile gegenüber ausländischen Mitbürgern oder gegenüber Minderheiten beispielsweise erschweren tagtäglich die Umsetzung von notwendigen Migrationsvorhaben. Aber auch in persönlichen Angelegenheiten stören Vorurteile eine Veränderung. So z. B. beim Kauf einer neuen Küche; zu gerne würde der Ehemann eine technologisch hochwertige Küche anschaffen, die Frau hingegen besteht auf exklusives Design. Ein Kompromiss ist nur dann möglich, wenn sich beide Seiten darüber im Klaren sind, dass Vorurteile die Entscheidungen beeinflussen.

Vorurteile wie z. B: „Immer will der andere seinen Kopf durchsetzen!" oder „Wie immer nimmt der andere meine Wünsche nicht ernst!" oder „Dem anderen geht es doch nur um seine eigenen Interessen!". All dies sind Beispiele für Vorurteile, die in unserem Gehirn abgespeichert sind und zum großen Teil auf erlebte Enttäuschung aufgebaut wurden. Glaubwürdigkeit ging durch fehlende Umsetzung oder Fehlverhalten verloren und Misstrauen wurde aufgebaut. Wenn es gelingt, diese Vorurteile ins Bewusstsein zu bringen, sie also wirklich als solche zu erkennen und bearbeiten zu wollen, kann eine Neuorientierung erfolgen. Dieser Prozess ist jedoch sehr langwierig und manchmal auch schmerzhaft, was die hierarchische Zurückstufung von Dr. Krause gezeigt hat.

Nur wenn wir bewusst und sehr konsequent darauf achten, glaubwürdig zu bleiben in dem, was wir sagen und was wir letztendlich tun, können wir Vorurteile in uns und in anderen vermeiden und Veränderungen nachhaltig umsetzen. Denn dann wird uns, der wir dieses Vertrauen und die damit verbundene Glaubwürdigkeit genießen, auch in schwierigen Zeiten die Kompetenz zugesprochen, die wir brauchen, um auch einmal schwierige und weniger Erfolg versprechende, aber notwendige Veränderungen umsetzen zu können. Veränderungen beginnen immer mit Vertrauen – in die Kompetenz bzw. Fähigkeit des anderen oder in das eigene Urteilsvermögen und die eigene Durchsetzungskraft. Daher ist Glaubwürdigkeit ein höchstes Gut, wenn es um Veränderungen geht, die lange Bestand haben sollen.

5.
Die Kunst des Loslassens – oder: Warum es uns schwerfällt, uns zu trennen

Das Loslassen ist für viele Menschen ein sehr schwieriges Unterfangen. Gleichgültig ob es sich um die Trennung vom bis dato so geliebten Partner handelt oder um den Generationswechsel im eigenen Unternehmen. In allen Fällen hat unsere Psyche einen Gewaltakt zu vollziehen, der nicht nur viel Energie und Motivation braucht, sondern auch unsere psychologische Zukunft prägen kann. Die nachfolgenden Beispiele sollen Ihnen helfen, das Phänomen „Loslassen" einmal mit einer anderen Sichtweise zu betrachten und zu verstehen; zuvor aber folgt eine kleine Standortbestimmung.

5.1 Was bedeutet eigentlich Loslassen für unsere Psyche?

Loslassen ist die schmerzhafte Trennung von geliebten Aufgaben, Inhalten, Dingen und Personen, also eine Situation großer Anspannung für unseren Verstand, unsere Gefühle und unseren Organismus. Warum ist das aber so? Die Erklärung liegt – wie immer – auch hier in der Urzeit. Zur Zeit unserer Vorfahren war das Überleben des Homo sapiens vor allem von dem Erfolg seiner Jagd und seines Sammelns von Beeren, Nüssen und Wurzeln abhängig. Wer ausreichend Vorräte besaß, konnte schlechte Wetterperioden oder vorübergehende Nahrungsknappheiten besser überstehen. Da ist es naheliegend, dass beispielsweise der Verlust von erbeutetem Wild durch Diebe (Tier und Mensch) zu einer extremen Anspannung führte; diese Verlustangst sorgte für eine konsequente Sicherung der Nahrungsquellen und verhinderte das Aussterben der eigenen Rasse. Wenn ein Jäger mit seinem Team ein Wild erlegte, war zwar die Freude darüber sehr groß, aber im Falle des Verlustes eines erbeuteten Tieres war die emotionale Anspannung und Erregung um ein Vielfaches höher. Neueste Untersuchungen bestätigen diesen Sachverhalt: Der Schmerz beim Verlust von etwas Wesentlichem wird intensiver empfunden als die Freude beim Gewinn.

Zentrale Verlustängste – beispielsweise vor Perspektivlosigkeit, fehlender Anerkennung oder dem Gefühl, nicht mehr gebraucht zu werden – sind besonders stark. Somit ist es wichtig, die gezielte Bearbeitung des Schmerzes bei der Trennung von jemandem oder etwas bewusst zu vollziehen. Hierfür gibt es eine Vielzahl von wissenschaftlich fundierten, aber auch sehr philosophisch geprägten Ansätzen; welcher Ansatz letztlich der Richtige ist, sollte jeder für sich selbst herausfinden. Der Perspektivenwechsel ist jedoch bei fast allen Ansätzen ein wichtiger Basisgedanke, der dem Prinzip folgt, dem Schmerz einer Trennung – also dem Verlust – die Chancen zu entlocken, welche durch diese Veränderungen überhaupt erst möglich geworden sind. Die aus einer Trennung entstandenen neuen Wege zu sehen und anzunehmen, ist eine Grundvoraussetzung für die Erfolgsstrategie beim Loslassen. Denn durch die positiven Aspekte des Wandels erhält unser Gehirn eine Chance, sich zu entspannen und neu „zu sortieren". Dieser Prozess hat in der Evolution schon sehr oft eine große Rolle gespielt, denn es waren schon immer zentrale Veränderungen, die die Menschheit zu neuen Potenzialen geführt haben – und dazu gehören eben auch Krisen, Trennungen und Verluste usw.

Nehmen wir z. B. das Beherrschen des Feuers; mit der Fähigkeit, das Feuer zu kontrollieren, wurde der Homo sapiens unabhängig. Er konnte an jedem Ort der Welt überleben, er konnte seine Nahrungsmittel konservieren und physiologisch besser verwerten, da der Körper die Energie gegarter Nahrung besser aufnehmen kann. Ein anderes Beispiel ist die Erfindung des Rades. Die langen Wanderungen der Menschen von einer Nahrungsquelle zur nächsten bedeuteten einen hohen Energieverbrauch und gesteigertes Risiko. Das Rad machte den Menschen mobil, obwohl viele dieser Neuerung anfänglich misstrauten, weil sie das „Alte" nicht loslassen konnten. Ohne das Rad wäre die Menschheit aber nicht das, was sie heute ist.

Wie man sieht, wurden gelernte Routinen schon immer durch den Wandel verändert. Loslassen heißt daher auch, neue Routinen zu definieren und vor allem zu akzeptieren. Denn diese neuen Routinen führen zu einer neuen Vernetzung der Gehirnzellen, beschleunigen sehr oft die Wahrnehmungsverarbeitung und stärken unser Selbst durch eine Gelassenheit, die nur durch ein bewusstes Loslassen und Verändern stabilisiert wird. Gelassenheit ist damit die Basis und das Ergebnis zugleich, wenn wir uns bewusst mit der Veränderung und dem Loslassen beschäftigen.

Gelassenheit ist ein Prozess der ständigen (Selbst-)Reflexion. Für den Theologen und Philosophen Lukas Niederberger ist Gelassenheit eine dynamische Geschichte, denn wir müssen uns den Zustand der Gelassenheit immer wieder erkämpfen. Ein Kampf, der uns zwar ständig fordert, aber uns auch neue Wege und Erkenntnisse ermöglicht. Dabei ist Gelassenheit nicht unbedingt das zentrale Überlebenskonzept in der menschlichen Evolution. Bei Gelassenheit reduziert sich unsere Wachsamkeit und Sprungbereitschaft, da die Amygdala (Teil des limbischen Systems im Gehirn) als zentrales Steuerungselement weniger aktiv ist. Nicht-Gelassenheit sorgt immer für größere Überlebenschancen unserer Spezies, erschwert aber auch das Lernen durch neue Erfahrungen und damit den Aufbau von neuen Routinen.

Beim Loslassen ist es daher sehr wichtig, die Balance zwischen Wachsamkeit und Gelassenheit zu erzeugen. Wenn uns dies gelingt, dann können wir gezielt mit einer engagierten Gelassenheit die Stresssituationen einer Trennung bewältigen, ohne damit die notwendige Wachsamkeit zu verlieren, um keine potenziellen Fehler zu begehen. Der notwendige Perspektivenwechsel fällt uns dann nicht nur leichter, sondern erzeugt auch ein Gefühl des Erfolgs und der Stärke – dann macht Loslassen auch Spaß.

5.2 Wie steuere ich einen Perspektivenwechsel richtig und habe dabei auch noch Spaß?

Um die richtige Antwort auf diese Frage geben zu können, bedarf es nochmals eines kleinen Exkurses in die PSI-Theorie von Prof. Dr. Julius Kuhl von der Universität Osnabrück. Wie schon im Kapitel 2 dargestellt, hat Prof. Kuhl in seiner PSI-Theorie sehr genau beschrieben, wie wir Menschen denken und Informationen verarbeiten. Dabei hat er mit vier Systemen und deren Interaktionen sehr genau beschrieben, wie „Steuermann", „Navigator", „Kapitän" und „Matrose" zusammenarbeiten, um die notwendige kognitive Leistung für das Individuum zu erbringen. Erstaunlich ist dabei, dass dieses Zusammenspiel nicht nur durch Affekte (Gefühle, Emotionen usw.) von außen gesteuert wird, sondern auch schon evolutionäre Determinanten beinhaltet. Neueste Untersuchungen haben gezeigt, dass unser Gehirn vom Grundsatz her „faul" ist. Die rechte Gehirnhälfte arbeitet eher intuitiv, automatisch, schnell und oft mühelos, sofern die entsprechende Affektlage erzeugt wird (vgl. Abbildungen 13a-13c). Die linke Seite hingegen arbeitet eher langsam, träge und benötigt immer einen höheren mentalen und damit auch energetischen Aufwand. Oftmals wird gerade dieser Seite des Gehirns Handlungsmacht, Entscheidungsfreiheit und Konzentration zugeschrieben. Veränderungen und Perspektivenwechsel müssen daher für die linke Seite unseres Gehirns – also für den inneren „Steuermann" und „Navigator" – sinnvoll sein und der Input an Energie und Zeit sollte kleiner als der Output sein. Das Denken basiert auf dem Gesetz der geringsten Anstrengung und führt dazu, dass wir immer automatisch zwischen Input und Output abwägen, wenn wir eine kognitive Aufgabe zu lösen haben.

Dies bedeutet, dass wir die linke Seite unseres Gehirns nur dann aktivieren, wenn der Output der Anstrengung größer ist als die

Anstrengung selbst. Dies bedeutet ganz konkret, dass wir immer das positive Ergebnis eines Perspektivenwechsels oder einer Veränderung im Blick haben müssen und dass wir aber auch nicht zu viel Zeitdruck für diesen Perspektivenwechsel aufbauen und nicht zu oft die Gedanken wechseln dürfen.

Wenn wir also die nachfolgenden drei Aspekte berücksichtigen, dann können wir die linke Seite aktiv nutzen und uns die Chancen des Loslassens über einen rationalen Perspektivenwechsel erarbeiten:

1. Positives Ergebnis des Perspektivenwechsels im Überblick
2. Wenig Zeitdruck
3. Kein häufiger Gedankenwechsel

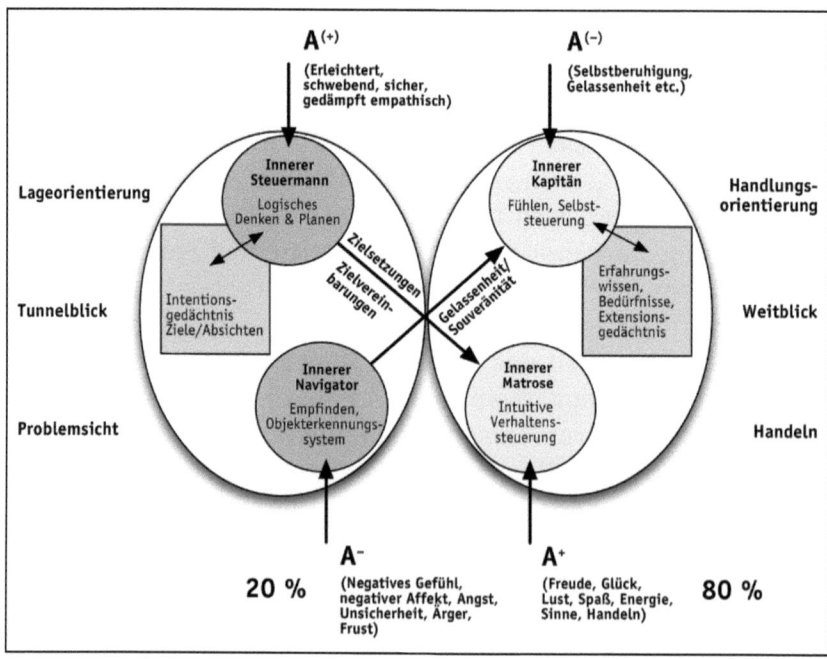

Abbildung 13c: PSI-Theorie – Persönlichkeits-System-Interaktion,
Quelle: K.O.M.-Motivator®, K.O.M. GmbH, 2009, basierend auf der PSI Theorie nach Kuhl 2001

Gelingt uns dies jedoch nicht, dann wird die rechte Seite sehr schnell eine intuitive Entscheidung treffen, die zwar nicht falsch sein muss, die aber eine bewusste Auseinandersetzung mit der notwendigen Veränderung nur schwer zulässt. Man kann auch sagen, dass ein bewusster Perspektivenwechsel ein hohes Maß an Selbstkontrolle voraussetzt und nur bedingt durch Intuition erreicht wird.

Dies ist auch der Grund dafür, dass wir im Fall von Trennungen, Verlusten – beim Loslassen – oft sehr erschöpft sind. Die bewusste Auseinandersetzung mit unserer Situation kann nur über den inneren „Steuermann" und „Navigator" erfolgen, um neue Absichten zu formulieren und einen Perspektivenwechsel einzuleiten. Diese Selbsterschöpfung erschwert es uns, oft einen Perspektivenwechsel wirklich komplett zu durchdenken bzw. zu erleben. Zu früh geht uns dabei die Luft aus und wir verfallen in ein Gefühlschaos, was zu einem Verlust an notwendiger Selbststeuerung führt. Hier zeigen sich dann auch veranlagungsspezifische Grenzen; es gibt Menschen, die bei zu großer und dauerhafter mentaler Anstrengung schneller aufgeben als andere. Letztendlich basiert dies auf einer genetischen Veranlagung, nämlich inwieweit jemand in der Lage ist, die notwendige Aktivierung der linken Gehirnhälfte durch ausreichend Energie aufrechtzuerhalten.

Wie können wir aber nun den notwendigen Perspektivenwechsel trotz dieser Grenzen erfolgreich meistern? Hierzu lassen sich drei zentrale Ansätze nennen.

1. Mentale Marker setzen

Mentale Marker sind gezielte Verknüpfungen von Gefühlen und körperlichen Empfindungen mit kognitiven Erfahrungen. Ein gutes Beispiel hierfür ist der Besuch im Kino. *Ihr Lebenspartner hat Sie endlich überzeugt, mit ihm im Kino einen Horrorfilm zu schauen. Bis dato wehrten Sie sich mit Händen und Füßen dagegen, aber der Liebe wegen geben Sie dieses Mal nach – eine Nachgiebigkeit mit Folgen. Als der Film startet, ist alles noch in Ordnung, aber plötzlich kommen Schrecksekunden und Überraschungseffekte, die dazu führen, dass Sie eine Gänsehaut bekommen. Ihre kognitiven Prozesse werden über eine Körperreaktion spürbar; aus der Angst, die die Bilder erzeugen, wird eine Gänsehaut. Diesen Prozess nennt man „mentale Marker setzen".*

Wir verknüpfen gerne unsere Erlebnisse und Erfahrungen mit Körpersignalen – wir machen also das Gedachte im wahrsten Sinne des Wortes begreifbar. Genau diese Verknüpfung hilft uns beim Perspektivenwechsel, und zwar wenn wir die neue Perspektive mit angenehmen Körpersignalen verbinden können. Hierzu gehören z. B:

- Entspannter Körper
- Ruhiges Atmen
- Wärmegefühl
- Gute Gerüche oder guter Geschmack

Im Falle des Kinobesuches kann es jedoch zu einer besonders sensiblen und negativen Einstellung zu erschreckenden Bildern und Situationen kommen. Diese Einstellung kann dann auch noch lange nach dem Kinobesuch unser Verhalten steuern, unter Umständen entwickeln wir Aversionen und sogar Phobien gegenüber Situationen, Tieren, Persönlichkeiten usw.

Jedoch können wir im positiven Fall die gespeicherten Körpersignale aus unseren Erfahrungen abrufen, was zu einer nützlichen Kombination der rechten und linken Gehirnhälftenaktivität führt. Alles, was wir körperlich spüren – gleichgültig ob positiv (Freude/Lust/Spaß/Geborgenheit usw.) oder negativ (Einsamkeit/Willkür/Schrecken usw.) – speichern wir in unserem Erfahrungsgedächtnis ab. Diese Erfahrungen bahnen dann neuen Erlebnissen und

Perspektiven den Weg. Studien haben gezeigt, dass durch den sogenannten „Priming-Effekt" (Bahnungseffekt) bestimmte Entscheidungen unbewusst vorprogrammiert werden. Wenn Sie z. B. das Wort „Leiden" lesen, ergänzen sie anschließend die Buchstabenfolgen „K ... e" und „G ... t" eher mit „Katastrophe" und „Gewalt". Lesen Sie hingegen den Begriff „Erfolg", dann werden Sie eher Begriffe wie „Karriere" und „Gehalt" ergänzen. Diesen Bahnungseffekt kann man sich auch beim Perspektivenwechsel zunutze machen. Hierzu sollten wir uns die positiven Dinge der anstehenden Veränderung mit passenden Begriffen verdeutlichen und uns bewusst fragen: „Wie fühlt sich das für mich an?" Wenn die Begriffe dann mit einem positiven Körpergefühl verbunden werden, können wir einen unangenehmen Perspektivenwechsel trotzdem mit viel Energie und Freude vollziehen. Unsere mentalen Marker helfen uns dabei, das Positive in der Veränderung zu sehen und nicht das Negative.

2. Erfahrungen nutzen

Erfahrungen sind wichtige Bestandteile unserer Persönlichkeit. Sie prägen uns in unserem Verhalten, Beurteilen und Entscheiden. Damit sind Erfahrungen auch Energiequellen für Neues. Nehmen wir beispielhaft einmal an, Sie wollen sich im Rahmen des Generationswechsels in Ihrem Unternehmen neu positionieren – raus aus der aktiven Geschäftsführung, rein in einen Beirat oder Aufsichtsrat. Anfänglich fällt Ihnen dies als Inhaber nicht leicht, aber wenn Sie sich die Erfahrungen positiver Aufgaben, Inhalte und Entwicklungen aus Ihrer aktiven Zeit vor Ihrem geschäftsführenden Gesellschafterdasein ins Gedächtnis rufen, dann werden Sie schnell erkennen, wie schön dieser Perspektivenwechsel sein kann. Die positiven Erfahrungen aus der Vergangenheit motivieren Sie zur Veränderung.

Auch im privaten Bereich gibt es hierfür viele fundierte wissenschaftliche Untersuchungen. Gerade bei Trennungen in schwierigen

Beziehungen können Erfahrungen, die vor der Ehe gemacht wurden, aktiv dazu beitragen, dass man sich leichter und gelassener fühlt. Man weiß, dass es ein „Leben danach" gibt, was aus dem „Leben davor" beflügelt werden kann. Damit wird die Trennung – der eigentliche Trennungsschmerz – leichter ertragbar.

Erfahrungen können, wenn sie als Geschichten erzählt oder niedergeschrieben sind, unser Selbstbewusstsein drastisch steigern. Geschichten sind Prägung und Orientierung zu gleich. Wer es gelernt hat, seine Vergangenheit und die damit gemachten Erfahrungen in Form von Geschichten zu verfassen und zu interpretieren, der entdeckt neue Facetten und Perspektiven seines eigenen Lebens. Auf diese Weise können Erfahrungen und Ereignisse aus der Vergangenheit – also die eigene Lebensgeschichte – einen Perspektivenwechsel anbahnen und fördern.

3. Richtiger Umgang mit Gefühlen

Gefühle sind entscheidend für die Aktivierung der rechten Gehirnhälfte. Schauen wir uns zu diesem Zweck nochmals die Abbildung 13c an. Auf der rechten Seite des Gehirns befindet sich das Selbst oder der innere „Kapitän". Seine Aufgabe ist es, alle unsere Funktionen, Gedanken und Erfahrungen zu nutzen, zu steuern und unbewusst zu entscheiden bzw. zu handeln. Dabei eröffnet das Selbst ein ausgedehntes, neuronales und parallel verarbeitendes Netzwerk, was uns leistungsstark macht und die Einbindung von Bedürfnissen und Gefühlen in dieses Netzwerk ermöglicht eine höhere Zufriedenheit als eine reine logische Betrachtung der Dinge. Die Gefühlswelt motiviert uns zu mehr und macht Spaß an der Veränderung und dem notwendigen Perspektivenwechsel.

Daher ist es wichtig, nicht nur die logische Seite eines Perspektivenwechsels zu betrachten, sondern man sollte sich auch die Fragen stellen: „Wie fühlt sich dieser Perspektivenwechsel für mich an? Was für emotionale Regungen (Anspannungen oder Entspannungen) verbinde ich mit dem Perspektivenwechsel? Passt der Perspektivenwechsel zu meinen Bedürfnissen und Werten? usw." Die Bewusstmachung der Gefühle beim Perspektivenwechsel und deren Auswirkungen auf das Verhalten und Entscheiden ist eine wichtige Voraussetzung für eine erfolgreiche Veränderung. Gelingt es nicht, diese Gefühle bewusst zu machen, dann spricht man von einem emotionalen Sinnverlust. Ein emotionaler Sinnverlust - wenn z. B. das Erleben und Handeln nicht oder nur eingeschränkt an den eigenen Bedürfnissen und Werten ausgerichtet wird - führt dazu, dass die Befriedigungsbilanz der Veränderung nicht positiv ist.

Zur Verdeutlichung ein Beispiel:

In einer Beziehung passt sich einer der beiden Partner in vielen Situationen dem anderen Partner ohne Kompromisse oder Einschränkungen an; d. h. dieser Partner stellt seine eigenen Bedürfnisse und Werte immer in den Hintergrund. Nach einer gewissen Zeit - abhängig vom Selbstverständnis und Selbstwertgefühl der Person - wird die emotionale Befriedungsbilanz des angepassten Partners negativ. Er versteht den Sinn nicht mehr und fragt sich ständig: „Wer bin ich eigentlich und warum passe ich mich ständig an?" Damit wird ein Perspektivenwechsel aus dem Gefühl des emotionalen Sinnverlustes (Selbstverlust) angefeuert; es muss sich etwas verändern oder der angepasste Partner „verkommt" zu einem „selbst"-losen Masochisten.

Dieses vereinfachte Beispiel zeigt, wie unsere Gefühle einen Perspektivenwechsel aktiv fördern oder behindern können. Entscheidend dabei ist, dass wir uns dieser Gefühle auch bewusst werden. Basis hierfür ist ein neues Verständnis und Selbstbild über die „Macht" der Gefühle. Sie sind mehr als nur ein Beiwerk unseres Lebens; sie sind Antrieb, Motivation und Bremse zugleich; sie sind die Summe unserer verankerten Erfahrungen. Wer zu viel Stress/

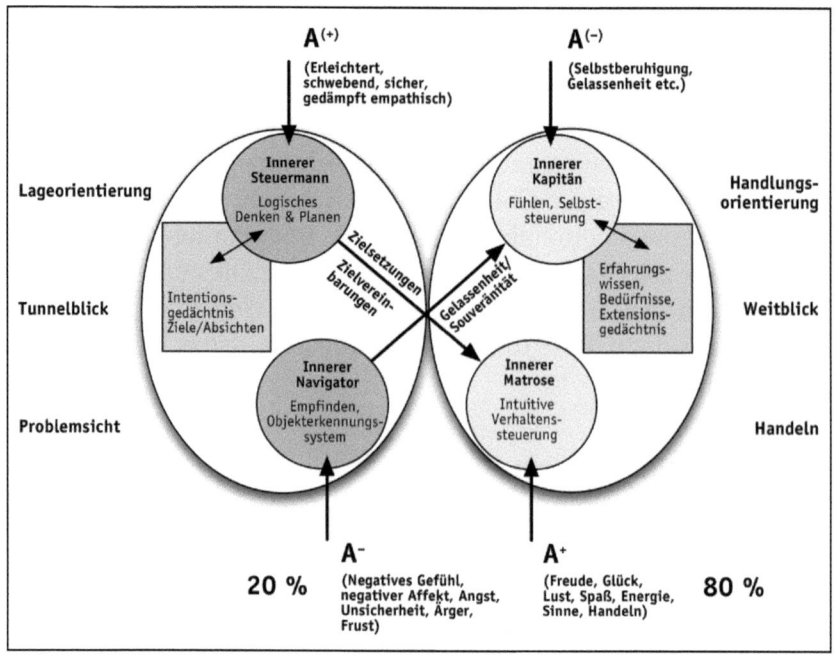

Abbildung 13c: PSI-Theorie – Persönlichkeits-System-Interaktion,
   Quelle: K.O.M.-Motivator®, K.O.M. GmbH, 2009, basierend auf der PSI Theorie nach Kuhl 2001

Anspannung aus Erfahrungen in Veränderungsprozessen aufgebaut hat, der blockiert sein Extensionsgedächtnis (vgl. Abbildung 13c) und damit sein Selbst; der Sinn der Veränderung geht ihm damit verloren. Die Veränderung wird für ihn zu einem MUSS und nicht mehr zu einem WOLLEN. Er verliert das Interesse am Neuen und kann daher das „Alte" nicht loslassen; eine nachhaltige Veränderung findet somit nicht statt.

5.3 Wie stärke ich mein Selbst – oder: Loslassen leichter gemacht!

Wie wir gesehen haben, ist das Selbst ein zentraler Aspekt für das Loslassen. Nur wenn es uns gelingt, das Selbst mit seinen Möglichkeiten und seiner Stärke als neurales Netzwerk zu nutzen, wird der Perspektivenwechsel beim Loslassen erfolgreich gelingen. Wie stärke ich aber nun das Selbst? Wie gelingt es mir, dieses neurale Netzwerk zu aktivieren? Ist es immer gut und notwendig, das Selbst einzubinden?

Nochmals zur Erinnerung: In der Abbildung 13c sieht man das Selbst bzw. den inneren „Kapitän" auf der rechten Seite im vorderen Bereich. Dieses System kann nur durch einen eingeschränkten negativen Affekt (A(-)) aktiviert werden. Damit steht das Selbst immer in Verbindung mit dem Objekterkennungssystem – dem inneren „Navigator" – auf der gegenüberliegenden Seite des Gehirns. Dieses Objekterkennungssystem wird durch negative Affekte (A-) aktiviert und ist auf die Wahrnehmung von vielen einzelnen, kleinen Details spezialisiert. Das Selbst hingegen ist auf das „große Ganze" spezialisiert; d. h. es baut durch die Zusammenführung der Einzelwahrnehmungen (Details) des Objekterkennungssystems eigene komplexe Konstrukte auf. Somit zeigt sich, dass wir Menschen vor allem durch Niederlagen, negative Erlebnisse, Fehler und viele Details lernen, vorausgesetzt wir lassen es zu, dass es in unserem Erfahrungsgedächtnis auch abgespeichert werden kann; dies wird als „Selbstwachstum" bezeichnet. Mit jeder Erfahrung, die wir machen UND im Selbst verinnerlichen, also abspeichern, steigt die Kompetenz unseres neuralen Netzwerks. Genau diese Kompetenz benötigen wir bei der Realisierung eines Perspektivenwechsels.

Diese Stärke des Selbst kann über verschiedene Varianten aufgebaut werden:

Variante 1: Vertrauensvolles erinnern

Wir speichern neben den negativen Details aus dem Objekterkennungssystem auch viele positive Erfahrungen in unserem Erfahrungsgedächtnis ab. Dabei unterstützen diese positiven Erfahrungen unser Selbstwachstum, indem die negativen Erfahrungen, Fehler und Schwierigkeiten über vertrauensvolle Erinnerungen ertragbarer werden; wir spüren beispielsweise den Mut, den uns andere Menschen geben und haben damit weniger Angst vor dem Neuen. Genau diese vertrauensvollen Erinnerungen sollen ins Bewusstsein geholt werden.

Eine typische Frage zur Aktivierung dieser vertrauensvollen Erinnerungen ist: „Gibt es einen oder mehrere Menschen, mit denen ich die Erfahrung gemacht habe, dass ihnen mein Befinden ein echtes Anliegen ist?" Mit dieser Frage fordern wir unser Erfahrungsgedächtnis auf, die vertrauensvollen Erinnerungen an Personen, denen wir wirklich etwas bedeuten, wieder wachzurufen. Damit wird das Selbstwachstum gefördert und das Selbst gestärkt. Beispielhaft wäre hier eine Arbeitskollegin, die bei viel Stress einfach vorbeikommt und fragt, ob sie das Telefon übernehmen soll, damit der Kollege eine kleine Pause machen kann; oder der Chef, der fragt, ob er einspringen soll, damit der Mitarbeiter die hohe Arbeitsbelastung des Tages auch bewältigen kann; oder die Freundin, die weit weg wohnt, aber gerne kommt, wenn man sie braucht. Alle diese Beispiele signalisieren dem Selbst in uns eine Wertigkeit – wir werden um unserer selbst willen geliebt – sowie das Gefühl der Geborgenheit. Dies sind alles Inhalte, welche das Selbst wachsen lassen.

Variante 2: Wachsamkeit entwickeln

Das Selbst ist sehr oft im Stand-by-Modus. Es „wartet" quasi, bis es gebraucht wird; letztendlich soll ja die Power des Selbst gezielt und bewusst genutzt und nicht verschwendet werden. Das Selbst verfügt über eine besondere Form der Aufmerksamkeit, die es ermöglicht, Menschen automatisch zu erkennen, die es gut mit uns meinen. Eine Fähigkeit, die für unser soziales Verhalten, aber auch für unser Lernen besonders wichtig ist. Je stärker unser Gefühl der Geborgenheit ist, umso besser lernen wir. Daher ist es wichtig, dass die Wachsamkeit des Selbst ständig gefördert wird. Wer sich abschottet und vergräbt, vergibt sich jede Chance des Selbstwachstums und lässt sein Selbst verkümmern. Wer jedoch bewusst Ausschau hält nach anderen Menschen, die es gut mit ihm meinen, wird mit Selbstwachstum, Zufriedenheit und Gelassenheit belohnt. Damit sind die Herausforderungen beim Loslassen leichter zu bewältigen und man kommt gestärkt aus einem Perspektivenwechsel heraus.

Variante 3: Wünsche platzieren
Sehr oft wünscht sich unser Selbst eine höhere Aufmerksamkeit. Diese bekommt es aber nicht immer, weil wir uns zu schnell den Wünschen und Forderungen anderer anpassen. Viele kennen dieses Problem, weil es sehr lange als erfolgreiche Erziehungsmethode propagiert wurde: „Nur, wenn du machst, was ich will, wirst du geliebt." Liebe, die Bedingungen stellt, führt das Selbst immer in eine Pattsituation. Man will auf der einen Seite die Aufmerksamkeit, um mehr Selbstwachstum, Selbstvertrauen und Stärke zu erreichen, muss aber auf der anderen Seite die Wünsche des inneren „Kapitäns" (Selbst) unterdrücken. Dies hat und wird nie funktionieren; die Unzufriedenheit mit sich selbst wächst und ein Crash ist vorprogrammiert. Daher ist es wichtig, dass wir uns bewusst Handlungen überlegen, über die wir unsere eigenen Vorstellungen vertreten können, damit die anderen uns besser wahrnehmen und verstehen.

Wünsche sind keine Kriegserklärung an den anderen, sondern ein Beweis für die Bereitschaft, mit dem anderen vertrauensvoll umzugehen. Wer es gelernt hat, seine Wünsche richtig zu platzieren, der wird auch wahrgenommen und verstanden, was zu einer

Stärkung seines Selbst führen wird. Es sei jedoch an dieser Stelle auch darauf hingewiesen, dass das gesunde Äußern von Wünschen nicht gleichzusetzen ist mit einem egoistischen und selbstzentrierten Einfordern. Die Wachsamkeit des Selbst lässt diese Art von Selbstverliebtheit nicht zu, sofern wir es gelernt haben, auf diese Wachsamkeit zu hören. Leider fehlt vielen Menschen der Zugang zu dieser Wachsamkeit und damit auch die Möglichkeit zum echten Dialog; sie sind Opfer ihrer eigenen Selbstverliebtheit.

5.4 Auf das richtige Timing und den Ablauf kommt es an

Gerade beim Loslassen im Rahmen eines Generationswechsels in Unternehmen zeigt sich, wie wichtig es ist, die verschiedenen Phasen des Loslassens penibel einzuhalten und zu realisieren. Als Beispiel hierfür eignet sich ein mittelständisches Unternehmen aus der Branche der Metallverarbeitung, welches ich im Rahmen eines Generationswechsels als Beirat begleiten durfte. Die nachfolgenden Inhalte können jedoch auch als Phasen für andere Arten des Übergangs im Rahmen von Veränderungen genutzt werden. Gleichgültig ob es sich um einen Todesfall, eine Scheidung oder den Auszug der Kinder handelt, in allen Fällen hat unser Gehirn einen schmerzhaften Prozess der Anpassung zu durchlaufen.

Beispiel: Generationswechsel in einem Industrieunternehmen
Der Inhaber des Unternehmens ist mit 65 Jahren in den wohlverdienten Ruhestand gegangen und sein Sohn hat die Leitung des Unternehmens übernommen. Für den bisherigen Inhaber ist – wie bei allen Prozessen des Loslassens – die Übergangsphase vom „alten" zum „neuen" Zustand besonders kritisch. Um sicherzugehen, dass

der Schritt des Loslassens (Übergang) auch erfolgreich gelingt, haben er und weitere betroffene Personen (u. a. der Sohn) nachfolgende Phasen bewusst durchlaufen. Unter Übergang versteht man in diesem Zusammenhang zum einen, dass man sich bewusst vom „alten" Zustand löst, d. h. das „Alte" Stück für Stück aufzulösen. Zum anderen bedeutet der Übergang aber auch, den aufkommenden Identifikationsverlust bewusst in Kauf zu nehmen und die anfängliche Ernüchterung und Orientierungslosigkeit gezielt „auszuhalten".

Phase 1: Ablösungsphase

Die gewollte oder ungewollte Veränderung löst uns aus dem gewohnten Kontext heraus. Was bisher selbstverständlich war, zerfällt und eine Verlustangst breitet sich aus. *Bei unserem Unternehmer war diese erste Phase besonders schmerzhaft. Bisher hatte er die Kontrolle über alle Investitionen in seinem Unternehmen. Langsam, aber sicher bestimmte der Sohn das Geschehen, mit der Konsequenz, dass der bisherige Inhaber nicht mehr über alles in der gewohnten Selbstverständlichkeit informiert wurde. Damit bestand die Herausforderung für ihn darin, seine eigenen Gefühle wieder in den Griff zu bekommen und die neue Realität zu akzeptieren.*

Eine nicht leichte Aufgabe, denn das Gefühl der Verlustangst ist mächtig; sie sorgt dafür, dass wir nur noch die Details sehen und damit den Überblick verlieren. Dieser Verlust an Überblick schwächt wiederum den Zugang zu unserem Selbst und damit zum Hauptakteur des Perspektivenwechsels. Erst wenn es uns gelingt, die negativen Affekte (A-) der Verlustangst einzudämmen (A(-)), können wir uns der zweiten Phase widmen. Dies gelingt wiederum nur dann, wenn wir lernen, ein aktives Stimmungsmanagement (Siehe auch Kapitel 2.1.2) bei uns selbst zu betreiben und das Ablösen wirklich zu akzeptieren.

Phase 2: Auflösungsphase

Nachdem sich unser Unternehmer im Ruhestand bewusst gemacht und akzeptiert hat, dass die Veränderung in der Unternehmensführung auch sein gesamtes bisheriges Lebenskonzept infrage stellen wird, begibt er sich in die zweite Phase des Übergangs: die Auflösungsphase. In dieser Phase wird in kleinen Schritten die bisherige Führung des Unternehmens faktisch an den Sohn übertragen. Schritt für Schritt werden immer häufiger Meetings ohne den bisherigen Inhaber abgehalten sowie Umstrukturierungen und Prozessanpassungen ohne Abstimmung mit dem Seniorchef realisiert. Damit wird jetzt die Veränderung für ihn direkt spürbar; aus der „gedachten" Ablösung der ersten Phase wird nun eine echte Auflösung des bisherigen Zustands. Ein innerer Widerstand baut sich beim Seniorchef auf: Er will den Rubikon-Effekt vermeiden; er will sich ein Hintertürchen offenhalten; er will nicht loslassen.

Diesen Widerstand zu überwinden, mag ein schwieriges Unterfangen für den Altinhaber sein, aber es ist machbar, und zwar dann, wenn er lernt, seine Denkmuster und Verhaltensweisen durch einen Perspektivenwechsel – Blick in die Zukunft – langsam zu verändern. Scheinbare Vorurteile gegenüber der neuen Führung müssen dabei abgebaut und die Wahrnehmung auf das Neue gelenkt werden.

An dieser Stelle sollte auch erwähnt werden, dass der Nachfolger in dieser Phase einen zentralen Beitrag zum Generationswechsel leisten kann. Gerade die angeblichen Vorurteile gegenüber der neuen Generation versperren den Blick auf die Chancen und Potenziale der Zukunft, die das Unternehmen und alle Beteiligten haben. Hier kann durch eine intensive Kommunikation, beispielsweise Vier-Augen-Gespräche, und intensive Schulung der restlichen Führungskräfte ein Stagnieren des Veränderungsprozesses verhindert werden. Die Wachsamkeit des Selbst (Altinhaber) sucht nach Signalen in der Unternehmung und insbesondere beim Sohn

(Nachfolger), welche zeigen, dass alle Betroffenen es gut mit ihm meinen. Das Selbstwachstum durch das Gefühl der Geborgenheit in der Auflösungsphase hilft, den Widerstand gegen die Auflösung zu vermeiden oder zu überwinden.

Phase 3: Identitätsverlustphase

Diese Phase ist für die Gefühlswelt unseres Altinhabers sicherlich am intensivsten. Eine Labilität wird spürbar und Ängste sowie Selbstzweifel über die Entscheidung des Loslassens machen sich in ihm breit. Seine eigene Rolle in der Zukunft wird immer unklarer und eine gewisse Hilflosigkeit bei der Neuorientierung stellt sich ein. Der Unternehmer im Ruhestand, der bis heute allen Krisen erfolgreich getrotzt hat, befindet sich selbst in einer Krise.

Dies zu akzeptieren fällt den meisten erfolgreichen und angesehenen Menschen schwer. Sie wollen es nicht wahrhaben, dass neben dem unternehmerischen Leben auch noch ein anderes Leben existiert. Viele Jahrzehnte hat der Unternehmer für seinen Erfolg gekämpft. Er hat verzichtet und seinen Lebenszweck allein dem Unternehmen gewidmet – und jetzt ist alles aus?! Es ist sicherlich sehr leicht nachzuvollziehen, was in unserem Altinhaber vorgeht. Diese oder ähnliche Gefühle durchlaufen wir auch, wenn sich beispielsweise unser Lebenspartner von uns trennt oder wenn die Kinder erwachsen und selbstständig werden. Die Suche nach einer neuen Identität durch den Wechsel der eigenen Sichtweise ist die größte emotionale Herausforderung beim Loslassen.

Die Frage nach dem „Wer bin ich?" muss neu beantwortet werden. Bisherige Erfahrungen greifen nicht mehr und neue Erfahrungen fehlen: Eine neue Perspektive muss her! Diese Phase macht uns besonders verletzbar und damit u. U. auch aggressiv oder depressiv. Wir haben quasi die alte Haut abgestreift und suchen nach einer neuen. Diese „neue Haut" zu finden, heißt vor allem, die „alte Haut" wirklich zu vergessen. Die neue Perspektive kann nur dann aufgebaut werden, wenn wir der Vergangenheit nicht mehr nachtrauern und die neue Realität akzeptieren.

Phase 4: Desillusionierungsphase

Wie sagte Sigmund Freud: „Der Respekt vor der Realität hat gesiegt." Die neue Wirklichkeit zu akzeptieren und anzunehmen, heißt auch, die Illusion des Schönen am Alten abzulegen; es wird nicht mehr so, wie es einmal war. Nur wenn der Seniorchef diese Realität akzeptiert, kann er sich einer neuen Perspektive gelassen und voller Motivation zuwenden. Dazu benötigt er jedoch ein gestärktes Selbst (Siehe Kapitel 5.3) und vor allem Zeit.

Es ist sehr wichtig, dass man sich für die Suche nach dem Neuen auch Zeit lässt. Zeit, die man benötigt, um die Ernüchterung der Veränderung bewusst zu verarbeiten und die Handlungsalternativen nicht nur logisch und rational zu durchdenken, sondern auch zu fühlen, beispielsweise durch Fragen wie: „Welche Zukunft fühlt sich gut für mich an? Welche Ziele sind positiv für mich?", aber auch: „Welche Schwierigkeiten ergeben sich daraus?" Es ist wichtig, dass beide Seiten wie bei einem Pendel immer wieder betrachtet und beschrieben werden. Gerade das scheinbare Nichts – im Sinne einer vermeintlichen Perspektivlosigkeit in der Zukunft – sollte als Chance verstanden werden, nur dann hilft die Desillusionierung beim Finden der neuen Perspektive.

Für unseren Altunternehmer zeigte sich, dass sein bisheriges soziales Engagement in der Gemeinde eine für ihn lohnende Perspektive sein könnte. Er widmete sich immer mehr ausgewählten sozialen Projekten, engagierte sich für den Umweltschutz und wurde Vorsitzender eines Verbandes (ganz ohne Führungsaufgabe ging es dann doch nicht). Damit füllte er das scheinbare Nichts mit einer neuen Perspektive. Das Unternehmen besuchte er immer seltener, bis er nur noch bei Feierlichkeiten vor Ort war; er hat eine neue befriedigende Aufgabe gefunden.

5.5 Die Saboteure in uns – oder: Wie ich meinen inneren Schweinehund besser überwinden kann, um schneller loszulassen

Im Rahmen verschiedenster Studien wurde erkannt, dass wir Menschen in schwierigen Phasen zur Selbstschädigung neigen. Diese Selbstsabotage setzt immer dann ein, wenn wir Gefahren oder Veränderungen ignorieren, unsere Gesundheit gefährdet ist, wir uns mehr um andere als um uns selbst kümmern, zu viel arbeiten oder eben nicht loslassen können. Es ist wichtig, diese inneren „Saboteure" zu erkennen und geeignete Gegenmaßnahmen einzuleiten. Im Nachfolgenden werden einige dieser Selbstsaboteure aufgezeigt, beschrieben und Gegenmaßnahmen dargestellt. Um jedoch den Umfang dieser Ausführungen nicht zu sprengen, wurden nur einige wesentliche Saboteure ausgewählt.

1. Sorglosigkeit

Unter Sorglosigkeit wird in diesem Kontext nicht die Gelassenheit gegenüber Situationen oder Zuständen verstanden, sondern die Sorglosigkeit gegenüber sich selbst. Diese Sorglosigkeit zeigt sich insbesondere in nachfolgenden typischen Signalen:

- Handeln wider besseren Wissens; man schädigt sich selbst, indem man z.B. die Phasen des Übergangs nicht akzeptiert bzw. nicht bewusst lebt oder das Loslassen einfach verdrängt.
- Die eigenen Interessen stets in den Hintergrund schieben und damit das Selbst schädigen; ein Selbstwachstum ist damit nicht mehr möglich.
- Signale und Informationen beiseiteschieben und missachten, obwohl damit die eigene Gesundheit auf dem Spiel steht.

Gerade der letzte Saboteur ist beim Loslassen einer der häufigsten Gründe, warum es zu keiner Veränderung kommt. Alle erkennbaren

Signale, Hinweise und Tipps werden bewusst ignoriert und das bisherige Leben sorglos fortgeführt. Damit wird das Unausweichliche zur Realität – man wird entweder krank oder verrennt sich in Illusionen bzw. wird bösartig, aggressiv oder depressiv. Die Sorglosigkeit gegenüber der eigenen Situation versperrt uns den Blick auf eine neue Perspektive und verbaut uns damit die Chancen der Veränderung. Eine sinnvolle Gegenmaßnahme ist hierfür ein „Achtsamkeitstraining", in dem vermittelt wird, wie und warum wir mehr auf uns und unseren Körper hören sollten. Aber auch eine Neuausrichtung bei der Wahrnehmung der Umwelt fördert den Abbau von Sorglosigkeit und fördert damit das Loslassen.

2. Opferbereitschaft

Die Opferbereitschaft ist in vielen Fällen eine Verdrängung der Angst, „nicht mehr gebraucht" zu werden. Man verzichtet auf zu viel zugunsten anderer und zeigt übermäßigen Einsatz und Engagement. Ständige Erreichbarkeit und permanente Präsenz sind Anzeichen dafür, dass man nicht loslassen kann. Gleichgültig ob es sich um den Unternehmer im Generationswechsel handelt, der immer noch sein festes Büro hat und mehr denn je vor Ort ist oder ob es sich um die Mutter handelt, die alles akzeptiert und ständig erreichbar ist, um dem ausgezogenen Sprössling immer das Gefühl zu entlocken, doch noch gebraucht zu werden. Diese Personen befinden sich in einer Opferrolle – die sie sich selbst zugeschrieben haben – und dadurch fühlen sie sich ständig gehetzt und unter Druck. Sie wollen trotz realisiertem Generationswechsel immer noch alles wissen, überall dabei sein oder rufen täglich an, um im Gedächtnis zu bleiben. Der Wunsch, „gebraucht" zu werden, dominiert und es tut weh, wenn es nicht so ist. Dabei wird das eigene Verhalten nicht einmal als Belastung beschrieben, sondern als Fürsorge oder Notwendigkeit deklariert. In Wirklichkeit hat jedoch der Selbstsaboteur in Form der Opferbereitschaft zugeschlagen. Er gibt uns das Gefühl, die Situation doch noch „retten" zu können und die Vergangenheit unverändert fortschreiben zu können

– ein Selbstbetrug der besonderen Art. Hier gilt es, sich mit beim Loslassen intensiver zu beschäftigen und den Übergang bewusst zu durchleben. Die Opferbereitschaft wird erst dann zurückgehen, wenn wir die neue Realität akzeptieren und aktiv annehmen.

3. Perfektionismus

Perfektionisten sind Menschen, die kein Ende finden. Die Angst vor Fehlern lässt sie ständig an der Richtigkeit ihrer Entscheidungen und ihres Handelns zweifeln. Sie wollen alles besonders gut machen und trauen nur sich selbst die besten Ergebnisse zu.

Beim Loslassen übertragen wir die Verantwortung in andere Hände und es können Fehler oder Fehlentscheidungen entstehen. Die Angst vor einem Kontrollverlust wird dann vom Perfektionisten dadurch in Schach gehalten, dass er ständig die Notwendigkeit seines Weiter-Handelns und Nicht-Loslassens als sachlich begründet darstellt; letztendlich soll doch „die Qualität nicht leiden". Der Selbstbetrug endet jedoch meistens im Chaos, denn umso mehr sich jemand aus perfektionistischen Gründen weigert, seine Aufgaben abzugeben, umso schneller wird das Ergebnis schlecht sein, da derjenige die aktuellen Veränderungen in seinem Umfeld übersieht und die eigene Leistungsfähigkeit überschätzt. Der durch den übertriebenen Perfektionismus verursachte Energie- und Zeitverlust rächt sich früher oder später: Im Fall des Generationswechsels kann dies beispielsweise einen ständigen Wechsel in der Geschäftsführung nach sich ziehen, da keiner der neuen Mitarbeiter aus Sicht des scheidenden Unternehmers gut genug ist, die Position des Geschäftsführers auszufüllen.

Perfektionismus verhindert die Weiterentwicklung. Es sei hierbei jedoch darauf hingewiesen, dass eine Aufgabe oder Arbeit natürlich professionell erledigt werden muss, jedoch eben nicht im Sinne eines blockierenden Anspruchs. Eine wesentliche Gegenmaßnahme hierbei ist der ehrliche Mut zur Veränderung und zum Loslassen – ehrlich im Sinne von Akzeptanz und Treue zu sich selbst. Dabei sollten gesteckte Ziele nicht ständig verschoben, sondern bewusst und geplant realisiert werden. Definierte Maßnahmen, Aufgaben und Inhalte sollten termingerecht erledigt und nicht immer unter dem Mantel des Perfektionismus verschoben oder angepasst werden.

5.6 Zusammenfassung

Die Erfolgsfaktoren für ein konsequentes Loslassen im Überblick:

- Psychologische Basis nie aus den Augen verlieren
- Übergang bewusst erleben und steuern
- Veränderungen gezielt umsetzen und kontrollieren

Nur wem es gelingt, jedweden Übergang als bewussten Prozess zu steuern und dabei die psychologische Basis menschlichen Verhaltens zu berücksichtigen, dem gelingt auch ein harmonischer Perspektivenwechsel mit motivierenden Aussichten. Dabei ist ein systematisches und konsequentes Vorgehen unerlässlich, insbesondere bei Generationswechsel und bei schweren Schicksalsschlägen. Gerade in diesen beiden Fällen sind die Gefahren, im Prozess stecken zu bleiben oder kein Ende zu finden, besonders groß. Es empfiehlt sich daher auch, externe Hilfe in Anspruch zu nehmen, denn gerade kompetentes Erfahrungswissen über derartige Prozesse schützt den oder die Betroffenen vor Gefahren und Fallen.

Das Loslassen ist und bleibt ein zentraler Aspekt für ein professionelles Veränderungsmanagement. Es lohnt sich daher, sich damit intensiv zu beschäftigen sowie Zeit und Geld zu investieren, denn nur dann schafft man eine Zukunft, die man selbst auch will und nicht eine, die man nicht will.

6.
Zum Schluss...

Das Fazit eines Beraters und Coaches

Warum es uns so schwerfällt, das Richtige zu tun, ist nicht nur eine Frage von Entscheidung und Umsetzung, sondern auch eine Frage unserer Entwicklung als Homo sapiens. Die vielen Erfahrungen und Erlebnisse mit Workshopteilnehmern und Coachingsitzungen haben gezeigt, dass wir gerne mehr umsetzen würden, aber immer wieder an unserer eigenen Biologie und Entwicklung als Mensch scheitern. Der bekannte Göttinger Neurobiologe Gerald Hüther betitelt eines seiner Hauptwerke in diesem Sinne sehr treffend mit „Was wir sind und was wir sein könnten – Ein neurobiologischer Mutmacher". Die Botschaft könnte eindeutiger nicht sein; nur wenn es uns gelingt, die Last unserer eigenen Evolution zu verstehen und zu akzeptieren, können wir unser Schicksal mehr beeinflussen, als dies gegenwärtig der Fall ist.

Für Unternehmen bedeutet dies, dass nicht mehr Technologie, mehr Kapital oder bessere Rahmenbedingungen den Weg in die Zukunft weisen, sondern der Grad, in dem es gelingt, sich auf ein reales Menschenbild einzulassen. Wir brauchen mehr Mut, uns auf uns selbst mit allen Stärken, aber auch allen natürlichen Schwächen einzulassen. Für die Wirtschaft bedeutet dies, dass wir unsere Veränderungsbereitschaft jeden Tag erneut auf die Probe stellen müssen und uns dabei immer darauf konzentrieren sollten, was machbar ist und was unrealistisch ist. Immer wieder werden umfassende und detaillierte Businesspläne gemacht, die in Art und Weise nicht den psychologischen Ansprüchen unseres Denkens und Handelns entsprechen. Dass damit eine Umsetzung schon a priori vereitelt wird, ist leider den wenigsten bewusst.

Hier ist ein Umdenken nicht nur nötig, sondern unerlässlich. Denn die Verluste, die Unternehmen durch nicht umgesetzte Strategien erleiden, gehen in die Milliarden. Die Konsequenzen der Unternehmen sind dann meistens dramatischer Aktionismus in der Hoffnung, damit das Ruder noch mal herumreißen zu können. Leider geht dies in 95 Prozent aller Fälle schief. Nur wer zu Beginn die psychologische Seite intensiv in seinen Ausarbeitungen, Plänen und Vorgehensweisen berücksichtigt, wird erfolgreich sein können. Leider fehlt es dafür in den Unternehmen zu häufig an der notwendigen Qualifikation, um das zu gewährleisten.

Die Wirtschaftspsychologie wird immer mehr zu einem entscheidenden Wettbewerbsfaktor für die deutsche Wirtschaft werden – ob im Bereich des Employer Branding oder der strategischen Bearbeitung von internationalen Märkten. Zwar wird schon sehr viel für die Qualifikation von Führungskräften in den Unternehmen getan, aber die Nachhaltigkeit bei der Umsetzung wird oftmals vernachlässigt. Aber gerade diese Nachhaltigkeit, die durch eine kontinuierliche Auseinandersetzung mit den wirtschaftspsychologischen Wirkmechanismen in Märkten und bei den Menschen erreicht werden könnte, schafft den gewünschten Erfolg von morgen. Die Stärke der deutschen Unternehmen sind deren Mitarbeiter und nur wenn dieses Kapital intelligent und bewusst eingesetzt wird, können wir in Deutschland unsere Position als erfolgreiche Wirtschaftsnation halten.

Die Standortfrage Deutschland ist mehr denn je eine wirtschaftspsychologische Herausforderung geworden. Denn als „Denkfabrik" ist der Einsatz des Human Capital der Erfolgsfaktor Nummer eins. Der „War of Talents", der in vielen Branchen stattfindet, bestätigt dies und signalisiert, dass es an der Zeit ist, wirtschaftliches Handeln neu zu definieren.

Hierbei ist aber auch die Politik gefordert; Veränderungen brauchen gute Rahmenbedingungen. Diese werden von der Politik gesetzt, leider aber zu häufig und zu schnell immer wieder verändert. Versprechungen vor dem Wahlabend sind nach der Wahl ebenso schnell vergessen wie die Tatsache, dass Beurteilungen und Bewertungen von aktuellen Geschehnissen morgen schon wieder überholt sein können. Oft wird dieser Meinungswechsel mit Demokratie gleichgesetzt. Sicherlich ist es wichtig, dass durch Diskussionen oder neue Erkenntnisse ein Wechsel der Meinung erfolgen muss. Aber hier geht es weniger um Meinungen als um Glaubwürdigkeit im Grundsatz. Veränderungen brauchen aber Glaubwürdigkeit. Nur mit lauten, öffentlichkeitswirksamen Auftritten funktioniert ein Wandel weder im Kleinen noch im Großen. Wir sollten erkennen, dass gerade das Querdenken und nicht das konforme Verhalten Glaubwürdigkeit und Akzeptanz prägen. Von einer Sache oder einem Inhalt überzeugt zu sein und diesen dann auch gegen Widerstände zu vertreten, bedarf Selbstsicherheit und Überzeugung, um den eigenen freien Willen auch umzusetzen. Selbst Kompromisse können diesem Anspruch gerecht werden, was das Krisenmanagement der Regierung in der Finanzkrise bewiesen hat.

Menschen brauchen stabile und kalkulierbare Rahmenbedingungen, um sich entfalten zu können. Nur wenn diese gewährleistet sind, wird aus Freiheit auch Eigenverantwortung. Wechseln jedoch die Stimmungen oder die Inhalte zu schnell, dann wird aus gewünschter nachhaltiger Veränderung das Bild von hektischem Aktionismus. Es lässt sich sicherlich nicht behaupten, dass Regierungen in ihren Entscheidungen typischerweise schnell sind. Das ist aber auch nicht der Ansatz aus Sicht der Wirtschaftspsychologie. Die Frage lautet vielmehr, wie sich das Verhalten und die Arbeitsweise der Regierungen für die betroffene Bevölkerung anfühlt. Nur das Gefühl des Umganges mit Problemen und Herausforderung durch die „Mächtigen" entscheidet darüber, ob wir Glaubwürdigkeit verspüren oder ob sich Unsicherheit in uns breitmacht.

Eine höhere Sensibilität im Umgang mit Informationen und Botschaften könnte hierbei hilfreich sein. Die Medien selbst können dabei einen unterstützenden Beitrag leisten, indem sie über eine ausgewogene Berichterstattung auf die Stimmung der Leser verantwortungsvoll einwirken. Denn wenn wir wirklich lernen wollen, das Richtige zu tun und diese Entscheidung dann auch nachhaltig umzusetzen, dann wird es Zeit, dass wir alle mehr Rücksicht auf das nehmen, was uns als Menschen auszeichnet: unser Gehirn.

Literaturempfehlungen

Asendorpf, Jens B./Neyer, Franz J.: Psychologie der Persönlichkeit, Springer Medizin Verlag, 2012

Cozolino, Louis/Pott, Anni: Die Neurobiologie menschlicher Beziehungen, VAK Verlag, 2007

van Dyck, C. u. a.: Organizational error management culture and its impact on Performance, Journal of Applied Psychology, 2005

Doppler, Klaus/Lauterburg, Christoph: Change Management – Den Unternehmenswandel gestalten, Campus Verlag, 1996

Eibl-Eibesfeldt, Irenäus: Der Mensch – Das riskierte Wesen – Zur Naturgeschichte menschlicher Unvernunft, Piper Verlag, 1993

Faust, Volker: Psychische Störungen heute. Erkennen, Verstehen, Behandeln, ecomed, 2002

Francis, Dave/Young, Don: Mehr Erfolg im Team: Ein Trainingsprogramm mit 46 Übungen zur Verbesserung
der Leistungsfähigkeit in Arbeitsgruppen, Windmühle Verlag, 1996

Heckhausen, Heinz: Hoffnung und Furcht in der Leistungsmotivation, Anton Hain, Meisenheim am Glan, 1963

Hermann, Ned/Spinola, Roland: Kreativität und Kompetenz – Das einmalige Gehirn, Paidia Verlag, 1991

Herrmann, Ned: Das Ganzhirn-Konzept für Führungskräfte, Wirtschaftsverlag Ueberreuter, 1997

Hofstede, Geert: Lokales Denken, globales Handeln: Interkulturelle Zusammenarbeit und globales Management, dtv Verlagsges., 2011

Hüther, Gerald: Bedienungsanleitung für ein menschliches Gehirn, Vandenhoeck & Ruprecht, 2010

Hüther, Gerald: Brainwash: Einführung in die Neurobiologie für Pädagogen, Therapeuten und Lehrer, (DVD) Auditorium Netzwerk, 2006

Hüther, Gerald: Was wir sind und was wir sein könnten: Ein neurobiologischer Mutmacher, S. Fischer Verlag, 2013

Hugo-Becker, Annegret/Becker, Henning: Psychologisches Konfliktmanagement: Menschenkenntnis, Konfliktfähigkeit, Kooperation, dtv Verlagsgesellschaft, 1992

Kasper, Helmut/Mayrhofer, Wolfgang (Hrsg.): Personalmanagement – Führung – Organisation, Linde Wien Verlag, 2009

Kirchler, Erich (Hrsg.): Arbeits- und Organisationspsychologie, UTB GmbH, 2011

Klein, Stefan: Der Sinn des Gebens: Warum Selbstlosigkeit in der Evolution siegt und wir mit Egoismus nicht weiterkommen, Fischer Taschenbuch, 2011

Kolb, Bryan/Whishaw, Ian Q.: Neuropsychologie, Spektrum Akademischer Verlag, 1996

Kuhl, Julius: Motivation und Persönlichkeit: Interaktionen psychischer Systeme, Hogrefe Verlag, 2001

Kuhl, Julius: Der kalte Krieg im Kopf: Wie die Psychologie Naturwissenschaft und Religion verbindet, Verlag Herder, 2005

Kuhl, Julius: Lehrbuch der Persönlichkeitspsychologie: Motivation, Emotion und Selbststeuerung, Hogrefe Verlag, 2010

Martens, Jens-Uwe/Kuhl, Julius: Die Kunst der Selbstmotivation: Neue Erkenntnisse der Motivationsforschung praktisch nutzen, Verlag W. Kohlhammer, 2013

Müller, Gabriele/Hoffman, Kay: Systemisches Coaching: Handbuch für die Beraterpraxis, Carl-Auer Verlag, 2008

Myers, David G.: Psychologie, Springer Verlag, 2014

Neuberger, Oswald: Führen und führen lassen: Ansätze, Ergebnisse und Kritik der Führungsforschung, UTB Verlag, 2002

Neun, Winfried (Hrsg.): NEUNsight Magazin 2/2008, Psychologie der Veränderung, Wortflamme Verlag, 2008

Neun, Winfried: Speednovation® / Zukunftsweisende Konzepte für ein beschleunigtes Innovationsmanagement – Innovationen meistern Krisen, Wortflamme Verlag, 2010

Neun, Winfried: Nach dem Crash ist vor dem Crash: Praktische Tipps, um aus Krisen zu lernen und neue zu vermeiden, Springer/Gabler Verlag, 2012

Oser, Fritz/Spychiger, Maria: Lernen ist schmerzhaft: Zur Theorie des Negativen Wissens und zur Praxis der Fehlerkultur, Beltz-Verlag, 2005

Risto, Karl-Heinz: Konflikte lösen mit System: Mediation mit Methoden der Transaktionsanalyse, Junfermann Verlag, 2005

Roth, Gerhard: Fühlen, Denken, Handeln: Wie das Gehirn unser Verhalten steuert, Suhrkamp, 2003

Sander, Constantin: Change! Bewegung im Kopf, BusinessVillage, 2016

Schandry, Rainer: Biologische Psychologie: Mit Arbeitsmaterial zum Download, Beltz-Verlag, 2016

Schönpflug, Wolfgang/Schönpflug, Ute: Psychologie, Allgemeine Psychologie und ihre Verzweigungen in die Entwicklungs-, Persönlichkeits- und Sozialpsychologie, Nikol Verlag, 2014

Schütz, Astrid/Brand, Matthias: Psychologie. Eine Einführung in ihre Grundlagen und Anwendungsfelder, Verlag W. Kohlhammer, 2015

Schulz, Kathryn: Being Wrong: Adventures in the margin of error, Harper Collins Publishers, 2014

Sprenger, Reinhard K.: Mythos Motivation: Wege aus einer Sackgasse, Campus Verlag, 2014

Sprenger, Reinhard K.: Das Prinzip Selbstverantwortung: Wege zur Motivation, Campus Verlag, 2007

Unger, Stefanie (Hrsg.): Vertrauen ist gut ...: Braucht die Wirtschaft mehr Kontrolle? 35 Prominente suchen eine Antwort, Frankfurter Allgemeine Buch, 2003

von Schlippe, Arist/Schweitzer, Jochen: Lehrbuch der systemischen Therapie und Beratung, Bd. I (2016)/II (2014), Vandenhoeck & Ruprecht

Withauer, Klaus F.: Menschen führen mit praxisnahen Führungsaufgaben und Lösungswegen, expert Verlag, 2002

Sonstige Quellen:

Neun, Winfried: Stimmungsmanagement: Eigeninitiative und Kreativität fördern und fordern, Gastkommentar dowjones.de vom 25. Februar 2011

Zydra, Markus: Querdenker werden ausgebremst, Interview mit Winfried Neun, Süddeutsche Zeitung vom 16.01.2009

Publikationen und Informationen

Die NEUNsight® ist das deutschlandweit das einzige Online-Fachmagazin für Wirtschaft, Psychologie und Politik.
Viel Freude beim Lesen der Artikel unter www.neunsight.de

Speednovation®
Innovationen meistern Krisen

58 Seiten, zahlreiche Abbildungen.
€ 12,95 [D] / € 12,95 [A]
ISBN: 978-3-9814133-0-4
Wortflamme Verlag Allensbach
Dezember 2010

Wollen auch Sie und Ihr Unternehmen innovativ an der Spitze Ihrer Branche stehen? Und neue Märkte erobern, in denen wenig Wettbewerb herrscht? Dann sollten Sie Ihr Innovationsmanagement strategisch ausrichten und mit Ihrer Unternehmensstrategie sinnvoll verbinden.

Der Grund für diese Empfehlung des Innovations-Experten Winfried Neun ist einfach: Nur den wenigsten Unternehmen gelingt es, echte Neuerungen erfolgreich und strategisch geplant zu implementieren. Dramatische Flopraten von über 90 Prozent aller Innovationsprojekte zeugen von dieser mangelnden Innovationsfähigkeit.

Wie Sie es besser machen und mit Innovationen sogar Krisen meistern zeigt Ihnen der Allensbacher Verhaltensökonom in seiner kompakten Publikation. Ein Muss für alle, die Innovationsmanagement professionell betreiben wollen.

Direkt zur Buchbestellung gelangen Sie
per E-Mail an info@wortflamme.de
oder unter diesem QR-Code:

„ Nach dem Crash ist vor dem Crash"
Praktische Tipps, um aus Krisen zu lernen
und neue zu vermeiden

ca. 176 Seiten, gebunden
ca. € 32,95
ISBN 978-3-8349-3418-5

SpringerGabler Verlag
Springer Fachmedien Wiesbaden 2012

In der Weltwirtschaft beginnt eine neue Zeitrechnung. Ausgelöst durch Finanz-, Banken- und Schulden-Crash der EU-Staaten wird Europa zum Motor der Neuorientierung. Gleichzeitig wird die Psychologie immer mehr zum bestimmenden Faktor des Wirtschaftens. Ein Paradigmenwechsel zeichnet sich ab: weg von der unkontrollierten Profitgier hin zu Nachhaltigkeit und Werterhaltung.

Der Verhaltensökonom und Innovationscoach Winfried Neun beschreibt sehr eindrücklich die Hintergründe der letzten und der aktuellen Wirtschaftskrise. Auf Basis seiner Erfahrungen aus der Beratungspraxis zeigt er an Beispielen auf, warum insbesondere wirtschaftspsychologische Ansätze für die Entstehung von Krisen verantwortlich sind. Und er beantwortet die Frage: Was können wir im Gegenzug als Unternehmer, Arbeitgeber und Arbeitnehmer daraus lernen?

Ein Mut machendes, provokatives Buch für alle, die sich nicht länger als Spielball der Systeme treiben lassen, sondern den wirtschaftlichen Wandel aktiv in die Hand nehmen wollen. Auch in englischer Sprache verfügbar.

Der Inhalt
• Der Finanz-Crash aus ökonomischer und psychologischer Sicht
• Was wir aus Krisen lernen können
• Intelligentes Wachstum durch Querdenken und Innovation.
  Drei Regeln zur Krisenvermeidung

Direkt zur Buchbestellung gelangen Sie
per E-Mail an info@wortflamme.de
oder unter diesem QR-Code:

„**Innovationen im Mittelstand erfolgreich managen**"
25 Tipps für die praktische Umsetzung

ca. 217 Seiten, gebunden
ca. € 34,99
ISBN 978-3-8349-3106-5

SpringerGabler Verlag
Springer Fachmedien Wiesbaden 2014

Was ist bei Innovationen im Mittelstand zu beachten?
Winfried Neuns Anleitung für ein erfolgreiches Innovationsmanagement beantwortet diese Frage und gibt pointierte und erprobte Tipps für die Umsetzung. Die Bandbreite reicht vom klassischen Management in Veränderungsprozessen bis hin zu neuesten Erkenntnissen aus der Hirnforschung, die das Umsetzen von Innovationen beschleunigen.

Das Besondere des Buches: Alle Empfehlungen werden verhaltensökonomisch beleuchtet und an konkreten Unternehmensbeispielen veranschaulicht. Dadurch erhöht sich der Nutzwert des Buches für den Leser signifikant.

Empfehlenswert daher sowohl für Geschäftsführer und Leiter von F&E-Abteilungen als auch für Führungskräfte in Marketing und Vertrieb.

Der Inhalt

- Bilanzieren Sie Ihre Innovationskraft
- Überdenken Sie Ihre aktuelle Wachstumsphilosophie
- Nutzen Sie die Chancen der Innovationspsychologie
- Innovationen brauchen professionelle Führung
- Eine zielorientierte Innovationskultur entwickeln
- Innovationsfallen erkennen und eliminieren

Direkt zur Buchbestellung gelangen Sie
per E-Mail an info@wortflamme.de
oder unter diesem QR-Code:

„Mit Resilienz und Gelassenheit
durch den Alltag"

1. Auflage (2017)
Paperback € 8,99
E-book € 4,99

Autor: Winfried Neun
Printed in Germany

Verlag: tao.de in J. Kamphausen Mediengruppe
GmbH, Bielefeld,
www.tao.de, eMail: info@tao.de

Bibliografische Information der Deutschen Nationalbibliothek:
Die Deutsche Nationalbibliothek verzeichnet diese Publikation in der Deutschen Nationalbibliografie; detaillierte bibliografische Daten sind im Internet über http://dnb.d-nb.de abrufbar.

ISBN Paperback: 978-3-96051-938-6
ISBN e-Book: 978-3-96051-939-3

„Börsenpsychologie - Anlegertypologie"

1. Auflage (2017)
Paperback € 8,99
E-book € 4,99

Autor: Winfried Neun
Printed in Germany

Verlag: tao.de in J. Kamphausen Mediengruppe
GmbH, Bielefeld,
www.tao.de, eMail: info@tao.de

Bibliografische Information der
Deutschen Nationalbibliothek:
Die Deutsche Nationalbibliothek verzeichnet diese Publikation in der Deutschen Nationalbibliografie; detaillierte bibliografische Daten sind im Internet über http://dnb.d-nb.de abrufbar.

ISBN Paperback: 978-3-96051-936-2
ISBN e-Book: 978-3-96051-937-9